中央财政支持地方高校发展专项资金项目

贵州省区域内一流学科建设项目

贵州省特色重点学科建设项目

2014年贵州省教育厅人文社科项目

2015年贵州省教科规划项目

国外杰出人物成才环境与规律研究

杨 洪 著

中国社会科学出版社

图书在版编目（CIP）数据

国外杰出人物成才环境与规律研究/杨洪著. —北京：
中国社会科学出版社，2018.4
ISBN 978 - 7 - 5203 - 2464 - 9

Ⅰ.①国…　Ⅱ.①杨…　Ⅲ.①人才培养—研究—国外
Ⅳ.①C964.1

中国版本图书馆 CIP 数据核字（2018）第 081982 号

出 版 人	赵剑英
责任编辑	刘晓红
责任校对	石春梅
责任印制	戴 宽

出 版	中国社会科学出版社
社 址	北京鼓楼西大街甲 158 号
邮 编	100720
网 址	http://www.csspw.cn
发 行 部	010 - 84083685
门 市 部	010 - 84029450
经 销	新华书店及其他书店

印 刷	北京明恒达印务有限公司
装 订	廊坊市广阳区广增装订厂
版 次	2018 年 4 月第 1 版
印 次	2018 年 4 月第 1 次印刷

开 本	710×1000 1/16
印 张	21.75
插 页	2
字 数	322 千字
定 价	99.00 元

目　录

绪　论

中国政府和日本政府把培养创造性人才，尤其是诺贝尔奖获得者作为国家人才培养战略，在全世界少见，可见两国政府对诺贝尔奖的重视程度。"钱学森之问"引起了国人的关注，甚至引起了外国大学校长的关注。苏联时期涌现出 10 多位诺贝尔奖获得者，日本第二次世界大战后也涌现出 20 多位诺贝尔奖获得者，而新中国成立快 70 年了，才出现了一位诺贝尔自然科学奖的获得者（屠呦呦），这与我国作为全球第二大经济体是不相称的，不得不引起国人的深思，这也正是我们开展此项研究的动因，试图通过研究回答这个问题，提交有价值的研究成果为政府决策提供可靠的依据；同时，也为丰富和发展我国的创造性人才培养理论和内容尽绵薄之力。

关于杰出人物或创造性人才成长环境与规律的相关研究成果，从 CNKI 搜索只有 40 来篇中文文献；在 CALIS 外文期刊网上输入 Creative 这个关键词出现 5 万多条相关文献，仅 Taylor & Francis Group 出版集团旗下的期刊 Creativity Research Journal 有 715 条与关键词相关的文献，其他外文期刊 Journal of Creative Behavior 有 444 条相关文献，Gifted Child Quarterly 有 293 条相关文献，Creativity and Innovation Management 有 223 条相关文献，Thinking Skills and Creativity 有 144 条相关文献，Teaching Thinking and Creativity 有 95 条相关文献，Personality and Individual Differences 有 91 条相关文献；但文献大多数都是从心理学和教育学角度对于潜力、创造力、想象力、个性等问题开展研究的。从超星图书馆对于关键词"创造性人才""杰出人物""领袖人物""科学家""科学家传记""诺贝尔奖"的搜索中，相关书籍只有一两本到十几本不等，关于创造性人才培养书籍只有一本，也就是钟锡知的专著《创造型人才之路》介绍几个中国名人的故事，重点在如何成为创造性人才的方法介绍上；当然，这些书籍为我们的研究提供了人物分析素材，尤其是政治家、思想家、理论家、军事家、发明家、企业家、艺术家以及诺贝尔奖获得者的故事和传记更为重要。美国学者迈克尔·H. 哈特的专著《历史上最有影响的 100 人》为我们的研究提供了创造性人才的挑选线索。

　　在与本书直接相关的近 40 篇文献中，林崇德在《北京师范大学学报》（社会科学版）2012 年第 1 期的文章"创造性人才的成长规律和培养模式"是教育部哲学社会科学研究重大课题攻关项目"拔尖创新人才成长规律与培养模式研究"的阶段性成果，文章通过对 34 位自然科学拔尖创新人才与 36 位社会科学拔尖创新人才的深度访谈，研究了这些拔尖创新人才的思维特征、人格特征、成长历程和创造性成果的获得过程。结果发现：第一，拔尖创新人才的成长由自我探索期、集中训练期、才华展露与领域定向期、创造期、创造后期五个阶段构成。第二，自然科学和社会科学两个领域拔尖创新人才的成长，既有如上所述的共性，又有差异性。第三，教师在拔尖创新人才成长中起着独特的作用。近 10 年来，他们一直在探索创造性人才的培养途径，提出了营造创造性环境、实施创造性教育、培养创造性能力、塑造创造性人格的培养思路，开发了儿童青少年创新素质培养的活动课程，提出了创造性课堂教学的理论，组织了部分中学与大学联合培养创造性人才，建立了 300 多所实验学校，探索了创造性人才培养的活动课程模式、学科渗透模式和中学与大学联合培养模式等，取得了显著的效果。参与"春笋计划"的学生不仅产出了一批创造性的成果，更重要的是有效培养了学生强烈的求知欲望，加深了学生对学科知识的理解，提高了学生的创造性人格。调查表明：学生在怀疑性、独立性、好奇心、开放性和坚持性等人格特质方面有了很大的改变，学生的学习由被动变为主动。该课题组重点是从心理学和教育学角度对创新人才的思维、人格、成长历程和创造性成果开展研究，提炼出创新人才成长的五个发展期，重点是在通过实验探索出三种创新人才的培养模式。虽然，其他学者在近 40 篇文献中论述了创造性人才成长的环境、路径和规律以及创造性人才的培养，但都与林崇德教授的这个研究结果大同小异，故这里就不一一展开评述了。

我们研究的重点是英、法、德、美、日、俄 6 个发达国家杰出人物或创造性人才的成长环境与规律，国内外对于这些国家政治家、思想家、理论家、军事家、发明家、企业家、艺术家以及诺贝尔奖获得者的成长环境和规律研究不多，我们将广泛收集这些国家的历史、政治、经济、文化、教育、民族性格和人性、领袖人物和科学家传记中的个人品质特征等方面的文献，从中梳理出能够支撑课题研究的资料，以期从多个角度对这个困扰我们的问题做出合理的解释并提出有价值的杰出人物或创造性人才培养和成长环境与规律。

关于杰出人物或创造性人才培养出现的问题，人们往往归咎于体制出了问题。那么，体制是谁设计和制定的，谁在执行体制？在同样的体制下苏联时期产生了十几位诺贝尔奖获得者，反而解体后的俄罗斯折腾了二十几年只产生了两个半诺贝尔奖获得者，而且他们都是在苏联时期打下的研究基础。因此，我们认为不是体制出了问题，而是人出了问题。国民性和人性将会是我们研究的一个重要内容。习近平总书记雄才伟略，带领新一届政府提出并制定了"全面建成小康社会、全面深化改革、全面依法治国、全面从严治党"治国理政总体框架。我们希望创造性人才成长路径和规律研究的成果能为"四个全面"的实现尤其是在依法治国上添砖加瓦。

1. 研究目标

第一，揭示什么是杰出人物或创造性人才。对社会发展产生重大影响的各类精英人物，诺贝尔奖获得者算不算杰出人物？有学者认为：杰出人物或创造性人才，是指在改造自然和社会的活动中，具有发明创造能力的人们。能力人人皆有，但在征服自然和改造社会过程中，各人能力发挥作用的大小、水平的高低却是有差别的。只有那些具有敏锐的思维和创新性，能在自然和社会发展中的难题和新问题面前，充分发挥其才能，以新颖独特的创造，去解决问题的人，才称得上创造性人才。还有学者认为，创造性人才指能够对国家、地区或行业的经济、政治、文化和社会发展产生重大影响的创造性成果，包括重大科学发现、重大科技发明、重大工程设计、重大战略思想、重大管理创新等重大成果的稀缺人才。我们课题组期望通过研究进一步验证和修订关于杰出人物或创造性人才的定义。

第二，揭示杰出人物或创造性人才成长环境。根据已掌握的文献梳理和分析比较，我们初步确定把政治环境、经济环境、历史文化环境、生活环境、教育环境、民族性格与人性、个性品质这七大因素作为探索杰出人物或创造性人才成长环境的研究内容。

从环境上来讲，日本的生存环境极其恶劣，资源贫乏而自然灾害不断，由此形成了危机意识强，集团主义意识强；恶劣的生存环境也使日本人不得不努力拼搏，形成了勇敢、服从、效忠的武士道精神；恶劣的生存环境更使日本人不得不主动向外求助和学习，中国成了明治维新之前日本学习和效法的榜样；中国鸦片战争的失败使日本意识到"天外有天"，必须与强者为伍才能更好地生存下去。大久保利通、涩泽荣一、伊藤博文等人就是日本在东西方文化熏陶下，同时也在学习、借鉴西方文化的基础上成长起来的杰出代表。上述因素也对日本诺贝尔奖获得者产生重大的影响。

彼得大帝生长在帝王将相家庭，虽受到排挤，但有幸接触到生活在莫斯科日耳曼村的外国人，如苏格兰军事教官、德国工程师、荷兰商人、瑞士军人、日耳曼姑娘等，他们对彼得影响巨大，使他深刻认识到俄罗斯的愚昧和落后，立志改变俄罗斯；德国长大的叶卡捷琳娜二世对彼得大帝事业的继承和发展也为俄罗斯后来的发展奠定了基础。

牛顿所处的时代，是欧洲社会大变革的时代。14—16世纪的文艺复兴造成的思想解放和观念启蒙，带来了欧洲精神文化的空前繁荣，自然科学获得新的生命并蓬勃成长。科学巨匠哥白尼、第谷、开普勒、伽利略以及笛卡尔等先后享誉欧洲。英国资产阶级革命正蓬勃展开，近代科学与文学艺术、思想解放和政治革命会合在一起。当时，欧洲的科学成就主要包括几个方面：天文学有开普勒三大定律和笛卡尔的以太理论，数学有代数、三角、几何以及笛卡尔的把代数和几何联系起来的解析几何，力学有阿基米德静力学和伽利略动力学，主要是落体运动规律，另外还有开普勒、伽利略和笛卡尔等的光学知识，因此牛顿曾谦逊地说"我站在巨人的肩上"。但是，这些科学成就虽然耀眼，却又头绪纷繁，真伪杂陈，它需要牛顿这样的科学巨匠运用科学研究方法进行艰巨的归纳和融会贯通。

第三，揭示杰出人物或创造性人才的个性品质特征。北京师范大学林崇德教授①认为："创造性人格应该包括五个特点：第一，健康的情感，包括情感的程度、性质及其理智感；第二，坚强的意志，即意志的四个品质——目的性、坚持性（毅力）、果断性和自制力；第三，积极的个性意识倾向性，特别是兴趣、动机和理想等需要的表现形态；第四，刚毅的性格，特别是性格的态度特征，例如勤奋、合作、自信以及动力特征；第五，良好的习惯。"其他学者也提出创造性人才的主要特征为具有强烈的好奇心、探索欲，蔑视传统和权威，热爱工作，乐观自信，勇于开拓，有叛逆精神和冒险精神。从这些特征来看，古往今来的各类精英人物几乎都具备了这些品质特征。通过初步掌握的文献，我们发现：毛泽东对父亲的叛逆性格，父亲送他外出求学的开明以及毛泽东在求学过程中遇到的老师和同学对他的影响；牛顿幼年丧父，对母亲和继父的逆反心理以及得到舅父支持和帮助使其成为划时代的伟大科学家；爱因斯坦的自闭沉思性格是其成为伟大科学家的一个原因；彼得大帝受排挤而产生的铁石心肠、好奇心和坚韧不拔的毅力使其奠定了俄罗斯发展的基础；达尔文的调皮和好奇心以及学校和父亲的宽容成就了他的"进化论"。列宁的叛逆以及学校和父母的支持及帮助成就了一代无产阶级革命家。歌德"德意志在哪里？"的呼唤使弗里德里希·李斯特虽身处逆境，仍坚持不懈地到处游说，呼吁全德各邦国破除关税壁垒建立经济统一体，为铁血宰相俾斯麦统一德国、塑造德意志民族意识奠定了基础。

2. 研究内容

我们以欧洲几个发达国家，美国、日本和俄罗斯作为研究对象，把历史学、社会学、政治学、经济学、哲学、教育学和心理学作为研

---

① 林崇德：《创造性人才特征与教育模式再构》，《中国教育学刊》2010 年第 6 期。

究视角梳理出这些国家创造性人才成长的政治环境、经济环境、文化环境、教育环境、生活环境、民族性格以及伟人的个性品质作为重要研究内容，力图从中总结归纳出杰出人物或创造性人才成长的规律。马克思主义认为：规律是事物、现象和过程内在的、本质的、必然的联系，具有客观性和普遍性，不以人的意志为转移，人们不能创造、改变和消灭规律，只能认识它，利用它来改造自然界，改造人类社会，并且限制某些规律对人类的破坏作用，是人们进行科学预测，制订实践计划的客观依据。换句话说，所谓规律就是从一个一个的偶然中发现了必然，这个必然就是规律。通过初步的文献梳理和分析，我们初步发现：本课题中杰出人物或创新人才成长的规律包含了杰出人物或创造性人才的人格特征、各种机遇和遭遇，创造性人才所处时代背景和民族性格（民族文化沉淀）的影响等，我们期望通过扎实的研究，从中凝练出创造性人才成才的共同规律以及个性差异。

3. 研究拟突破的重点或难点

研究拟突破的重点或难点就是如何确定杰出人物或创造性人才成长的环境和规律是什么，共同点是什么，不同点又是什么。他山之石，可以攻玉。我们不妨把这些国家创造性人才成长的路径和规律作为一面镜子反观我们自己，看看我们有哪些不利于创造性人才成长的地方，如何改进与营造有利于创造性人才成长的环境和路径，以培养和造就许许多多的创造性人才，为人类的福祉做出应有的贡献，而不仅仅是为了获得几个诺贝尔奖项。

本书的主要作者从 1989 年在北京师范大学攻读比较教育硕士起，一直从事国际教育和文化的研究工作，研究兴趣广泛，主要从事印度教育与文化、弱势群体、民族教育、教育经济与管理等方面的研究工作；在学校长期为本科生开设国际高等教育——共性与个性、中外大学发展比较等课程，关注学生创新能力培养，尤其是制约创新能力培养的因素分析，教学效果好，深受学生的欢迎。长期的研究和教学活动使作者积累了这方面的大量素材，也做了一些研究。

这门课的主体内容是杰出人物、大国崛起与教育发展的相关性分析；时势造英雄，一国之时势、国民性以及独特个性造就了杰出人物或创造性人才；杰出人物在国家的崛起、在推动教育的发展上功不可没；没有教育的发展和国家崛起的需要也难以造就杰出人物或创造性人才。作者在 2014 年和 2015 年分别获得贵州省教育厅和贵州省教科规划办的相关研究立项，目前已取得阶段性的研究成果，为完成研究工作奠定了基础。

　　民族文化沉淀，决定了民族性格，民族性格决定了一个民族的命运！民族性与独特个性是成为杰出人物或创造性人才的决定性因素！通过对六个对象国文献的梳理、析出对象国杰出人物或创造性人才成才的环境和规律，综合运用教育学、心理学、历史学、社会学、政治学、经济学的理论和方法，重点探索和研究影响杰出人物成才的一国之民族性格和杰出人物独特的个性，提炼出杰出人物的成才环境和规律。

第一章 英国杰出人物成长环境与规律研究

概 述

英国在世界近代历史上具有非常特殊的地位。在17—19世纪时，它是世界发展的"领头羊"，曾经号称"日不落帝国"和"世界工厂"。如今的英国是欧洲联盟成员国、北大西洋公约组织创始会员国、G8成员国之一，为联合国安全理事会五大常任理事国之一。《经济学人》信息部在2014年公布的世界六大经济体中，英国超越老对手法国，位居第五。作为一个重要贸易实体、经济强国和金融中心，英国也是全球经济最发达和生活水准最高的国家之一。

英国位于欧洲西部，由英格兰、苏格兰、威尔士及爱尔兰岛北部和附近许多小岛组成，也称"英伦三岛"。英国的气候属海洋性温带阔叶林气候，全年温和湿润，因此畜牧业较发达。英国的东南部为平原，北部和西部多山地和丘陵，全境河流密布，有很多湖泊，其中以北爱尔兰的内伊湖为最大。同时，英国的海岸线是世界海岸线最长、最曲折的国家之一，这为渔业发展提供了良好条件。英国是欧盟中最大的渔业国之一，其主要品种捕捞量占欧盟的1/4。

英国的国土面积约为24.4万平方千米，相当于我国安徽和江苏两省面积之和，但却只有安徽一个省的人口。据英国媒体报道，2014年，英国人口突破6200万，但农业经济活动人口只占经济活动总人口的1.8%，这个比例在所有发达国家中是最低的。可以说，英国并不是世界人口大国和国土面积大国，但在英国的发展历程中涌现出众多名人将相：戏剧家和诗人莎士比亚，政治家丘吉尔，政治家和军事家克伦威尔，科学家牛顿、霍金，哲学家、科学家和文学家培根等。

英国的工业主要有采矿、冶金、化工、机械等。生物制药、航空和国防是英国工业研发的重点，也是英国最具创新力和竞争力的行业。英国拥有大量的煤、天然气和石油储备；英国的主要能源生产大约占总 GDP 的 10%，这在工业国家是非常高的。

畜牧业是英国农业的重要产业，产值约占农业总产值的 2/3。英国牧场面积接近全国总面积的一半，主要以饲养牛、羊、猪和家禽为主，其中羊肉产量居欧盟国家首位和世界第六位。

英国的服务业，特别是银行业、金融业、航运业、保险业以及商业服务业占 GDP 的比重最大，而且处于世界领先地位，首都伦敦更是世界数一数二的金融、航运和服务中心。同时，英国仍是欧洲最大的军火、石油产品、电脑、电视和手机的制造地。

英国的教育、学术研究和科学研究也处于世界领先地位，举世闻名的剑桥大学和牛津大学都位于英国，是美国以外全球最重要的教育枢纽。英国每年吸引不少来自世界各地的留学生慕名前来学习，不仅为国家带来丰厚的外汇，也为这个属知识型经济体系的国家吸纳了不少人才。

英国的旅游业也相当发达，截至 2014 年 8 月英国旅游业收入居世界第五位，仅次于美国、西班牙、法国和意大利，是英国最重要的经济部门之一，从业人员约 270 万，占就业人口的 9.1%。

英国文化产业是其国民经济中最具活力的产业，文化产业年产值相当于其汽车工业总产值，而爱丁堡国际艺术节是世界上最为盛大的艺术节。英国是第一个提出"创意产业"的国家。在英国，有很多免费开放的博物馆，世界上第一个国家博物馆就坐落在英国，1984 年设立的英国著名现代艺术奖"特纳奖"被誉为欧洲视觉艺术领域最有声望的奖项。英国游戏产业销售额占全球 16%，英国是世界上第三大音乐销售市场，此外，英国还是世界最大的电视节目出口国，伦敦是全球第三大电影摄制中心，曾获得过奥斯卡奖的英国电影不胜枚举。英国的文化产业在国际文化舞台上占据着重要地位。

一　政治环境

一国政治状况能够为其经济、教育和文化发展提供一个稳定的外部环境，而其政治特色又决定着该国的教育经济政策和文化发展方向。

英国的政治制度及政治发展过程很有特色：既不像法国那样的彻底革命，也不像美国那样的彻底共和，而是实行君主立宪制。[①] 1688年的光荣革命打开了英国通向君主立宪制的大门。此后，王权衰落，议会地位稳步提高。虽然英国实行了民主制，但同时又保留了君主和贵族，可以说是有着君主制的外衣而实行共和制的实质。英国政治制度史是一部集政党政治、君主制、司法制、议会制、内阁制、文官制和地方政府制度等内容而成的历史，是政党在其内部起源、成长的历史。主要表现为君主制与民主制相结合、"议会至上"及风格独特的两党制三个特点。[②]

一般来说，君主制与民主制是水火不相容的。在英国宪政中，虽保留了君主的位置作为国家元首，但这只是一个名义上的元首，并无实质性权力。政府的任何权力行为都是以国王的名义实施的，并在国王的指挥和监督下执行。但这些决策并不是由国王单独制定执行，而是由议会或内阁决定的。同时，议会下院由人民选举产生，内阁由议会产生并对其负责，他们是人民的代理人，这体现出人民主权。因此，这就使君主制和民主制结合起来。同时，这也正好印证了英国"议会至上"的制度特点。英国的议会分为上院和下院，上院由贵族组成，下院由人民普选产生。议会是国家的最高立法机关，也是国家最高权力机关。虽然名义上中央政府的领导机关是枢密院，但以首相

[①]　钱乘旦：《20 世纪英国政治制度的继承与变异》，《历史研究》1995 年第 2 期。

[②]　方江海、陈朋：《英国政治制度的特点及其政治文化渊源》，《重庆工学院学报》2006 年第 9 期。

为首的内阁实质上是英国政府的最高行政机关。首相作为政府首脑，由议会产生并对其负责。但一直以来，议会与内阁处于权力消长状态。特别是在第二次世界大战后形成的"首相民主制"，使内阁享有相当的立法权、财政权，且议会对内阁的监督和控制已十分软弱。尽管如此，英国的议会（主要是下院）权力是最高的，行政机关和司法机关都从属于它。此外，英国政治是典型的"政党政治"，主要由保守党和工党两大政党把持。虽然政党制度也是英国政府体制运转的基本因素，但与其他两党制国家不同的是，其在野党被冠以"英王陛下忠诚的反对党"，反对党领袖领取国家支付的薪俸，组织"影子内阁"，在立法阶段对执政党的立法提出批评或反对，并且参与协商决策。① 因此，英国反对党实质上是政府体制内的政党。英国反对党的特殊地位，在其他资本主义国家是不多见的。

独特的政治制度背后是英国特有的政治文化。可以说，英国的政治制度具有典型的自发性。近代政治理论基础源于英国思想家霍布斯和洛克等为代表的社会契约论。英国的政治现代化如同其经济现代化一样，没有可以借鉴的经验和教训，英国人几乎是"摸着石头过河"先行步入民主化之路的。所以，当欧洲宗教机构和封建割据势力肆虐之际，他们已经建立了独具特色的司法陪审制和地方管理体制；当欧洲封建专制主义普遍加强时，他们又发动资产阶级革命，摧毁封建主义根基，确立了一种全新的政治体制——资本主义君主立宪制。而后，又创立了资本主义责任内阁制、两党制和文官制，最终在"议会至上"原则之下克服了与宪政水火难容的专制，把国王变成了统而不治的虚君。同时，英国政治还具有一定的灵活性。在宪法形式上，英国有宪制而无单一的成文宪法。其宪法成分复杂，包括法律文件、判例、习惯法和惯例等，统治阶级可以根据形势变化增删修改，解释和运用起来灵活多变；在权力行使上，"分权"和"混权"兼蓄并存，属于典型的"混合宪制"；在政党关系上，每逢政治经济危机或对外冲突与战争，各大党总能自觉休战，为了本国宪政制度的长治久安和

---

① 阎照祥：《英国政治制度史》，人民出版社 1999 年版。

国家的安全相互配合。

总体来说，英国的政治呈现出保守与激进的融合、权利与自由的博弈以及变革中的理性主义。他们在实践中不断地修正、发展着自己的政治制度及政治精神，并且将这种独特的精神和文化辐射到了国家发展的各个方面。

二 经济环境

经济条件是各国发展的物质基础。经济基础决定上层建筑，可以说经济实力决定着一国各项事业的发展，尤其是教育发展过程中所需的各项资金支持和保障，这也正是科学研究及发明创造的前提和基础。先进的理论成果和伟大的发明创造也为英国经济腾飞提供了所需的人才和先进技术，经济与教育相辅相成，共同发展。

工业革命是世界经济史上的重要转折点，而英国是工业革命开始最早的国家，工业革命对于英国而言更是社会经济发展的关键。工业革命期间的英国经济飞速发展，这也为科技创新和发明创造提供了一个前所未有的机遇和挑战，众多科技发明和先进理论成果应运而生。

工业革命前期，英国资本主义结构已经在封建社会内部成熟，手工工场的发展使专业分工更加精细，专门的生产工具应运而生，为机器的出现提供了可能，为此，提出了发明机器的历史任务。这是科技创新的现实条件。而当时自然科学的进步和指导变革的新经济学理论为工业革命的产生奠定了坚实的理论基础。牛顿正是在这些科学成果的基础上，发现了万有引力定律和力学三大定律。此外，政治法律体系为工业革命创造了法制环境。14世纪英国就有了保护专利的专利权垄断法律，垄断法中不仅有禁止王室垄断的条文，也包含鼓励创新的专利制度，1623年《垄断法》应运而生。而在此之前由于没有相关的专利保护制度，创新得不到政府的肯定和重视。在短短的一个世纪，英国进入了史上少有的发明创造时期：飞梭的发明为纺纱工艺实现了飞跃发展；珍妮纺纱机迅速提高了纺纱效率；瓦特的蒸汽机是工业生产技术的一大变革。可以说，要使技术得到高效和广泛的推广和使用，就要使自己的进步受到效用性的刺激和鼓励，这必然少不了制度形式的保护，从而实现科技创新，推动经济持续增长。

工业革命后，英国的经济脱胎换骨，在世界工业国中英国一直处于领先地位。受工业革命的推动，英国物美价廉的工业品如潮水般涌向世界各个角落，慢慢改变着人们的生活观念和习惯，并最终主导了世界发展的潮流，迎来了它发展的黄金时代，成为世界上真正的霸主。强劲的经济发展势头为英国的工业品和相关产品设计研发提供了强大的生产市场和销售市场，有力地推动了科技进步和产品研发。

现代的英国成为世界第五大经济体，拥有较强的经济实力。一直注重科技进步与经济发展之间的关系。尤其在 2008 年金融危机后，加大对经济和教育的统筹力度，力促科技创新和经济协同发展。英国政府力主利用科技创新来促进经济增长，将过去的"商业、企业和管理改革部"与"创新、大学和科技部"合并，成立了新的"商业、创新和科技部"，统筹商业发展与科技创新。并于 2011 年出台了《增长计划》，详细规划了英国以后的刺激经济增长的举措，明确提到要通过支持高级制造业、生命科学和绿色能源等领域的科技创新来促进经济增长。此外，英国政府持续投入大量科研资金，以扶持能够带动经济发展的重大科技项目。在 2010 年英国政府推出了总投资超过2000 亿英镑的《国家基础设施规划》，重点支持低碳经济、数字通信、高速交通系统和基础科研等方面的基础设施建设，比如在低碳经济方面投入 10 亿英镑，实施商业化碳捕捉与储存项目；投入 5.3 亿英镑建设数字通信网络，计划在 2015 年建成领先的高速宽带网；投入 300 亿英镑建设高速铁路网等交通基础设施；投入数十亿英镑支持基础科研。值得注意的是，在当前全球经济形势欠佳的大背景下，英国政府也面临严重的财政赤字。在近来的一系列财政动作中，各个部门都大幅削减预算，连海军的航母计划都被缩减，但用于科技研发的预算却得以完整保留，甚至在有些领域还有所增长。

三　教育环境

英国这个工业革命的发源国家成就了上百名诺贝尔奖得主，分散在各个专业和领域。这与英国的特色教育是分不开的，英国的教育旨在帮助学生尽量发展个人才能，并将这些才能加以培训，进而贡献社会。

英国的初等和中等教育是灵活多元的，具有较强的开放性和创新性。英国现行的学制实行 11 年的义务教育，初等教育一共 6 年，中等教育阶段包括两个学段和义务教育之后的 16—18 岁，其次是系统的中等教育阶段考试，最后是全社会共同参与的中等教育普通证书考试。经过 20 多年的不断改进，中等教育普通证书考试已经形成了自己的特色——注重能力的考察，其中中等教育课程的选择性和评价方案的多元化特点更有利于发展学生的个性，突出每个学生的创造性及个人特色，这也正是诺贝尔奖所需要的品质之一。此外，英国中学的教材资源特色也是其教育的一大特点。教材是教师和学生直接利用的课程资源，而英国中学生物学却没有统一的教材，这就需要教师充分整合教学资源，针对不同的学生把教材内容进行整改，可以说教师备课的过程就是一个对教材开发和利用的过程。在这样精心准备的前提下才能给学生带来符合他们认知结构和成长规律的课程，而不是简单地照搬教材。英国这样的教授过程不仅有利于教师的专业化成长，更重要的是让学生的个性得到最大发挥，在遵循成长规律的基础上充分发挥了学生的主观能动性，激发了潜在能力和兴趣。

英国的基础教育还非常注重人本化，重在顺应人的发展，发展全面的人，关爱和尊重每一位学生。据一位学者在英国的考察，英国学校很少会像我们一样把一些励志的宣传语和口号挂在墙上，他们大多是通过老师与学生的交流来表达的，在交流的过程中进行激励和警示。英国的中小学校舍不追求外观的完美，但是教室大多都宽敞明亮，基本的教学器材和设施齐全。在教室的墙壁、走廊和过道会张贴一些学校的荣誉、优秀学生作品或学科内容，让人时刻能够感受到学习的氛围和对教育的重视。同时，英国的教育也很注重教育公平，关注学生在学校时的安全和健康成长，尤其是体育锻炼的重要性，哪怕是在下雨，体育课也会照常进行。他们通过体育锻炼带动学生的脑部思考，培养学生的集体荣誉感和团队合作精神，进而促进学生之间的交流合作，改善人际关系，力求在竞争中学会生存和积极向上的心态。

总体来说，英国的基础教育比较务实，力求将教育的重心放在与学生有关的一切方面。整个教育过程注重培养学生的个性发展，重在激发学生潜在能力，充分保护和开发学生的兴趣及创造力。基础阶段的教育为后来的高等教育及学生的成才之路奠定了坚实的基础。

英国的高等教育拥有800多年的历史，是高等教育最发达的国家之一。在历史长河中，英国高等教育从牛津、剑桥大学这种重文法、重学术、重特权，以神学和古典学科为主的古典大学，到第一次产业革命的结束、第二次产业革命兴起时期适应工业发展需要，出现的一批城市大学学院，再到20世纪下半叶英国高等教育由双元制向一元制的转变，英国高等教育经历了漫长的发展过程。高等教育所涉及的大学通常是一国培养社会精英和高科技人才的重要场所。正如英国经典的老牌名校：牛津、剑桥等高校，独霸英国高等教育600多年，先后培养了多位诺贝尔奖获得者、英国首相和其他国家领袖，为人类进步和科技发展做出了巨大贡献。英国大学之所以能够培养出优秀人才，与其职能转变和培养目标的设定是分不开的，而职能和培养目标的变化又是与所处社会的变化息息相关。

职能的转变也预示着人才培养目标的转变。自牛津大学和剑桥大学诞生之日起，英国大学就经历多次变革和斗争，始终围绕着人才培养目标模式展开。传统大学到底该继续为少数贵族和富豪子弟独有还是面向全社会，培养各种专门人才，为社会经济服务？总体来说，英国大学的人才培养目标主要经历了以下变化：绅士教育—专才培养—通才培养—二元人才培养—一元制。英国最直接、具体的行动就是1992年颁布的《继续教育和高等教育法》废除二元体制，把培养技术人才与培养绅士的模式统整为一体，由此结束培养目标不同的状态。

　　除了普通院校，专门针对名门贵族子弟的英国公学也是培养社会精英不可或缺的一部分。接受公学教育是贵族子弟成为社会精英最好的途径，公学是反映英国上层社会的一面镜子，也是贵族子弟接受教育的主要场所。至今，英国仍有一百多所公学存在，"保持自己的个性"是公学和其的每一个学生笃守的信条。公学毕业后，不少贵族子弟进入牛津和剑桥大学接受高等教育。公学与牛津、剑桥大学建立了一种牢固的特殊关系，从而使牛津和剑桥大学成为公学教育的自然延伸。从1721年英国的第一任首相罗伯特·沃弥尔爵士算起至今50位首相中有33位曾就读于九大公学，占首相总数的66%，其中毕业于伊顿公学的超过半数；1987年女首相撒切尔组阁的政府中，22位内阁成员有17位曾就读于公学，占总数的77%，其中有4位来自伊顿公学，3位来自温切斯特公学。之所以公学能够取得如此成绩，这与其对学生非智力因素的培养是分不开的。甚至可以说，英国公学对学生非智力因素的培养也深深地影响着英国人的民族性格。绅士风度是英国民族精神的外化，英国公学是英国传统文化的产物，它通过性格训练来挖掘和发展学生各方面的潜能，使他们在体能、性格、气质等方面都得到全面发展。这不仅仅包括博学的知识，更要有敏捷的思维、吃苦耐劳的精神，只有具备了综合素质才称得上是社会的精英。

　　可以说，英国的高等教育紧贴社会发展，跟随时代潮流，具有较强的职业导向性。英国大学没有统一教材，学生的课本就是图书馆的书籍。导师通常会为学生列出适合各专业研究的书单，目的就是培养学生自学和思考的能力。英国的大学课程注重第一手实践经验的获得，要求学生积极参加社会实践和各类实习，锻炼的是学生的动手能力和思维表达能力。此外，高等教育阶段的课程也非常注重发挥学生的创造力和批判性思维。他们借助现代化的教育手段和灵活多变的教学方式，充分调动学生的积极性，如通过讲座、研讨会、分组讨论来锻炼学生的独立思考能力和口头表达能力。他们培养的绝非是顺利通过考试的毕业生，而是具备多方能力的全面发展的人才。英国人认为，面对竞争残酷的社会，必须要有自己擅长的一面，认准与自己兴趣相关的专业才能在社会上立足。

四 民族性格

英国是一个多民族的国家，由英格兰人、苏格兰人、威尔士人和北爱尔兰人组成，他们各自有自己的传统和风俗习惯。但总体来说我们所说的"英国性格"大多指"英格兰性格"，这种性格代表了大部分英国人的性格特点和文化特征。英国这个独特的国家，虽人口不多、幅员不辽阔，却能在世界中占有一席之地，这与其强大的文化影响和民族性格息息相关。

英国人的保守主义色彩十分鲜明，这与英国所处的地理位置有一定关系。英国是地处欧洲西部的由众多岛屿组成的岛国，四周是海的天然屏障给了他们一种自信和安稳的心态。岛民的心态让他们感到骄傲，并认为只要有能力，到处都可以成为他们的领地。这种岛国心理在处理与其他欧洲国家关系时非常明显。撒切尔夫人执政期间，她对欧洲的主要政策是将英国的主权利益放在首位，主张建立一个基于独立主权国家合作基础上的联合欧洲，而反对建立任何有可能损害民族利益和国家主权的联邦主义的统一的欧洲。尤其是涉及主权的问题，英国不能接受。这些要求英国抛弃岛国的优越性，放弃部分国家主权，对于存在岛国心理的英国人民是很难接受的。此外，这种保守主义还受到英国政治的影响。从整个世界来看，英国的革新相对于其他国家都是缓慢的，而整个英国社会的根基就是这种传统守旧和保守刻板。英国的保守党可以说是世界上最强大的保守主义政党，也是英国最强大的政党。

英国民族性格中有着强烈的自由与平等意识，这主要与其宗教信仰有关。不同理念在民族主义的不同阶段起着不同的作用。清教在英国民族主义孕育时期的历史进程中就具有这种特殊的作用。尽管不能完全说清教催生了民族主义，但至少是英国民族主义的"助产婆"，可以说英国的宗教是构成其民族鲜明和独一无二的基础，按英国民众的理解，在某种意义上，一个民族的存在取决于其人民的宗教热情。英国在17世纪中期通过国内事务和宗教的考验而成为一个民族。它的形成代表着政治本质和政治普及性的巨大变化，成为通向民主的第一次破冰之旅。英国的民族意识首先强调了一个人的尊严以及它的独立性，无形中推动着个人自由与政治平等的原则。虽然个人权利意识、人类自由及自治等观念并非英国独有，也不是源于英国，但却只在英国成为人们认同的内容，并在个人和集体的意识中扎根。

同时，英国人还有一种孤傲特质，排外情绪重。英国人一般感情不外露，不会过多谈论自己，并且喜欢独居，可以说对于英国人内心的世界很难摸得透。这主要源于英国的岛国心态，英吉利海峡拦截了它和外界的联系，他们认为自己的国家是没有边界的，任何地方都有可能成为自己的领地。同时，英国人对自己的国家和民族有着强烈的优越感和自豪感。这也难怪，他们有过称霸世界的辉煌历史，自称"日不落帝国"；而英国议会又是欧洲最古老的议会，英国是第一个完成工业革命的国家，英语又是当今世界第一大语言，这些都成为英国人民骄傲的资本。

民族的性格塑造了这个民族的文学，也流露出这种民族文化。到16世纪末，人们已经认为英语是优于其他语言的最高贵的语言。在伊丽莎白时代，人们的民族情绪开始日益显露，一个主要职业是学术研究和文学写作，共同特点就是使用英语创作英国的作品。尤以莎士比亚的作品为代表，主要特色就是让英语解读的历史事件受到空前的关注，"英国的"开始在每件事情上都受到重视，并滋养出一种民族自豪感。英国的文学作品以浪漫主义著称，语言幽默且表达方式直接，这也正反映出了英国人民幽默风趣、浪漫奇幻的一面。最具代表性的就是《罗密欧与朱丽叶》，罗密欧对朱丽叶表达爱意的方式很直接，不遮遮掩掩，这种直观的表达方式就是一种典型的英国文化。此外，英国作品还注重人物的个性化，他们反对压抑个性，突出每个人物的鲜明特征。例如，《鲁滨逊漂流记》中就表现出了人性的美，强调鲜明的人物特征。这种追求的个性化发展一直流传到现在。

最后，英国社会也是一个贵族社会，贵族精神色彩鲜明。一般这种贵族精神表现为骑士精神、自立精神和主人翁意识。虽然英国是一个贵族社会，但社会等级并没那么森严，整个社会风气是开放和平等自由的，甚至下层民众是认可这种文化的，贵族文化是英国文化中的主流思想。因为在现代社会，贵族已经不再具有更多特权，而变成了一种身份地位的象征。最重要的是贵族文化背后代表的是一种田园风光式的惬意生活，是人们所向往的生活方式和对人生的态度。贵族一向带给人一种较高的生活品位和修养。在著名英国女性作家简·奥斯汀的小说《傲慢与偏见》中男主角就是一个名副其实的贵族；同样在其小说《爱玛》中女主人公爱玛也反映出了英国贵族对子女的培养和对贵族文化的传承。

英国的民族主义孕育于中世纪，成长于近代初期，最终形成于维多利亚时代。在任何一个国家，大概都很难复制相似的民族发展历程。英国的民族主义股份公司的发展取得了令人难以置信的成绩，不仅将"米"字旗插到了占世界几乎一半的区域，而且使英语成为世界性的语言。英国民族主义在发展的每一个阶段都从不同层面强调个人的权利并且反对任何权力机构以任何借口来剥夺这些权利。由此可见，英国民族主义赋予了这样一个共同体内所有成员以应有的权利。一种以权利为纽带连接起来的社会共同体，不仅具有更强的包容性，而且比任何强制性的共同体都富有凝聚力。

五　杰出人物个案

1. 艾萨克·牛顿——从"差生"到物理学家

　　艾萨克·牛顿（Isaac Newton，1643—1727）的名字不止一次地出现在各中小学教材中，正如人们所熟知的那样，他是英国伟大的物理学家、数学家和天文学家，并提出了"三大定律"，开创了微积分学。在迈克尔·怀特所著的《100位杰出人物》一书中，牛顿位居第二，排在穆罕默德之后，耶稣之前。1687年，牛顿出版了自己最著名的著作《自然哲学的数学原理》。在这本深奥难懂的书中，牛顿用数学方法证明了万有引力定律和三大运动定律，这四大定律被认为是"人类智慧史上最伟大的一个成就"。运用这些定律，牛顿把星星、地球和自然界所有的力量都放在了他的天平上。300年前，人类的思想还充斥着迷信和恐惧，水为什么往低处流？太阳为什么升起落下？这些今天看来简单至极的问题，在当时却是根本无法认识和把握的。直到艾萨克·牛顿出现，人类才终于结束了这种状态。牛顿通过自己的伟大著作宣告了科学时代的来临，他告诉世人：自然界存在着规律，而且规律是能够被认识的。牛顿的发现，给人类带来从未有过的自信。曾经匍匐在上帝脚下的人类，终于大胆地抬起头来，开始用自己理性的眼光打量世界。以牛顿为代表的近代科学诞生以后，人类社会飞速发展。就像马克思所说的那样，在资产阶级统治的不到一百年间，所创造的生产力超过了以往历史的总和。《自然哲学的数学原理》为牛顿赢得了巨大的荣誉，不久之后，牛顿就被选为英国最高的学术团体——英国皇家学会主席。欧洲的知识阶层认为，上帝创造了世界，而牛顿发现了上帝创造世界的方法。法国的一位学者在读完《自然哲学的数学原理》后，对牛顿几乎产生了像对神一样的崇拜，他向每一个来自英国的人打探牛顿的生活细节："他吃饭吗？喝水吗？睡觉吗？和凡人一样过日子吗？"1727年，牛顿去世，英国以隆重的国葬仪式将他安葬在威斯敏斯特大教堂，这里一向是王公贵族的墓地，牛顿成为第一个安息在此的科学家。出殡的那天，成千上万的普通市民涌向街头为他送行；抬棺椁的，是两位公爵、三位伯爵和一位大法官；在教堂合唱的哀歌中，王公贵族、政府大臣和文人学士们一起向这位科学巨人告别。目睹了牛顿葬礼的法国思想家伏尔泰为之深深感动，他感慨道："走进威斯敏斯特教堂，人们所瞻仰的不是君王们的陵寝，而是国家为感谢那些为国增光的最伟大人物建立的纪念碑。这便是英国人民对于才能的尊敬。"整个社会在向一个科学家表达着由衷的敬意，这是一个国家对于科学家的态度，也是一个国家对于科学的态度。

他之所以获得如此殊荣，取得辉煌成就与他从小对科学的兴趣、强烈的好奇心、叛逆的精神，以及家庭环境的影响是分不开的。

从小牛顿就表现出极强的叛逆精神和倔强的性格。牛顿出生前，他的农民父亲就死了，母亲则改嫁给了一位传教士，年幼的牛顿不喜欢他的继父，并因母亲改嫁的事而对母亲持有一些敌意，牛顿甚至写下："威胁我的继父与生母，要把他们连同房子一起烧掉。"牛顿曾在他死去继父摘录簿的空白页上进行了第一次重要计算，从而导出了微积分学。牛顿自幼沉默寡言，性格倔强，不愿与人交往，总是沉迷于自己的世界，这种习性可能来自它的家庭处境。

小时候的牛顿并非"神童""天才"，学习成绩也属于次等。但他却有非凡的动手能力和广泛的兴趣爱好，喜欢看一些介绍各种机械模型制作方法的读物，并自己动手制作很多奇怪的小玩意。据说，牛顿小时候曾自己制造了一架磨坊的模型，将老鼠绑在一架有轮子的踏车上，然后在轮子的前面放上一粒玉米，老鼠想吃玉米，就会不断地跑动，于是轮子不停地转动；他还制作了一个小水钟，每天早晨小水钟会自动滴水到他的脸上，催他起床。除此之外，牛顿对自然现象尤其好奇，喜欢看颜色、日影四季的移动，尤其是几何学、哥白尼的日心说等。又喜欢别出心裁地做些小工具、小技巧、小发明、小试验。牛顿这些极强的动手能力和好奇心也成为牛顿探索科学奥秘的关键。

成功是99%的汗水加1%的天才，牛顿的伟大成就离不开他自身的勤奋努力和钻研。牛顿中小学时的成绩并不优秀，经常会被同学取笑。有一次课间游戏，一个学习好的学生借故踢了牛顿一脚，并骂他笨蛋。牛顿的心灵受到这种打击，愤怒极了。他想，我为什么受他的欺侮，我一定要超过他！从此，牛顿下定决心，发奋读书。他早起晚睡，勤学勤思，刻苦钻研，学习成绩不断提高，不久就超过了曾欺负他的那个同学。这种勤奋努力的劲头牛顿保持在每项科学研究中。牛顿 16 岁时数学知识还很肤浅，对高深的数学知识甚至可以说是不懂。牛顿下决心靠自己的努力攀上数学的高峰。牛顿从基础知识、基本公式重新学起，研究完了欧几里得几何学后，又研究笛卡尔几何学，对比之下觉得欧几里得几何学肤浅，便悉心钻研笛氏几何学，直到掌握要领、融会贯通。遂之发明了代数二项式定理。牛顿为自己的科学高塔打下了深厚的基础。22 岁时发明了微分学，23岁时发明了积分学，为人类科学事业作出了巨大贡献。牛顿自己也曾说过："假如我有一点微小成就的话，没有其他秘诀，唯有勤奋而已。"

此外，牛顿的成就离不开外部环境的影响以及身边亲人的帮助和鼓励，这其中就包括牛顿的母亲、舅舅、老师，这对牛顿后来的成长起到了至关重要的作用。迫于生活，小时候母亲让牛顿停学在家务农，赡养家庭。但牛顿一有机会便埋首书卷，以至于经常忘了干活。每次，母亲叫他同佣人一道上市场，熟悉做交易的生意经时，他便恳求佣人一个人上街，自己则躲在树丛后看书。有一次，牛顿的舅父起了疑心，就跟踪牛顿上市镇去，发现他的外甥伸着腿，躺在草地上，正在聚精会神地钻研一个数学问题。牛顿的好学精神感动了舅父，于是舅父劝服了母亲让牛顿复学，并鼓励牛顿上大学读书。牛顿又重新回到了学校，如饥似渴地汲取着书本上的营养。1661 年，牛顿考入剑桥大学。大学期间，巴罗教授看出了牛顿敏锐的观察力和极强的理解能力，于是将自己的数学知识全部传授给牛顿，并把牛顿引向了近代自然科学的研究领域。1664年，牛顿被选为巴罗的助手，1669 年，巴罗为提携牛顿而辞去了教授职位。可以说，巴罗为牛顿的科学生涯打通了道路，如果没有牛顿的舅父和巴罗教授的帮助，牛顿可能就不会在科学的大道上驰骋。

叛逆的精神、倔强的性格，对一切事物的好奇和内心世界的沉思，自幼的勤奋努力，刻苦钻研的劲头，这一切塑造了独一无二的牛顿，是其实现伟大科学成就的本质特征。母亲和舅父的鼓励是牛顿开始科学探索的启蒙者，巴罗教授的帮助和指导是牛顿走向辉煌的指引者。可以说，牛顿的内在特质决定了他走什么样的道路，而慧者的帮助与指引这些外在的条件决定了这条道路能走多远，所有这一切使他成为牛顿！①

2. 斯蒂芬·威廉·霍金——轮椅上的"宇宙之王"

斯蒂芬·威廉·霍金（Stephen William Hawking），1942 年 1 月 8 日出生于英国牛津，英国剑桥大学著名物理学家，现代最伟大的物理学家之一、20 世纪享有国际盛誉的伟人之一。霍金的成长经历是非常富有传奇性的，在科学成就上，他是有史以来最杰出的科学家之一。他担任的职务是剑桥大学有史以来最为崇高的教授职务，那是牛顿和狄拉克担任过的卢卡逊数学教授。他因患有肌萎缩性侧索硬化症禁锢在一张轮椅上达 20 年之久，但他却克服了残废之患而成为国际物理界的超新星。虽然他不能写，甚至口齿不清，但他超越了相对论、量子力学、大爆炸等理论而迈入创造宇宙的"几何之舞"。尽管他那么无助地坐在轮椅上，他的思想却遨游到广袤的时空，解开了宇宙之谜。

霍金自幼便表现出了对宇宙极大的兴趣，并喜欢独立思考。霍金会和要好的同学探讨和争论问题，内容从宗教、神学到无线电、天

---

① 叶克华：《牛顿传》，吉林大学出版社 2008 年版。

文、物理无所不谈。他们讨论过宇宙起源是否需要上帝帮助，也讨论过宇宙中遥远星系发生红移的原因。少年时代的霍金不相信宇宙膨胀的说法，认为红移必定是由于其他原因造成的，例如光线在长途跋涉中累了以至于变红。那时的霍金就已萌发了探索宇宙奥妙的想法。此外，霍金还热衷于搞清楚一切事物的来龙去脉，对于自己不熟知的或者感兴趣的东西，他总是喜欢把它拆开，把每个零件结构都弄明白。也许正是这种强大的好奇心才促使霍金对一切未知事物进行探索研究，当然包括神秘的宇宙。同时，少年的霍金也很有主见和自己的想法，霍金的父亲极力主张他学医，或者学生物。但霍金有自己的主意，他认为物理学比化学、医学、生物学更基本，是最基础的科学。物理学和天文学涉及他感兴趣的那些关于宇宙的基本问题，所以他最终选择了物理作为自己一生的研究领域。这种独立意识也决定了霍金以后的人生方向。

上天似乎和霍金开了一个莫大的玩笑，1962 年霍金被诊断出患有ALS，身体越来越不听使唤，霍金被"宣判"只剩两年生命。霍金一开始被这一诊断击倒了，几乎放弃了一切学习和研究。在病情稳定下来后，他便克服了消沉，决心继续学业，虽然霍金只剩下三个手指会动，通过一个手指来"说"，但这不影响他继续对科学进行探索，他开始了漫长而又艰辛乏味的脑力劳动。他的秘书曾私下对别人讲，他一篇 1 小时的演讲稿需要 3 天的时间，打一段话需要近乎一个小时，但霍金坚持下来了，在他的不懈努力下，一册册的书籍展现在我们面前：《时间简史——从大爆炸到黑洞》《时间简史续篇》《霍金讲演录——黑洞、婴儿宇宙及其他》《果壳中的宇宙》等。正是这种坚强和执着，成就了一个生活的强者，也成就了一个充满传奇色彩的物理天才。

艰辛的成长道路和乏味的科学探索离不开那些站在背后的人们，对于霍金来说，他的父母、导师、妻子给予了他更多的支持和帮助。当得知自己的儿子可能活不过两年的时候，霍金的父母并没有被打倒，他们很坚强，强忍着难过和悲伤鼓励霍金重回剑桥，他的母亲甚至坚定地对他父亲说"我们必须支持他，我们不能放弃他"，并一路陪伴霍金完成科学研究。可以说，在霍金成功的道路上，他的父母功不可没。同时，研究生的学习阶段，霍金也得到了众多学者和老师的帮助。霍金的导师西阿玛给了他充分的时间和选题自由，并帮他介绍专家，提供相关书籍。西阿玛是当时著名的相对论研究专家，西阿玛把牛津大学的数学教授彭若斯拉过来研究相对论，又介绍霍金认识了他，霍金从彭若斯那里学到了现代微分几何。从此，霍金便在两位教授的带领下开始了自己的研究生生涯。而霍金的第一任妻子简恩，也彻底改变了霍金的人生。简恩带着一种坚定的信念鼓励霍金，相信一切会好起来。简恩服侍、照顾霍金25年之久，推着轮椅带他到处旅行，可以说，简恩看着霍金从默默无闻的研究生变成"世界上最伟大的科学家"。

乐观、积极向上的心态是霍金的人生格言。在患病初期，霍金还参加划船比赛；全身瘫痪后，仍去参加舞会，他把轮椅电钮一摁，小车高速旋转；1985年霍金第一次来中国访问，他坚持要看举世闻名的长城，几名中国学生把他连人带车抬上了居庸关。同时，霍金也是一位幽默风趣的学者，他经常因为学术问题和其他学者打赌，他的办公室保留着不少打赌的证书，而最著名的打赌则是关于落入黑洞的信息能否跑出来的争论。乐观的霍金早已突破了医生"宣判"的寿命期限，并且他的思想继续在无限的宇宙中遨游。

好奇心强，尤其是对自然，对宇宙的神往，这是霍金开启探索宇宙奥妙的萌芽。独立的意识，爱沉思的大脑以及窥探一切事物究竟的执着，这是霍金打开科学大门的钥匙。而在残障身体不利的条件下，父母、导师、妻子的关怀和帮助给予了霍金更多精神上的鼓励，让他重拾信心，并依靠自己的积极乐观、坚持不懈，最终达到科学的高峰，成为21世纪享有国际盛誉的伟人之一。[①]

---

① 鹿理梅：《与万物对话霍金传》，群言出版社2016年版。

3. 达尔文——从"坏"孩子到"进化论"奠基人

达尔文（Charles Robert Darwin，1809—1882）是英国生物学家、进化论的奠基人。出版《物种起源》，提出了生物进化论学说，从而摧毁了各种唯心的神造论以及物种不变论。除了生物学外，他的理论对人类学、心理学、哲学的发展都有不容忽视的影响。

达尔文从小就有强烈的好奇心和求知欲。他热爱大自然，喜欢打猎、采集矿物和植物标本，这其中就包括许多风干的植物和死了的昆虫，他还收集硬币、图章、贝壳和化石等许多杂七杂八的东西。他时常独自坐在河边，静静地注视水下的游鱼和流动的河水。同时，他还爱在家里自己做化学实验。这种兴趣爱好，达尔文一直持续到大学时期。达尔文在剑桥大学把大部分时间用在听自然讲座和自然科学书籍上，热衷于收集甲虫等动植物标本，浓厚的兴趣只增不减。达尔文的这种做法从小就被周围的邻居看作不务正业、游手好闲，甚至被当作调皮捣蛋的"坏孩子"。但我们可以说达尔文未来的科学研究正是儿时兴趣的延续。

父母从小对达尔文的培养可以说对达尔文后来的科学探索起到了至关重要的作用。达尔文的母亲是陶商的女儿，很有见识和教养。她喜欢栽培花卉和果树，时常利用各种机会培养达尔文对周围事物的兴趣。同时，她也很有耐心，十分爱护他的好奇心，每次达尔文提出各种稀奇古怪的"傻"问题时，她从不横加指责，而是十分耐心地给予解答，正是母亲的这份爱心和赏识，使达尔文对生物、对他所生活的这个奇妙世界产生了最初的兴趣。达尔文8岁的时候，母亲去世，之后的生活当中，达尔文的父亲对其影响也很大。老达尔文非常支持孩子的兴趣爱好，他把花园里的一间小棚子交给孩子，用来做化学实验。达尔文10岁那年，父亲还允许并帮助他的一位同学和老师到威尔士的海岸去度假，使达尔文在那里观察和采集了许多海生植物的标本。达尔文曾宣称他收集的几块化石是价值连城的奇珍，说一块硬币是罗马制造的，人们认为达尔文在撒谎，他的父亲却不想制止，老达尔文说"这说明孩子富有想象力，有一天他会把这种才能用到正事上的"。父亲对达尔文的影响还包括在后来的学业选择中。像父亲一样，达尔文最初计划学习医学。但达尔文的天赋极不适合学医，他一看到病人流血就恶心呕吐，也特别畏惧解剖尸体。于是在和父亲交谈后，父亲尊重达尔文的选择，让其走自己的路，并在父亲的忠告下报考了剑桥神学院。达尔文在神学院的学业同样不优秀，但兴趣特别广泛，先是迷上打猎，后来又迷上了地质学和植物学。

达尔文的成功还离不开他自身的坚持和努力以及吃苦耐劳的精神。从1831年到1836年，达尔文乘坐"贝格尔"号完成了5年的环球航行，从英国出发，途经大西洋，横渡太平洋，经过澳大利亚，越过印度洋，绕过好望角，其间要跋山涉水，采访当地居民，一路上做了大量的观察笔记，收集了无数标本运回英国，为他以后的研究提供了第一手资料。最具重大意义的是，在历史上著名的自然科学知识变革的时代背景下，达尔文利用了不寻常的机会去获得原始资料。这些艰辛是常人不能忍受的，但达尔文坚持下来了。最终，1859年，达尔文经过20多年的研究而写成的科学巨著《物种起源》出版了，这标志着进化论的正式确立。

达尔文自小表现出的"坏"，对新事物强烈的好奇心和求知欲促使着他在自己感兴趣的领域内慢慢前行，而达尔文父母对其兴趣爱好的呵护和支持也为达尔文后来的科学研究埋下了希望的种子。最重要的是，在进行科学研究的过程中，达尔文所表现出的勤奋和吃苦耐劳精神，正是因为有对生物的热情和动力，才一直坚持到最后。当然也离不开学校所提供的学习的机会和老师的推荐，甚至是环行世界的机遇。①

4. 乔治·萧伯纳——只受过五年教育的诺贝尔文学奖得主

乔治·萧伯纳（George Bernard Shaw，1856—1950），爱尔兰剧作家。1925 年因作品具有理想主义和人道主义而获诺贝尔文学奖，他是英国现代杰出的现实主义戏剧作家，是世界著名的擅长幽默与讽刺的语言大师。萧伯纳的一生充满了传奇：到朋友家都害羞腼腆的人到后来却成为雄辩家和语言大师，只接受五年学校教育的人却成了世界闻名的大文豪。

萧伯纳从小就受到文学艺术的熏陶，在重视美术、文学和音乐的家庭中长大，尤其是受其母亲的影响。7 岁时，萧伯纳就已经阅读莎士比亚文学、约翰·班森的《天路历程》《天方夜谭》以及《圣经》等；到了 12 岁，开始热衷拜伦的诗，然后又看了狄更斯、大仲马、小仲马的小说，还有雪莱的诗集；18 岁开始看一些经济学作品、哲学、社会学著作。与这些名著接触过后，萧伯纳的思想往前迈了一大步，开始思考有关人生的问题。这些都为他以后的创作奠定了坚实的基础。

萧伯纳是一个倔强不服输的人，他的一生充满了磨难和艰辛，正

① 洪梅：《达尔文》，浙江少年儿童出版社 2009 年版。

是这些磨炼让萧伯纳得到了人生中重要的财富。萧伯纳的父亲是个没落贵族，母亲是乡绅世家，一家人的生活状况并不容乐观，15 岁的萧伯纳就辍学走向社会，开始独立谋生。萧伯纳最初的工作是事务员，几年的工作经历让萧伯纳意识到这与自己的兴趣可谓是南辕北辙，将满 20 岁时，萧伯纳暗暗发誓："人生只有一次，我不能以事务员的生活度过这唯一的一生。"萧伯纳决定背水一战，准备用文笔开拓自己的人生。但是创作生活并不顺利，他曾用 4 年的时间创作了 5 部小说，却没有一家出版社接受。于是后来转向创作剧评，却依然没有太大反响，而后来的戏剧创作依然以失败告终。但萧伯纳并没有因此而放弃，反而变得更坚强，付出终有回报。1923 年萧伯纳创作的历史悲剧《圣女贞德》被认为是最佳历史剧，并于 1925 年被授予诺贝尔文学奖，最终成为享有世界盛誉的大作家。

萧伯纳敢于正视自己的缺点，并不断进行总结思考，以取得更大的进步。萧伯纳有一个弱点，就是从小害羞，不敢在大庭广众之下说话。为了克服这个缺点，萧伯纳参加了辩论会。经常当众与学者们辩论，同时，为了给别人留下深刻的印象，他特意留起了讽刺家式的发型，对着镜子练习怎样以潇洒的手势来加强演说效果，很快就成为一位令人倾倒的演说家。在 12 年的时间里，他是靠演讲过日子的。然而萧伯纳并没有满足于眼前的成功，他想将这新发现的才能应用于写作。

萧伯纳重视写作的规律，坚持勤奋创作。青少年时的萧伯纳最开始坚持每天 5 页，不多不少，是考虑到生活的窘迫，督促自己多赚稿费。而后的文学创作，萧伯纳极为勤奋，为了保持健康的身体，他规定自己每天写作最多 20 页文稿，并规定写多长时间就出去游一次泳，绝不因贪多写作而过分疲劳。此外，萧伯纳生性乐观，胸襟阔达，作品常以幽默的形式表现出机智与风趣，这也正是他自己待人处世的方式。在家庭中，对妻子相敬如宾；在外对朋友体贴入微；对误解总能保持超脱和镇静的态度，并以机智、幽默的方法化解。

对文学浓厚的兴趣，勤奋努力的态度，倔强不服输的性格，积极

乐观的人生心态，还有机智幽默的处世方式，萧伯纳的这些人格因素
正是其取得伟大成就的关键，而家庭环境的影响和熏陶是其成长的助
推器。①

5. 伯特兰·罗素——以数学家闻名于世的诺贝尔文学奖得主

　　罗素（Bertrand Arthur William Russell，1872—1970）是20世纪英
国哲学家、数学家、逻辑学家、历史学家，也是20世纪西方最著名、
影响最大的学者和和平主义社会活动家之一。他与怀特海合著的《数
学原理》，对逻辑学、数学、语言学和分析哲学有着巨大影响。1950
年，罗素获得诺贝尔文学奖。

　　罗素从小的生活环境对其一生的成长起到了决定性作用。罗素
年幼时，父母相继离世，祖父母自愿承担了抚养孩子的责任。家庭
的自由主义传统和祖母独立不羁的性格对罗素思想的形成影响很
大。罗素的祖母常教导罗素要反思自己的思想和行为，其严格简朴
的家教使罗素备受压抑，因此少年时代的罗素性格内向，他没有被
送到学校读书，从小由外籍保姆和家庭教师照顾，学习德文、法
文、意大利文。罗素的童年很孤寂，他经常在家中荒凉失修的大花
园里独自散步冥思，是大自然、书本和数学把他从孤独和绝望中
拯救出来。罗素的祖父有一个藏书极为丰富的图书馆，他经常藏
身其中广泛吸收文学、历史、地理等方面的知识，这也成为罗素
后来在多领域均有建树的原因所在。也正是这种成长环境成为罗

---

　　① 黄嘉德：《萧伯纳传》，团结出版社2006年版。

素孤僻、高傲、多疑、易变的性格以及特有的依赖性思想形成的原始土壤。

批判和怀疑的精神在罗素 11 岁时就已展现出来。罗素跟着他的哥哥学习欧氏几何学,当时他只能接受定义,却怀疑公理的可靠性。这种怀疑决定了罗素哲学生涯的风格和目标,即怀疑主义和谨慎的风格。同时,罗素批判当时的数学只注重技巧而不重视基础理论证明。这也成为后来罗素改学哲学的原因,并立志要像黑格尔那样建立一套哲学体系,献身哲学事业。

对于数学、哲学的热爱使罗素能够全身心地投入学术研究中,并不断创作出优秀成果。1893 年罗素的数学哲学论文使他获得剑桥大学研究员资格,但当罗素得知德国的数学理论正酝酿着一次变革时,他决心寻求一种正确的数学理论。终于在 1900 年罗素与怀特海合写的《数学原理》出版了,这在逻辑发展史上是划时代的。后来德国的大学就此把数学逻辑归入数学系,这足以证明罗素的特殊地位,也表现出了罗素投身数学事业的认真负责。

罗素还热衷于政治理论的探讨,并深切关心有关世界和平的一切活动。第一次世界大战期间,罗素积极从事反战活动,发表一系列呼吁和平的演讲。甚至他因撰写反战传单而被罚款,由于拒付,法庭拍卖了他在剑桥大学的图书作抵押,学校也解除了他的教职。罗素反对导致战争的任何活动,同情被压迫的民族,尤其反对纳粹方式,为此,1949 年,罗素被评为保卫和平的英雄战士。而在 1950 年,罗素因为创作《婚姻与道德》一书获得诺贝尔文学奖,原因正是其作品对人类道德文化作出了贡献。

对数学、哲学孜孜不倦的追求源于对学科的热爱;能够在数学、哲学、逻辑学、社会学等多学科领域均有建树源于幼时全面的书籍阅读和知识积累;能够对一切事物抱有怀疑和批判精神源于家庭文化,尤其是家庭氛围对其性格的影响;而能够从学术研究上升到对全人类和平的关注,从道德角度看问题则源于对自由和生命的向往。这就是罗素。①

6. 丘吉尔——未上过大学而获得诺贝尔文学奖的英国首相

　　丘吉尔（Winston Leonard Spencer Churchill，1874—1965）是英国著名政治家、演说家和作家，曾两度出任英国首相，领导英国人民赢得了第二次世界大战，是"雅尔塔会议三巨头"之一，"第二次世界大战"后发表《铁幕演说》，揭开了冷战的序幕。1953 年获诺贝尔文学奖。他被美国杂志《人物》列为近百年来世界最有说服力的演说家之一，曾荣获诺贝尔和平奖提名。

　　丘吉尔从小就被看作调皮捣蛋的坏学生，叛逆，成绩差，贪玩。每当家庭教师有事或没有察觉时，丘吉尔就会逃到属于他的小游戏室，逃避学习。这个专属的游戏室内有许多玩具。丘吉尔推着逼真的蒸汽机车在轨道上奔驰，用幻灯机在白幕上放映生动的图画；他还指挥众多铅铸的士兵，天天摆布玩具部队，发号施令。甚至每当学期快结束时，他就数着指头盼日子，尽快回家去指挥那些玩具兵。支配他一生的强烈好斗个性和出人头地的领袖欲望，就在这种玩了十几年的游戏中滋生，并逐步发展起来。丘吉尔倔强任性，

　　① 翟玉章：《罗素》，云南出版社 2009 年版。

从不循规蹈矩，所以在校期间难免被老师拖去受鞭子的体罚。即使打得皮开肉绽，他也绝不哭泣，咬紧牙关，斜瞪着眼睛。1941年，当英国处于抗击希特勒的险境时，丘吉尔发表演说，高呼"绝不屈服！绝不屈服！"同样激荡着当年被老师体罚时不屈服的勇气。

丘吉尔对英国誓死的捍卫和极强的责任感离不开从小抚养他长大的保姆，她对丘吉尔的人生产生了至关重要的作用。丘吉尔的童年没有过多父母的影子，像其他上流社会一样，丘吉尔从小被保姆带大，在小丘吉尔幼小的内心甚至把她当作自己的母亲。保姆会经常向丘吉尔讲述自己的家乡，并说英国是世界上最好的国家，而她的家乡又是英国最好的地方，一个热爱家乡的人同时会以自己身为英国人而骄傲。可以说，保姆在小丘吉尔的内心种下了爱国主义的种子。同时，保姆会经常带丘吉尔到她姐夫家做客，保姆的姐夫做了 30 多年狱吏，经常讲起监狱里暴动的事件，而这些话题给丘吉尔寂寞、单调的童年带来了趣味和快乐，也就是在这个时候勾起了丘吉尔对于军事、政治和社会问题的兴趣。在丘吉尔进入寄宿学校后，保姆还会经常写信嘘寒问暖，鼓励他好好学习，尽心竭力地给予丘吉尔各种指导。可以说保姆是丘吉尔学前阶段的启蒙老师，人生第一站的向导。

丘吉尔走上军人之路，开始自己的政治生涯与其父亲息息相关，从上军校的决定到对军人的崇尚和敬畏无不缘于丘吉尔父亲对他的指点和教导。一次，丘吉尔和弟弟又在指挥铅兵开战，模拟实战场面进攻对方。父亲悄悄走进房间，默默地在一旁观战达 20 分钟之久，这对丘吉尔的父亲来说是破天荒的事，随后问丘吉尔"温斯顿，你愿意当军人吗？""愿意，我要当司令官。"丘吉尔随口答道。事情就这样决定了，丘吉尔开始为报考军校做着一系列的准备。此外，由于政客身份的父亲，时常会有官员来家中做客，丘吉尔有幸结识了不少政客名流，听到了许多政治话题，勾起了他对于政治的兴趣。同时，丘吉尔还跟随父亲去下议院听会，目睹某些人在会上激烈的辩论。潜移默化地熏陶使丘吉尔成为政治家的种子悄悄地在内心生根发芽。丘吉尔的父亲为了培养儿子吃苦耐劳的品质，特地安排丘吉尔兄弟去瑞士徒步旅行，并请了一位体育老师陪同指导。无形中培养了丘吉尔勇敢无畏的品质，这也正是军校所必需的，更是丘吉尔作为军人所必备的。丘吉尔父辈的政治成就以及家族的荣耀和政治传统无疑对丘吉尔提供了学习的榜样，树立了奋斗目标，也培育了他对祖国的历史责任感。

丘吉尔从未上过大学，他渊博的知识和多方面的才能都是经过刻苦自学得来的。年轻时的丘吉尔驻军在印度南部的班加罗尔，在那里有半年多的时间丘吉尔每天阅读四五个小时的历史和哲学著作等书籍。丘吉尔从著名思想家、哲学家、历史学家和生物学家的著作中吸取了丰富的思想理论，使他的人生信念更加坚定，也使他成长为最杰出和多才多艺的人。

此外，丘吉尔一生不喜欢安逸、舒适的生活，他天性狂暴，充满抱负，甚至可以说只有动荡不安的生活才是他可以接受的。尤其是虚荣心，这也许正是驱使青年丘吉尔不断前行的内驱力，使其能够在残酷的战场和国家的争斗中稳如泰山。这在他当时的战地小说中就能看出。在班加罗尔驻军期间，丘吉尔写了一部小说《萨伏罗拉》，而文中的主人公正是丘吉尔自身的写照，丘吉尔这样描写主人公的心理："斗争、劳动，一连串的事变，舍弃轻松愉快的东西，这是为了什么？人民的幸福，他很少感兴趣……他非常明白。他做一切事情的主要动力是虚荣心，他无力抵御它……"这种虚荣心一直存在，并成为他维护英国垄断资产阶级整体利益的根基。

从小展现出极强的控制欲和狂暴的天性是丘吉尔能够胜任首相和军官的前提，政治家的父亲以及政治传统潜移默化的熏陶是丘吉尔坚定政治生涯必不可少的催化剂，而对祖国深深的热爱和眷恋是其领导英国人民走向胜利的信念所在。丘吉尔闻名于世正是其将自身和国家融为一体的结果。[1]

---

[1]　王晓君：《丘吉尔传》，中国社会科学出版社 2006 年版。

7. 威廉·莎士比亚——戏剧之父

威廉·莎士比亚（William Shakespeare，1564—1616），欧洲文艺复兴时期英国最重要的作家，杰出的戏剧家和诗人。他创作了大量脍炙人口的文学作品，在欧洲文学史上占有特殊的地位，被喻为"人类文学奥林匹斯山上的宙斯"。代表作品主要有《罗密欧与朱丽叶》《哈姆雷特》《李尔王》《奥赛罗》《威尼斯商人》等，共 37 部戏剧，两首长诗和一部十四行诗集。

莎士比亚在戏剧方面的卓越成就可以说归功于他从小成长的小镇，剧团表演成为他戏剧生涯的启蒙课程，而小镇周围的环境则成为他作品中的重要素材，这给他带来了一生的影响。1564 年，莎士比亚出生在英国中部埃文河畔的斯特拉福镇。这个小镇经常有剧团来巡回演出。莎士比亚在观看演出时惊奇地发现，小小的舞台，少数几个演员，就能把历史和现实生活中的故事表现出来。他觉得神奇极了，深深地喜欢上了戏剧。甚至有时候为了思考剧中的情节，独自一人在田间小径上踱来踱去，琢磨某个角色的动作表情。他暗自下决心：要终身从事戏剧事业。此外，莎士比亚成长的小镇周围有茂密的森林，从小他就听说过很多关于这片森林的传说故事，并且经常在田野和森林里玩耍，对这片"游乐园"有着深厚的感情，这给莎士比亚留下了深刻印象。在《皆大欢喜》《仲夏夜之梦》中，他特地编撰了关于这片森林中出现的英雄以及生活在森林当中的神仙和小精灵，当然还有一些可怕的故事，莎士比亚在悲剧《麦克白》中描绘了三个来自森林传说的巫婆形象。小镇里出现的人和事也都成为莎士比亚后期创作的灵感。《哈姆雷特》中奥菲利亚惨死在河里的情节来源于现实中小镇附近未婚少女淹死在埃文河一事。从小生活成长的小镇不仅是莎士比亚家的港湾、难以忘怀的故乡，更是其戏剧生涯创作的源头、生根发芽的土壤。

同时，丰富的人生阅历也给莎士比亚的创作带来了众多灵感。1578 年，莎士比亚的父亲陷入债务危机，家庭经济状况发生了重大改变。年轻的莎士比亚不得不开始谋生，为家里减轻负担。他曾当过肉店学徒，也在乡村学校教过书，还干过其他的工作，喜忧参半的童年增长了莎士比亚的人生阅历，或许也给他的后期创作积累了不少素材和灵感。此外，1590 年莎士比亚在伦敦结识了骚桑普顿伯爵，伯爵是当时的名门望族，他的家是诗人和学者的聚集地。在伯爵的家里，莎士比亚有机会去接触和了解许多有教养、有才华的人，甚至在这个时期莎士比亚学会了但丁和比特拉克语言。与同一时期有名望的诗人、作家的交往，以及与文艺复兴时期多元文化的接触了解大大丰富了莎士比亚的知识和涵养，这对他的成长起到了至关重要的作用。

当然，要想取得更大的成就还需要那份对戏剧永不降温的热爱和自身的努力奋斗，兴趣是最好的老师。莎士比亚从小头脑灵活，口齿伶俐，工作之余，他还悄悄地看舞台上的演出，甚至想在戏院谋职，但他深知，若想成为剧作家，要有很丰富的知识。因此，他贪婪地读着哲学、文学、历史学方面的书籍，并坚持自学文学、历史、哲学等课程，还自修了希腊文和拉丁文。每当剧团需要临时演员时，莎士比亚总是积极参演，再加上他的才华，他终于能演一些配角了。演配角时，莎士比亚也认真演好，他通透的理解力和精湛的演技，使他不久就被剧团吸收为正式演员。为了演好戏，莎士比亚还经常深入下层社会，观察那些流浪汉、江湖艺人和乞丐，同自己周围的各种人交谈，学习他们的言谈举止和生活习惯，一直为自己的梦想努力奋斗着。同时，莎士比亚从不怯懦自卑，一直坚定自己的信念。当时的英国戏剧界被一批"大学才子"的职业剧作家垄断着，不许外人插入。莎士比亚并不在乎，默默地进行自己的创作。他用一年多的时间写出了剧本《亨利六世》三部，引起了戏剧界的注意，并且在 1595 年完成了自己里程碑式的作品《罗密欧与朱丽叶》，这确立了莎士比亚在世界文学史上的地位。付出终有回报，莎士比亚没有辜负自己一直以来的辛苦和汗水。

除了莎士比亚自身不懈的努力外，我们还不能忽略他所生长的时代，可以说他是幸运的，因为他处在一个伟大的时代——文艺复兴时期。文艺复兴时代最伟大的发现是对"人"的发现：充分肯定人的价值、尊严和力量；承认人有追求幸福和自由的权利；鼓励人们追求知识，追求真理，宣扬平等、自由。这种时代追求在英国具体表现为产生了许多杰出的人物，这些人物出身贵贱不同，社会地位有高有低，但他们都有"巨人"的性格：英勇无畏，敢于创造，有强烈的进取和战斗精神。文艺复兴时期自由进取的气氛为他的创作提供了土壤，进步的人文主义思想使莎士比亚能够从全新的角度去观察生活，塑造人物，评价历史，再加上前辈戏剧家"大学才子派"为他开辟了道路，以及他自身的艺术天才，一位"戏剧巨人"就诞生了。

或许莎士比亚生活的时代造就了那些伟大的作品。莎士比亚从未上过大学，因而总是受到来自牛津和剑桥的"大学才子"的嘲讽和排挤，但莎士比亚凭借着自己出色的语言功底和丰富的人生阅历，在自己的作品中体现着对国家和平、繁荣昌盛的向往和渴望，还表现出对世俗世界的批判及抗争。人们倾向把当时的英国称作"莎士比亚时代"，就是因为莎士比亚的作品就是对当时社会的真实写照，莎士比亚时代是一个创造奇迹的时代，更是一个开创历史的时代。

莎士比亚的成就可以说归功于他对戏剧只增不减的热爱及兴趣，归功于那份勤奋执着的努力，归功于那个充满喜怒哀乐的动荡年代，给予了他创作的灵感。到底是时代成就了莎士比亚还是莎士比亚主宰了时代，似乎答案就在那些流传至今的伟大著作和戏剧中。①

---

① 袁子茵：《莎士比亚》，辽宁人民出版社 2014 年版。

8. 詹姆斯·瓦特——蒸汽机改良家

　　詹姆斯·瓦特（James Watt，1736—1819）是英国发明家，第一次工业革命时的重要人物。他所改良的蒸汽机的影响是难以估量的，它被广泛地应用在工厂，成为几乎所有机器的动力，改变了人们的工作生产方式，极大地推动了技术进步并拉开了工业革命的序幕。开辟了人类利用能源的新时代，标志着工业革命的开始。后人为了纪念这位伟大的发明家，把功率的单位定为"瓦特"。

　　瓦特从小性格就很倔强，并且有极强的动手能力。他和别的孩子一样都喜欢玩具，但与众不同的是，到他手里的玩具一定要拆开，零件要卸下来，要看个究竟，弄个明白。然后。再按照原来的模样，安装上，组合好，使玩具恢复原状。一次邻居家孩子的小车坏了，那个孩子很着急，瓦特拿过来，捣鼓捣鼓就好了。当时的瓦特不知道给孩子们修好了多少玩具呢。

　　瓦特还有强烈的自尊心和不服输的心态。瓦特出生在一个木匠家庭，经济条件并不宽裕，并且年幼的瓦特体弱多病，失去了上学的机会，经常被其他孩子叫作"病包子"。瓦特不甘心这样的生活，不愿这样一直颓废下去。于是瓦特暗自下决心要好好学习，要求父母教他识字读书，积累知识。于是不管春夏秋冬，不管多累，父母都会抽空教他读书写字，有时还帮他学些算术。虽然家境贫寒，父母的知识程度也有限，瓦特学到的并不多，但他却记得很牢，有时还能举一反三。包括后来瓦特在研究过程中也一直坚持着这种心态。一天他又趴到汽缸前观察漏气的原因，不小心一股热气冲出，他急忙躲闪，右肩上已是红肿一片，辣辣地疼起来，弄得他心烦意乱。他真有些灰心了，这时，他的妻子给了他勇气和鼓励。他又回到地下实验室，将过去的资料重新翻阅一番，干累了就守着炉子烧一壶水喝茶。他一边喝茶一边看着那一动一动的壶盖。他看看炉子上的壶又看看手中的杯子，突然灵感来了：茶水要凉，倒在杯里；蒸汽要冷，何不也把它从汽缸里也"倒"出来呢？这样想着，瓦特立即设计了一个和汽缸分开的冷凝器，这下热效率提高了 3 倍，用的煤只有原来的 1/4。这关键的地方一突破，瓦特顿然觉得前程光明。他又到大学里向布莱克教授请教了一些理论问题，教授又介绍他认识了发明镗床的威尔金技师，这位技师立即用镗炮筒的方法制了汽缸和活塞，解决了那个最头疼的漏气问题。瓦特这种倔强的性格和勤奋好学的精神表现在他对科学文化知识的追求上，孜孜不倦，不达目的不罢休，这成为他最宝贵的东西。

当然，瓦特能够发明出来蒸汽机绝非偶然的事，这都源于他对一切事物寻根究底的猎奇心态，善于观察周围发生的现象。在瓦特的故乡格林诺克的小镇上，家家户户都是生火烧水做饭。对这种司空见惯的事，瓦特就留了心。有一天他在厨房里看祖母做饭。灶上坐着一壶开水。壶盖啪啪啪作响，不停地往上跳动。瓦特观察好半天，感到很奇怪，就问祖母原因，祖母漫不经心和不耐烦的回答并没有让瓦特满意。于是，每当做饭时，他就蹲在火炉旁边细心地观察着。起初，壶盖很安稳，隔了一会儿，水要开了，壶里的水蒸气冒出来，推动壶盖跳动了。蒸汽不住地往上冒，壶盖也不停地跳动着，瓦特把壶盖揭开盖上，盖上又揭开，反复验证。他还把杯子、调羹遮在水蒸气喷出的地方。瓦特终于弄清楚了，是水蒸气推动壶盖跳动。对于水蒸汽的观察仅仅是瓦特迈出的第一步，求知欲推动着他不断前行。

社会这个大环境为瓦特和蒸汽机的相遇提供了重要的机遇和条件。瓦特与蒸汽机结缘绝非因为小时候对蒸汽的观察以及从小的猎奇心态作祟，这还要归功于他所生活的时代。因为一次家庭变故，瓦特为减轻家庭经济负担不得不辍学外出谋生。在这期间，瓦特无意中接触到了朋友转交的一批待清洗的天文仪器，正是这次清理工作，瓦特开启了与机器结缘的大门。其中，包括一台教学用的蒸汽机，在修理过程中，瓦特不仅熟悉了蒸汽的结构和原理，还发现了蒸汽机的缺点，萌生了改进它的想法。这种想法的产生并非因为他的个人爱好，而是受当时的社会发展影响。当时的英国政府大力鼓励这方面的发明创造，因为当时的纺织业及其他制造业大量采用水力驱动机械，根本无法满足规模化生产。并且当时有远见的人一直在思考如何使蒸汽机直接转动机器，蒸汽机能否安装在工厂使用等，这也包括瓦特的朋友罗巴克和博尔特。在这些现实需要和美好的设想中，使深爱仪器和模型的瓦特对蒸汽机产生了极大的兴趣，也正式开始了自己改良蒸汽机的历程。

　　瓦特改良蒸汽机的成功得益于他强烈的好奇心、倔强不服输的性格和丰富的机械知识，还少不了让他与机械结缘的机遇，更重要的是工业革命这个大的社会背景证明了这项发明诞生的必要性和合理性。[①]

　　9. 亚历山大·弗莱明——青霉素发现者

---

　　① 刘笑天：《瓦特》，延边大学出版社 2003 年版。

　　亚历山大·弗莱明（Alexander Fleming，1881—1955），英国细菌学家，他首先发现青霉素。后与英国病理学家弗洛里、德国生物化学家钱恩进一步研究改进，并成功地用于医治人的疾病，三人共获诺贝尔生理或医学奖。青霉素的发现，使人类找到了一种具有强大杀菌作用的药物，结束了传染病几乎无法治疗的时代；从此出现了寻找抗菌素新药的高潮，人类进入了合成新药的新时代。

　　弗莱明的成长之路，远非一帆风顺。在这段艰辛的岁月中，弗莱明受到了身边亲人的关爱和帮助。在他 7 岁时，父亲去世。由大哥和母亲将他和几个兄弟养大，他在山野长大，这锻炼了他的观察能力，算是为日后的细菌培养积累了初步的基础。13 岁左右，弗莱明去伦敦投奔他同父异母的哥哥汤姆。在弗莱明 20 岁时，他的一个终身未婚的舅舅去世，留下了一笔较为可观的遗产，弗莱明分到了 250 英镑。同父异母的哥哥建议他利用这笔财富学习医学。可以说，弗莱明哥哥的这个决定改变了弗莱明的一生，也为他开启了医学道路的大门。此后，凭着自己的努力弗莱明考取了圣玛丽医院附属医学院，毕业后开始从事免疫学研究。在圣玛丽医院从事的细菌学研究可以说是弗莱明事业的全部，从贫苦农民的儿子成长为卓越的细菌学家，看似传奇的人生实则离不开家人的帮助，更离不开自身对医学事业的献身和投入。

　　弗莱明开始自己的医学生涯与他自身的执着和倔强密不可分。在当时的社会，学术权威通常并不支持自己的助手按照自己的兴趣进行独立的科学研究。而当时的弗莱明虽在赖特医师身边做助理，但他已经独自开始尝试对痔疮进行免疫接种的研究，同时他也是那个时代少有的掌握了静脉注射这一先进技术的医生，这一切为他带来了学术上的初步声誉。当然，他的研究并未脱离赖特的研究范围，并在他的指导下进行了其他一系列的研究。其后，第一次世界大战爆发。赖特抓住了这个来之不易的研究机会，他率领自己的研究小组奔赴法国前线，研究疫苗是否可以防止伤口感染，还和赖特证实了浓盐水冲洗伤口能起到更好的杀菌消毒作用，但这项建议在第二次世界大战期间才被广泛采纳。在 1928 年夏天，敏锐细心的弗莱明发现一个培养皿内的霉菌周围没有细菌生长，但远处的细菌却正在生长。多年形成的科学素养让弗莱明觉得不应该将这个奇怪的现象放过。缜密科学的分析研究过后，弗莱明推断这种霉菌一定是产生了一种抗菌物质，而这种抗菌物质有可能成为击败细菌的有效药物。最终，1929 年，弗莱明将这种抗生素命名为青霉素。青霉素就此在这个世界上诞生。

弗莱明发明青霉素除了得益于自身医学背景的便利以及那份执着和医学研究者的素养外，他所处的时代可以说无形中促使了这项伟大发明的诞生。弗莱明的青年时期正值第一次世界大战和第二次世界大战爆发，战场的残酷可想而知，士兵大多因伤口感染而死，当时避免感染的药物副作用极大，虽能用来消毒伤口，但一旦进入血管则会破坏血细胞。当时的社会对于新型抗感染药物的渴求与日俱增。第一次世界大战时，参加了英国皇家陆军医疗队的弗莱明对当时的惨状历历在目，面对这种现实需要，他开始了抗生素药物的研究。青霉素的出现可以说是应运而生。但是，在青霉素发现以后并没有被重视，当时的医学界并不看重青霉素的医疗效果，并且弗莱明的研究所也不支持他再继续进行深入的研究。孤军奋战的弗莱明缺乏必要的实验条件和经费，最终没有实现对青霉素的分离和提炼。真正的原因在于当时的科学思想认为动物的实验结果不能反映在人体内所发生的情况，或者说以动物实验结果来指导人的医学实践是不可靠的。这个错误的思想控制着弗莱明所在的研究室，也致使青霉素被淹没了 10 年。在这 10 年里，对青霉素的应用仅作为一种选择培养基来培养百日咳杆菌。青霉素得益于那个战乱的年代，也差点因那个特殊的时期而与我们失之交臂。青霉素在第二次世界大战末期横空出世，迅速扭转了盟国的战局。第二次世界大战后，青霉素更得到了广泛应用，拯救了数以千万人的生命。到 1944 年，药物的供应已经足够治疗第二次世界大战期间所有参战的盟军士兵。

青霉素是在弗莱明的不懈努力和战乱年代现实的需要下诞生的。弗莱明专业的医学素养、对微生物研究的执着和坚持、对事物的敏锐观察和好奇心是其发现青霉素的内在条件；病理学家霍华德·弗洛里与生物化学家钱恩实现对青霉素的分离与纯化，并发现其对传染病的疗效，终于用冷冻干燥法提取了青霉素晶体；而世界大战的爆发及当时医学界对新型抗感染药物的现实需求是青霉素诞生的外在条件。两者缺一不可。①

10. 亚当·斯密——现代经济学之父

亚当·斯密（Adam Smith，1723—1790）是苏格兰哲学家和经济学家，他所著的《国富论》成为第一本试图阐述欧洲产业和商业发展历史的著作。这本书发展出了现代经济学学科，也提供了现代自由贸易、资本主义和自由意志主义的理论基础。

亚当·斯密1723年出生在苏格兰的寇克卡迪小镇。虽然这个小镇只有1500多人口，却是一个了解社会的最佳场所。这里有农村社会看不到的各种各样的人，每个人的喜怒哀乐都表现得很充分。斯密就是在这样一个小社会中成长，与各色人等接触交往。可以说，正是这个小镇给斯密留下了最初观察人性和研究社会的素材。亚当·斯密后来创作材料主要来自两个方面：一个是他的史学素养，另一个则是早年开始对人和社会现象的观察。

亚当·斯密从小就是一个学习刻苦，勤奋努力的学生，尤其是他惊人的记忆力。14岁时，斯密凭借着自己在古典文学、数学方面的知

---

① 亚历山大·弗莱明，百度百科［引用日期2017－12－07］。

识就已具备了进入大学的资格，顺利进入格拉斯大学学习拉丁语、希腊语、数学和伦理课程。此外，斯密从小时候起就养成自言自语的习惯，甚至还会不时发生神不守舍状态。斯密在陌生环境发表文章或演说时，刚开始会因害羞频频口吃，一旦熟悉后便侃侃而谈；而且亚当·斯密对喜爱的学问研究起来相当专注、热情，甚至废寝忘食。亚当·斯密常常想事情想得出神、丝毫不受外物干扰。

除了自身的天资聪颖，斯密的伟大成就还离不开在校期间教授和朋友的指点与帮助。格拉斯大学的教授都是在各个领域非常卓越的人物，斯密在大学校园的生活让他获益匪浅，尤其是弗兰西斯·哈奇逊，是很有创见的思想家和讲课大师，是对斯密的学术和人生影响最大的一位教授。哈奇逊崇尚自由、思想解放、性格温良，他的仁爱主义和功利主义伦理思想虽然在后来受到斯密的批判，但他对社会运行的乐观主义思想还是对斯密产生了深远影响。1748 年斯密被聘为爱丁堡大学讲师，并结识了当时爱丁堡法律界的头面人物亨利·霍姆。斯密的《道德情操论》很多思想都得益于霍姆的启示。

亚当·斯密还拥有强烈的批判意识和自己的主观想法。1741 年斯密从格拉斯大学硕士毕业后继续深造。而当时的牛津大学正值学校教育的黑暗时期：课堂无序混乱，教授们无心授课，学派之间钩心斗角。斯密对于自己当时的这段经历曾多次谈到，他认为这个当时英国最富裕、资金最充裕的学校已成为各种陈词滥调和腐朽偏见的避难所。并进一步指出牛津大学的堕落是由于学校资金分配制度太糟糕。但是他并不后悔在这里的学习，因为在混乱的学术氛围中他依然能找到属于自己的一片天地，那就是牛津大学的图书馆，斯密在这里读了很多经典著作，弥补了自己很多知识和思想的不足。

斯密在大学期间的讲课生涯也对他后期创作产生了重大影响。在1750 年，由于机缘巧合，斯密又被格拉斯大学受聘为讲师，并开始了自己长达 13 年的教书生涯，教授逻辑学、哲学、法学、政治学、经济学，并成为道德哲学教授。而这段教书生涯也奠定了斯密后期一部分著作的基础，一部分课堂中的讲义内容成为后来的《道德情操论》基本理论，甚至充斥在《国富论》当中。

当然，亚当·斯密能够写出政治经济学著作远非丰富的知识积累和多元的人生阅历就可以做到，这还得益于当时的社会背景。当时的英国可以说是欧洲的先进资本主义国家。不仅是世界贸易的中心国，尚且是领先其他国家的工业国。英国已经走入资本主义初级阶段，当时的工厂手工业却是许多工人在一个资本家的指挥命令下，使用简单的工具，从事分工的作业。这位举世闻名的古典派经济学的巨匠亚当·斯密，生在工厂制手工业和机械制大工业的过渡时期。他的功绩就是把当时零星片断的经济学学说，经过有体系的整理，使之成为一门分门别类独立于哲学的大学问。《国富论》最大的特点就是反驳重商主义、重地主义，宣扬自由贸易，该书的出版不仅为当时的英国带来了极大影响，也给整个世界带来了深远影响。

亚当·斯密在政治经济学上的成就以及《国富论》的问世离不开他自己的勤奋努力；离不开对于古典文学、数学、政治学、经济学、哲学的精通，丰富博学的知识积累；离不开善于观察的眼睛和思考的大脑；离不开大学教育给他带来的思想碰撞和各领域优秀人才的交流；更离不开当时英国资本主义的发展环境，给予了其思想盛行的可能性和必要性。

亚当·斯密认为：人类经济活动主要的动机，就是谋求个人的利益，谋求私利使自己的需要得到满足。他用了这么一句话："屠夫、酿酒商、面包师给我们提供食品，他不是出于仁慈，而是为了从我们这里得到回报。"亚当·斯密认为：每个人在经济生活中，通常并不会考虑他对社会利益起了多少促进作用，他盘算的是他自己的好处，但是在这种情况下，每个人追求个人利益的努力，会被一只看不见的手牵着，去实现一种他原本无意要实现的目的，最终会促进社会利益。"自由竞争"这个今天已经被人熟知的概念，成为贯穿亚当·斯密经济学说的基石。

他最著名的观点就是：看不见的手。他认为在市场经济中，个体间的自然交易将会创造出高效的资源分配模式，并有利于促进市场经济，创造出更高水平的收入。《国富论》提出的控制经济生活的"那只看不见的手"，简单地说，就是今天经济学家常常讲的市场供求规律。根据这个理论，亚当·斯密提出了一个影响深远的对外贸易战略。亚当·斯密认为，我们可以继续通过（贸易）保护主义、征服

（其他领地）以及保持独有的垄断地位来赚取金钱，但是如果选择了自由贸易，我们可以挣到更多的钱。而且，如果我们让别人有钱了，他们就能够向我们购买更多的产品。

如果说，牛顿为工业革命创造了一把科学的钥匙，瓦特拿着这把钥匙开启了工业革命的大门，那么，亚当·斯密则是挥动一只看不见的手，为工业革命的推进缔造了一个新的经济秩序。

斯密的理论是在（工业）资本主义发展以前发表的，它起了一个促进资本主义发展的作用，使英国成为第一个世界强国。世界霸权国家，也使全世界的资本主义得到发展。《国富论》出版 12 年后的一天，伦敦刚刚下过一场阵雨，雾都的空气霎时变得新鲜而清爽。这天晚上，职务仅仅是一个海关官员的亚当·斯密，应邀去一位公爵家里做客。客厅里的王公贵族和商界巨贾，几乎掌握了英国经济的全部命脉，英国当时的首相皮特先生也在其中。当斯密下了马车，步入客厅时，原本散坐四处、谈笑风生的绅士们，立即停止了话题，大家把目光都投向了斯密，并纷纷站起向他致意，斯密不好意思地说："先生们，请坐。"这时候，已经站在斯密身边的首相皮特认真地说道："博士，您不坐，我们是不会坐下的，哪里有学生不为老师让座的呢?"①

11. 爱德华·琴纳——免疫学之父、天花疫苗接种的先驱

————

①　尚新力:《论亚当·斯密》，中央编译出版社 2012 年版。

爱德华·琴纳（Edward Jenner，1749—1823），1749 年 5 月 17 日生于英国格洛斯特郡伯克利牧区的一个牧师家庭。他 5 岁时，当牧师的父亲去世了，与当牧师的哥哥斯蒂芬·琴纳生活在一起。琴纳长得结实、健壮，生性温和，兴趣广泛，尤其喜欢大自然。在学校他是优秀生，还收集多种动植物的标本。琴纳长大以后，立志学医。琴纳在哥哥的帮助下，跟随外科医生卢德洛学了 7 年医术。20 岁时，他已经是一名能干的助理外科医生了。像许多科学的先驱者一样，他也是一个博学多才的人。他研究地理，通晓诗文，富于乐器，喜爱雀鸟，还会制作气球。

琴纳青少年时期，天花这个可怕的瘟疫正在整个欧洲蔓延着，而且还被勘探者、探险家和殖民者传播到了美洲。在英国几乎每个人都会传染上这种病，在成年人的脸上或身上会留下难看的疤痕。成千上万的人由于病情严重而变成瞎子或疯子，每年死去的人更多。琴纳目睹这种给人类带来的灾难，从 13 岁开始就立下了将来当个医生能根治这种疾病的愿望。

天花，是一种蹂躏人类的可怕传染病。过去，因感染天花死亡的人成千上万。为了对付这种病魔，人类进行了艰苦卓绝的斗争。众所周知，现代人是通过接种牛痘的方法来抵御天花的。爱德华·琴纳从 11 世纪宋朝的"人痘"接种法中得到启发，发明了牛痘接种法。再后来牛痘接种法又传遍世界各地。在当今，人类终于消灭了可怕的传染病天花的时候，不禁不怀念牛痘接种法的创始人、伟大的英国乡村医生爱德华·琴纳。

防治天花是当时医学上的一个重要课题，那时天花是人类疾病中最可怕的一种。天花患者的死亡率达 10%，而幸存者也大都变成了麻子，许多人一谈到天花就谈虎色变。甚至认为，与其变成麻脸，倒不如死去。天花并不择人而染。乔治·华盛顿在 1751 年患上天花，虽没有因此而丧生，却从此变成了麻子。1774 年，法国国王路易十五死于天花。

事实上，在那时没有麻子的脸是少见的。女人如果没有麻子，仅仅这一点，比起那些不幸的人们来，就被认为是美丽的了。

每年发生好几次天花流行使琴纳感到难以应付，眼看病人痛苦地死去，医生也毫无办法。可奇怪的是，只要得过一次天花，皮肤上留下疤痕的人再也不会得第二次天花。而且，患天花的尽是地主、神甫和农民，那些从事挤牛奶的姑娘却一次也没有发生过。

他确实听到过家乡格洛斯特广泛流传的一种说法，即牛痘既可以传染给牛，也可以传染给人。那里的人们认为，牛痘和天花是不能同时并存的。

琴纳细想，自古以来挤奶姑娘和牧牛姑娘漂亮，她们没有麻脸。那么，牛痘和天花又有什么关系？果真牛痘预防了天花了吗？

琴纳决心要解答这一连串的问题，他以顽强的精神对牛痘研究了20多年。当时中国的种痘术已传到了欧洲，他仔细地阅读了有关种痘术的报告，留下了深刻的印象。

琴纳开始仔细地对家畜进行了观察，他观察了马的"水疵病"和牛的"牛痘"，最后得出结论。"水疵病"也好，"牛痘"也好，都是天花的一种。为什么得过一次天花而没有死去的病人，永远不再会得第二次天花的秘密是什么呢？原来只要患过一次天花不死，就能在身体内部获得了永久对抗天花的防护力量。天花不仅危害人类，同样也袭击牛群，几乎所有的奶牛都出过天花。挤奶姑娘和牧牛姑娘在和牛打交道的过程中，因感染上牛痘而具有抵抗天花的防疫力了。牛痘的秘密终于揭开了。琴纳决定给人们进行牛痘的人工接种来预防天花。

1796年5月17日，正是琴纳47周岁的生日。这天，琴纳亲自承担着令人毛骨悚然的风险和责任进行人体实验。他从挤牛奶姑娘尼姆斯手上取出牛痘疮疹中的浆液，接种到一个8岁小男孩菲普斯的身上。两个月后，他再一次给这个儿童接种，不过这次不是牛痘，而是真正的天花浆液。结果那个儿童没有感染上天花，他确实获得了免疫力。为了慎重起见，琴纳还想再重复一次这个实验。为了找到一个明显的牛痘患者，他不得不等待两年。两年的等待使他无比焦躁，但是，他并没有因此而发表只实验过一次的研究成果，而是一直耐心地等待着。1798年，琴纳终于又找到了一位牛痘患者，重复实验的结果也获得了成功。琴纳这才发表了自己的报告，宣布天花是可以征服的。

在拉丁语中，牛叫作 Vacca，牛痘叫作 Vaccina。因此，琴纳把通过接种牛痘来获得对天花免疫力的方法叫作 Vaccination，这就是我们所说的"种痘"。

1797 年，琴纳将接种牛痘预防天花的研究成果写成论文。送到英国皇家学会时，曾遭到了拒绝。一年以后，琴纳自己筹集经费刊印发表了这些论文，引起了广泛的争论。有的表示坚决支持，有的怀疑，也有的反对。

在无数次实践的面前，一切怀疑、反对都被无情的事实所粉碎。天花可以用种牛痘的方法来预防，终于占据了历史上应有的地位，种痘在欧洲迅速传开了。

英国皇室的人也接受种痘。为了鼓励种痘，1803 年成立了皇家琴纳协会，由琴纳任会长。天花所引起的死亡在 18 个月内就下降了2/3。

1807 年，德国的巴伐利亚州实行义务种痘制。在巴伐利亚，现在仍然纪念琴纳的诞辰，并规定这一天为休假日。其他各国也都效仿巴伐利亚，就连当时落后的俄国也沿用了这一做法。在俄国，最初接受种痘的儿童被称作 Vaccinov，这些儿童的教育费由国家承担。

在英国，医学界使琴纳享受荣誉颇费周折。1813 年，琴纳被推举为伦敦医科大学的教授候选人，但是，校方却要以希波克拉底（约公元前 460—前 377，古希腊哲学家）和盖伦（129—199）的理论，即所谓医学的"经典"来考琴纳。琴纳对此加以拒绝，他认为，征服天花就充分具备了教授的资格。然而，大学当局却不同意，琴纳因此没有被选为教授。

1823 年 1 月 24 日，爱德华·琴纳去世，终年 74 岁。终生没有得到大学教授的头衔，但是，一个医生所能得到的一切荣誉，他都得到了。

在人类历史上，多次记录过天花大规模流行的悲惨情景。公元846 年，在入侵法国的诺曼人中间，突然暴发了天花，天花病的流行使诺曼人的首领只好下令，将所有的病人和看护病人的人统统杀掉。

1555 年，墨西哥天花大流行，全国 1500 万人口中，死了 200 万人。16—18 世纪，欧洲每年死于天花病的人数为 50 万，亚洲达 80 万人。有人估计，18 世纪内有 1.5 亿人死于天花。

自从人类采用普遍种痘以后，天花发病率普遍下降，天花狂魔逐步被制伏了。1977 年 10 月 26 日，世界卫生组织在索马里发现最后一例天花病人阿里·毛·马林后，这些年在全世界各地，特别是在规定地区如索马里、埃塞俄比亚、肯尼亚、吉布提、也门阿拉伯共和国等处监测至今，还没有发现人们传染天花的。1980 年，联合国在内罗毕庄严宣告："天花已经在世界上绝迹。"有趣的是，世界卫生组织还特设立 1000 美元的悬赏，凡是先辨别出一例天花患者的人，就可得到这笔奖金。令人欣慰的是，至今还没有人捧走这笔奖金，我们但愿以后永远也不会有人得到这笔奖金。

战胜天花只不过是琴纳功绩的一部分。他的更重要功绩在于发现了预防疾病的办法，他是人类历史上最早成功地对疾病进行预防的人。他利用可以产生免疫这一人体自身的机能，实现了对疾病的预防，从而成功地开辟了一个新领域，这个领域就是免疫学，并为此奠定了基础。琴纳的工作的重要意义，不仅在于征服了天花，他还给人类指出了征服其他危险疾病的道路。他向人类揭示，总有一天，一切传染病都将得到预防。琴纳的牛痘接种不仅使人类免受了天花的灾难，而且还鼓舞许多科学家不懈地向传染病展开了新的攻击。[①]

六　杰出人物成才环境与规律分析

英国上百名诺贝尔奖获得者的诞生体现了其国家稳定、亲人朋友的帮助、学校教育等外部条件所发挥的重要作用，但更关键的是个体创新思维的开发与引导，其他一切外部条件都是创新人才成长的助推器。这主要指对学生非智力因素的重视，也就是人们在进行各种活动

---

① 爱德华·琴纳，百度百科［引用日期 2017 - 12 - 12］。

时除智能因素以外的但对智能的发挥或发展有影响的心理因素。① 例如动机、兴趣、情感、意志、性格等，这也正是诺贝尔奖获得者身上所具备的品格特征。总体来说，英国诺贝尔奖获得者及其他杰出人物成才的特点主要表现在以下几个方面：

1. 挑战传统、勇于探索的创新精神

科学精神的本质就是创新，不断地探索和发现未知世界，进行大胆的尝试和革新。而在整个探索和研究过程中，最重要的就是敢于挑战权威、不墨守成规、勇于批判和质疑、有强烈好奇心、严谨细致的科学素养以及勤奋刻苦的努力，这是一个漫长而艰辛的过程，坚持到最后的都成为杰出人物。牛顿在三一学院表现出对数学及天文学的极大热情；霍金在他十几岁的时候就确信自己能够研究数学和物理学；达尔文从小对自然史和收集动植物感兴趣。这都展现出了创造性人才所具备的积极的个性意识，有自己的兴趣爱好，明确的动机和理想，以及足够的自信。此外，牛顿从小表现出的好奇心，霍金在生病期间的刚毅与坚持，达尔文在乘船航行世界中吃苦耐劳的冒险精神都印证了一些学者提出的创造性人格。此外，创新的本质是想象力，爱因斯坦曾经指出"想象力比知识更重要，因为知识是有限的，而想象力是知识进化的源泉"。霍金是继牛顿和爱因斯坦之后最杰出的物理学家，更是著名思想家、哲学家，他无时无刻不在思考，探索宇宙奥秘步伐从未停止过。他提出的众多宇宙理论不仅满足了人们所有的幻想，也使人们对自己生活的宇宙有了更深入和全面的了解，甚至我们现在大部分人还未能理解和参透那些先进和超前的理论成果。若没有想象力、止步不前的探索或许就没有牛顿的万有引力，更不会出现达尔文的"进化论"。相对于专业知识来讲，独立的思考能力和判断能力要更重要，对问题永远有多角度的思考。当今的社会发展日新月异，对于高素质人才的需求越来越多，只拥有扎实的专业知识是远远不够的，提出问题远远要强于解决问题，我们需要的是创新人才，是能够

---

① 齐管社、杨建文：《非智力因素的成分、结构与培养策略》，《陕西教育学院学报》2007 年第 3 期。

为经济发展提供理论指导和创造发明的人。

2. 复合型人才特质

从英国诺贝尔奖获得者可以看出，杰出人物无一不是博学多才的复合型人才。以著名首相闻名于世的丘吉尔不光获得了诺贝尔文学奖，更是知名政治家、历史学家、演说家，甚至是画家；而以数学家著称的罗素同时也获得诺贝尔文学奖，精通哲学、逻辑学、历史学、语言学。他们都是在各个领域有一定能力，在某个方面出类拔萃的人，当然这种复合并不单纯地指知识的多样和全面，更重要的是能力的复合和思维的复合。这一特征决定着他们能在拓展知识面的同时，调整心态，多角度地思考问题，变革自己的思维。我们可以惊奇地发现，数学家一样可以获文学奖，政治家一样可以研究经济学，这也是复合型人才的另一大特征，就是能够在人文社会科学内的各学科之间融会贯通，并且能够理论与实践相结合，充分发挥和运用所学的知识。只有在博学的基础上才能站得更高、看得更远，用更广阔的视野发现问题，解决问题。在 21 世纪，企业最需要的也正是这种具有一项专才，并在其他领域贡献的复合型人才。这也正是国家发展所需要的。

3. 自由开放的社会发展环境和经济发展的现实需求

英国政治上的自由与民主是国家为民众营造的尊重个体自由发展、尊重知识的环境，人们无须担心自己的活动被束缚和限制。同时，政府在推动创新的过程中发挥着主导作用，不仅推出"创新国家战略"，建立了一个新的政府部门——技术战略委员会，还创立了继续教育专业和创新基金。政府为创新活动提供强大的支持和保障。"戏剧之父"莎士比亚所生活的年代被视为英国历史上的黄金时代，是都铎王朝的鼎盛时期，那个年代充满和平、繁荣和自由。而当时的经济因为"生产关系革命"持续发展，戏剧成为新兴大众文化消费热点，当时在伦敦开业的莎士比亚剧院门票相当低，比较大众化和平民化，这鼓励着莎士比亚不断地进行创作。而工业革命时期经济的飞速发展为科技创新带来了前所未有的机遇。工业革命的开始促使英国进行了一系列的创新，包括社会政治、经济、管理制度的革新、市场创新，更重要的是民族精神的创新。例如，英国最先在世界上颁布了保护发明创造者的专利法；保护私有财产神圣不可侵犯；反对重商主义，鼓励自由贸易，亚当·斯密的《国富论》就是在这样的社会背景下诞生的。稳定和谐的社会环境是人才成长的外部保障，经济发展对人才的需求是人才成长的基础。

4. 创新型学校教育

不断发展的高等教育为渴望和寻求知识的人提供平台，在遵循客观发展规律的前提下注重培养和开发其潜在能力，以期成为创造性人才。同时，高素质的创新人才多集中于硕士和博士等高等教育阶段，对于人才的培养也较集中于各大高校。值得一提的是，英国大学在课程设置、用人及经费方面都有高度自主权，能够使学术研究活动独立、自主地展开，为学习者和研究者提供一个开放式的学习大环境。同时，英国高等教育建立了一套基于个性发展的以能力培养为核心的教学体系，分别从教学方法、教学组织形式等方面强化学生的自学能力、独立思考能力、实践操作能力和合作交流能力，尤其是培养学生的实践能力。在他们看来，实践性活动是培养创新能力的重要方式。从英国诺贝尔奖获得者的分布上我们可以看出，他们大多毕业于英国著名高校。自 1904 年以来，剑桥大学共有 88 个附属机构获得诺贝尔奖，奖项涉及物理、医学、文学、经济、化学等多个领域。其次是牛津大学，共有 57 位学者获得过诺贝尔奖。这些高校以其不拘一格的教学风格一直走在世界前列，注重对学生的综合素质和自身兴趣的培养，尤其是不被束缚的创新能力的培养。

5. 良好的家庭环境与氛围

家庭是一个人成长的摇篮，度过了自己的青少年时期，也是一生中最重要的时期。青少年时期的孩子对周围的一切充满好奇，这个时候正是培养其个人兴趣爱好以及创新能力的最佳时期。家庭教育能够为创造性思维能力的发展提供比较自由、宽松的环境，家庭教育的好坏往往决定着个体创造性思维程度的高低。丘吉尔自幼受到政治家父亲的影响，耳濡目染各种政治事件和国家大事，埋下了成为军官的梦想种子；自幼被祖母带大的罗素经常徜徉在书海当中，从小就积累了丰富博学的知识；达尔文的父母从小就培养达尔文对于动植物的兴趣，讲解各种有关知识，并提供条件让其进行动植物的收集，保护了达尔文对于生物喜爱的萌芽。

杰出人物的培养不可一蹴而就。纵观英国杰出人物的奋斗历程，我们可以看出，杰出人物的培养是其自身努力和外界条件共同作用的结果，而每个人自身的创新要素的生成是关键。针对杰出人物成长中的非智力因素培养，无论是学校还是政府，或者家庭，应一直秉承人才是国家发展的关键，一切应为人才培养让步。不单单自己埋头苦干，寻找合适的成才路径和方法，更要抬头看看别国先进思想和模式。

第二章　美国杰出人物成长环境与规律研究

概　述

第二次世界大战后，国际关系和国际格局发生了较大的变化，美国成为世界头号大国。20世纪90年代苏联解体，第二次世界大战后长达40多年的美苏、东西方两极格局结束，国际格局发生了根本性的变化。冷战后的世界格局是"一超多强"，即世界上存在美国唯一一个超级大国，与俄、英、法、德、中、日等多个强国的局面。

在未来的国际社会中，世界格局仍然是"一超多强"。作为唯一超级大国的美国仍然会对国际事务指手画脚横加干涉，霸权主义、强权政治在很长一段时期内是不会消失的。总体来讲，美国在西欧与各个国家合作；在东欧实行和平演变，拉拢小国，打击俄罗斯；在亚洲扶持印度、支持日本、怀疑中国；在中东支持以色列、压制阿拉伯世界。在经济上，世界变得更加相互依赖。在全球化的背景下，各国的相互需求不断增多，而不是单方面的依附和需求。在经济、金融、贸易、投资、技术等方面，欧洲、亚洲等世界各国各地区仍然需要美国，需要美国的市场、资金和技术，同样美国也需要其他国家的市场、资金和技术，不存在对美国单方面需求的问题。

今天，美国的霸主地位反映在各个方面：经济、货币政策、技术和军事领域以及生活方式、语言和大众文化产品，后者充斥全世界，影响着人们的思维方式，连敌视美国的人都受到美国魅力的诱惑。在经济实力方面，美国经济占世界经济的比重达到28%左右。美国的经济实力不仅是数量，而且是质量。其原因就在于美国科学技术的支撑作用，无论是基础学科，还是应用领域，美国的总体科技水平 70 年来一直领先于世界其他国家。从武器装备到企业家精神，从科学到技术，从高等教育到大众文化，美国在全世界势压群雄。

那美国为何能够在各个领域一直处于领先地位？笔者认为其关键因素之一是人才。一切资源中，人才资源是第一资源，培养、吸引和留住有创新意识、创新技能和创新实践的创新型人才更是重中之重。美国长期享有经济繁荣，其重要原因在于创新人才云集带来创新迭出。然而，一个国家创新人才的培养，一个民族创新能力的形成不仅仅与人的个性特征和天赋相关，更与该国的政治、经济、文化、教育、民族精神等方面是息息相关的。

一　政治环境

众所周知，任何一个国家创新型人才的培养都离不开政治这个大背景。美国是典型的三权分立国家，美国的政治制度被称为美国式的民主。西进运动虽充满着血腥的色彩，却使民主政治在西部地区得以确立和发展，扩大了美国联邦共和政体的区域范围和阶级基础，加速了美国民主政治的发展。西部农业资本家势力的崛起，改变了美国区域政治集团之间的力量对比和斗争形势的发展变化，直接影响着两党制的形成和确立，有利于民主政治制度的完善。权力分散是美国民主政治的一个重要特征，但体现美国式民主的分权体制也造成了政府决策效率低下的结果，其负面影响日益引起人们的批评与关注。民主政治在可能导致决策效率低下这一消极后果的同时，也包含了许多积极的因素。首先，在现代社会，民主已经成为政府统治合法性的基础；其次，广泛的政治参与在程序上有利于公共利益的界定；最后，民主政治可以使社会在稳定的基础上进行渐进的变革。因此，不能因为强调效率而否定民主。决策效率不高既是美国民主政治的体现，又是民主政治所付出的代价。美国认为，民主政治是政府合法性的基础，所以美国特别强调人权问题，这是美国政治的一个特征。美国是一个移民国家，人们在种族、民族、语言、经济地位、文化背景、宗教信仰等方面差异很大。可以说，美国从一开始就是一个利益多元化的社会。在这样的社会里，利益矛盾表现得尤为复杂，美国政治体系的一个重要作用必须被看作它在具有潜在爆炸性的多种多样形态的社会里保证最低限度一致性的任务。

美国教育法便是体现美国式民主的突出代表，它在不断发展和修正中形成了分权、民主与统一三个维度。权力的分立传统、争取民主权利运动、判例法、国家的干预等推动了美国教育制度的不断发展与进步，尤其在美国的高等教育管理体制中体现得更加明显。美国的高等教育管理实行地方分权，美国的高校要接受社会监督，选举各界人士和学生家长代表组成社区教育委员会。因此，美国高等学校教育管理体制总体有这样的特点：属级管理层次少、管理自主权大、社会监督及高校竞争力度大。这样一来，美国的公立学校有较大的办学主动权，这在一定程度上为顺应学生天性的发展提供了自由的土壤，从而更有利于学生的自主成才，实现人才的多样化。

同时，政府提供各种有利的法律环境在培养创新型人才方面也发挥着无比重要的作用。首先，美国是世界上最早建立知识产权制度的国家之一，美国专利制度的发展对美国技术创新活动产生了巨大的促进作用，创造了其在国际市场中新的竞争优势，并促进了国际专利制度的建立和发展。20 世纪 80 年代以来美国在专利制度上的一系列创新，如以联邦巡回上诉法院为核心的专利司法制度的形成，政府资助研究的专利管理制度的建立等措施，不仅进一步完善了美国的专利制度，提高了整个专利管理体系的效率，而且它使美国专利管理体系与新科技革命背景下的知识经济和经济全球化相适应，为充分发挥美国知识创新优势，积极利用知识创新增强产业国际竞争力提供了可能。

其次，美国长期在国际竞争中保持领先地位的关键因素之一是产业界与学术界形成了新型的合作伙伴关系。过去 50 年，美国研究型大学一直致力于基础研究。如今，美国研究型大学不仅开展基础研究，还越来越注重应用研究和科研成果转化研究，将科学发现逐渐向产业界转化和转移，比以往任何时候都更加贴近市场。自 1980 年以来，美国政府先后颁布了十多个促进技术转移的法律法规，并不断进行修订补充，大大激发了相关各方进行技术转移的积极性，促进了创新创业活动。奥巴马政府也一直重视把有才华的科学家和创业者联系起来，支持前沿领域的创新。

同时，作为一个移民国家，美国几次修改移民法，一再放宽对引进国外科技人员的限制。因而不同时期，都有大批外籍科学精英流入美国。例如，第二次世界大战时，美国用各种方式吸引了大批各国科技人才，尤其是著名的科学家移民美国，使美国科学家整体的力量迅速增强，而获益最大的正是美国研究型大学。1933—1940 年，迁入美国的 22 名著名的物理学家中，18 人到了研究型大学任教。从国外吸引才智的做法是美国科技政策的一个重要特色，也为它培养和储备了足够的具有竞争力的一代青年科技人才。在美国诺贝尔奖历史上，有 20 名外籍科学家获诺贝尔奖，占全美得奖人数的 9.7%，而 2000 年，美国有 6 人获奖，外籍科学家就占 50%。这是与美国吸引科技人才的政策密切相关的。

二　经济环境

马克思说过，经济基础决定上层建筑，社会经济是科技发展的基础和前提，经济因素在社会诸因素中对科学技术发展的影响占首要地位。美国作为世界经济霸主，对创新型人才培养的作用主要体现在它比其他国家有更充足的资金支持科学研究。首先，美国政府始终是支持基础研究的主体，为基础研究提供长期稳定的支持。仅以 R&D（研发经费）为例，1993 年美国的 R&D 投入为 1658.49 亿美元，其中投入到 100 所研究型大学中的研究与开发经费占到全国所有大学经费开支总数的 76%。1999 年为 2470 亿美元，到 2001 年 R&D 投入量在 30 个经济合作与发展组织（OECD）成员国中占 44%，是第二位日本的 3 倍，比日本、英国、加拿大、法国、德国、意大利六国的总投入还多。①

投资基础研究和早期应用研究的公司或实体不一定会从投资回报中受益，私营部门开展基础研究的动力因此减弱。如果要实现基础研究的全部社会潜力，解决私营部门的"市场失灵"问题，政府必须做出补偿，支持绝大部分的基础研究。这正是万尼瓦尔·布什在他于1945年提交给美国总统杜鲁门的报告《科学——无尽的前沿》中所得出的结论。在接下来的50年里，美国联邦政府对基础研究的支持急剧上升，创造和带动了大学的科研事业。美国联邦政府于1950年建立了美国国家科学基金会，并大幅度提高对美国国立卫生研究院的资助。美国大学与联邦科研管理机构之间的合作关系导致美国在20世纪取得了一些影响最为深远、使世界发生巨变的科学发现。美国政府不仅加强和扩大美国在基础研究领域的领先地位，而且对于创新是关键而市场失灵不利于其发展的国家优先技术领域，采取措施以催生重大突破，推动技术进步，促进基于市场的创新。奥巴马政府先后推出40亿美元的"力争上游"教育基金，鼓励各州改善科学、技术、工程和数学教育，并会同企业、基金会和全美75所著名公立高校，加大对基础教育阶段理工科教师的培养和培训。

美国大量的研究经费的投入，与其所获得的回报是成正比的，尤其这种有组织大规模的投入极大地刺激了非商业性的基础研究。以1998年世界名校被SCI收录论文数量为例，在前50所大学中，美国研究型大学共计32所，占总数的64%；其被收录的论文总数占全世界被收录总数的67.2%。② 以第二次世界大战为分界线，诺贝尔科学奖获奖人数占获奖总人数的比率1901—1950年为30人，占15%；1951—2000年为176人，占85%。正如美国前国家科学基金会主席科尔韦尔说，对基础研究的资助，成为强大的科学驱动器，仅该会曾

---

① 王豪杰：《美国诺贝尔科学奖现象的社会环境成因及启示》，硕士学位论文，郑州大学，2007年。

② 眭平：《关于基础科学与基础科学人才培养的思考》，《中国科技论坛》2001年第3期。

资助过的诺贝尔奖获得者就有 78 位，其中 2000 年获奖得主中就有 4 位。① 可见，美国对基础科学研究的重视尤其是从经费上能够予以保障，是其成为科技经济强国的必要条件之一。

三　教育环境

教育是培养创新人才的基本途径。美国的创新人才如此之多，取得的成就令世人如此瞩目，这与他们所接受的各级各类的创新教育有着密切的关系。从表面上看，美国的初等教育有点"乱"，但在实质上，美国的初等教育非常注重鼓励学生创新，培养学生的创新精神、创新思维和动手能力，是最适宜于诺贝尔奖得主诞生的教育摇篮。小孩子都有打破砂锅问到底的天性，美国家长并没有因此责怪他们，而是顺应小孩的这种天性。待小孩稍大一些的时候，美国的学校不仅仅鼓励学生提问，还会组织他们开展课题研究活动。根据《素质教育在美国》记载，美国小孩是从小学二年级开始课题研究活动的。到了七、八年级，美国小孩就具备了较强的研究能力，甚至能做一些连我国研究生也感到困难的课题。② 除此之外，美国的中小学特别重视培养学生的自信心、责任感、自我管理能力；学校积极创造条件，让学生在独立解决问题的过程中学会选择、学会创造，获得全面、主动的发展。有研究表明美国诺贝尔奖得主在 13 岁之前就开始了自主探索，至 13 岁时就已经具备了一定的创新能力。③ 这与美国高度重视创新教育的开展，从基础教育阶段就开始创新创意教育是分不开的。

在高中阶段，美国开设了 AP 课程即大学预修课程供学生自由选择，它在运作过程中为学生的创造力培养提供了诸多有利条件。通过选修 AP 课程，学生的知识面得到了扩展，对知识的理解也得到了深

---

① 《美国为何"盛产"诺贝尔奖得主》，http：//www. vnet. com。
② 黄全愈：《素质教育在美国》，广东教育出版社 1999 年版，第 164—180 页。
③ 万文涛、余可锋：《从美国诺贝尔奖得主的成长曲线看其创新教育》，《比较教育研究》2008 年第 7 期。

化。在这样的课程环境下，学生能够将不同的学科知识融会贯通，在自己感兴趣的专业领域进行探究，进入大学之后能够很快适应大学的学习和研究，容易在学科领域上获得突破。更重要的是，所有的课程都在学生的自由选择当中，只要是想修读课程的学生，不分年级、性别、家庭背景，也不受课程门类的限制都可以选修。政府、学区、学校等部门在 AP 课程的运行过程中也采取了一系列合作与鼓励的措施，美国大学的录取方式也为 AP 课程的发展提供了最重要的动力——顶尖大学对 AP 课程成绩的重视和认可。[①] 学生正是在这种自由的环境下选择自己感兴趣的专业并勇往直前，不断进步。

在高等教育阶段更是直接开设创新、创业课程，并通过科研与教学、科学与人文教育相结合的方式，在科研与教学互动中培养学生的创新精神和创新能力，为创新人才的培养提供了强有力支撑。美国高校原本就有自由教育的传统，素来重视培养人的创造性。时至 20 世纪中叶，培养具有"批判性思维能力""创新能力"的人才，已经成为美国高校的培养目标的核心。例如，美国哈佛大学本科生学院的使命陈述就是："哈佛致力于创造知识，用这种知识陶冶学生的心智，使学生最大限度地利用他们的教育机会。"[②] 在美国，不仅仅是研究生有直接参与科研实践的机会，大学本科生也有这种荣幸。美国麻省理工学院从 1969 年就开始实施"本科生研究机会计划"（UROP）。20 世纪 70 年代之后，由学校（或院系）、国家实验室、科学基金会提供资金支持的本科生科研计划越来越多。

谈到美国高等教育，我们便很容易联想到美国的高校管理制度。在美国，高校没有统一的管理制度，表现出制度和操作层面的多样性和个性化。美国历来以多种文化并存而著称世界。美国的宪法规定教育行政管理权交给各州议会和政府，各州有权根据自己的实际情况制定适合本州的教育管理制度。在这种背景下，美国高校的学生管理制

[①] 黄雨恒、李森：《从高中 AP 课程看美国的创造性人才培养》，《当代教育科学》2012 年第 2 期。

[②] Harry R. Lewis. What is Harvard's Mission Statement？［EB/OL］．http：//www.harvard.edu/siteguite/faqs/faq110.html，2013 - 12 - 6.

度表现出了多样性。美国的教育学家普遍认为，学生有权根据自己的价值观去选择，制定学生管理制度的目的是通过规范系统的学生工作来引导学生怎样选择。这种社会价值观表现在高校的学生管理工作中充满了个性化色彩，但各高校的个性化制度并非没有界限，美国各大学均采取综合化的强制措施把这种个性化建立于严格的法律与纪律基础上。

美国高校学生管理制度重视学生的自主管理权。美国高校注重学校与学生间平等双向的交流，明确规定并执行学生正当的自主权限，在管理方式上非常重视学生的自我管理与自我教育。斯坦福大学早在1920年就实行了"荣誉制度"，鼓励学生参与诚信活动，增强自我信任意识，建立师生的双向互信机制；尊重学生的自主自决权、隐私权及言论自由权等基本权利，促使学生对校方的心理认同；同时，给予学生参加学校事务和管理的机会，许多大学的学生管理制度中都设有"学生评议会"制度，促进了学生参与学校管理的主动性，能增强学生的责任感和实际工作能力。

美国高校学生管理制度极具法制化。美国国家"依法治国"理念体现在高校学生管理中即是"依法治校"。美国高校的学生管理制度就是依据国家法律制定的，所以开展的学生管理工作不仅规范化，而且有极高的透明度和严格的程序，能极大地保证学校的德育教育。学生管理制度首先明确规定学生的权利和义务，处理学生也有严格的程序，律师、法官一应俱全，有学校纪律委员会这样的处理机构，有从听证会、辩论会到依法处理甚至上诉法院等系统严格的程序。

美国高校学生管理制度有专业执行队伍。美国高校具有世界一流的学生管理专家队伍。参与或负责学生管理的工作人员多是具有教育学、精神病学、心理学硕士或博士学位的专家；美国各州都有一所大学设有高等教育行政专业，用来培养学生管理的专门人才。70年代后，美国的一些大学甚至设立了学生工作方面的博士点，培养能正确执行各校学生管理制度的专门人才，也相应地促使美国高校的学生管理制度不断完善，取得学生管理的巨大成效。

美国高等教育管理制度的形成与美国整个政治大背景是息息相关

的，分权制度同样适用于教育。在这种高等教育管理体制下，美国涌现出了许多杰出人才，如妇孺皆知的比尔·盖茨。依照中国的教育制度和中国人们的传统观念，像盖茨这种主动从世界名校退学绝对是不明之举，甚至会遭到世人的不理解。而美国高校重视学生自主管理、注重学生个性化发展等一系列的管理制度却在比尔·盖茨退学事件中起到了一定程度的催化剂的作用。

同时，与世界上众多国家不同的是，美国还有能够促成持续创新的社会再教育。在美国的大学、企业里有许多高水平的科研团队。例如，哈佛大学就有 30 多位诺贝尔奖得主分属于不同的科研团队，美国企业的贝尔实验室也曾诞生过多位诺贝尔奖得主。

四　民族性格

美国是世界上最大的移民国家，是一个由多民族"新来者"所组成和拓建的年轻的现代化国度，是一个没有历史沉重包袱的新兴工业化国家，"从一开始就没有封建传统、没有宗教制约、没有贵族特权、也没有军队专权"。① 因此，多民族和多种族是美国社会的一大特色。各个民族和种族在美国社会的大熔炉中力求保持住各自的特点，发展各自的文化，从而决定了它既享有多元化的民族文化资源，又缺少统一悠久的文化传统。在这种文化特征的影响下，美国社会到处洋溢着一种自由开放、兼收并蓄、独立开拓和竞相发展的民族精神。

《五月花号公约》是美国第一个契约殖民地的自治原则。它集宗教契约、公平公正的自治法规、互助互爱的誓言和谋求本殖民地总体利益为一体，被视为美国精神的起点。为了逃离宗教迫害，为了追求宗教自由，此番远航移民北美新大陆的清教徒们以上帝的名义，以在上帝面前立誓的方式签署了此公约。

---

① ［美］托马斯·A. 麦格劳:《现代资本主义——三次工业革命中的成功者》，江苏人民出版社 2000 年版，第 380 页。

　　《五月花号公约》并不仅规定了自治、自由和平等，还将清教主义的个人主义和奋斗精神暗含其中。自治团体负责维护大家的共同利益，而团体中的每个人如何实现自己的奋斗目标则是各人自己的事情，与别人无关，个人主义和自我奋斗构成了美国精神和美国人价值观的核心内容。签署《五月花号公约》的大部分人都是清教徒，而清教主义的核心就是个人主义，它强调自我，重视个性，反对违背个人意愿的所有行为。一开始，《五月花号公约》草案提出后并没有得到大多数人的同意，很多人都从自己的角度出发，强调个人的利益和得失，但现实的需要使得人们意识到在共同利益面前，个人利益必须做出一些让步，也唯有如此，社会才能发展，历史才能进步。现实的需要压倒一切，要想建立一个民众自治团体，并且为广大民众所认可和接受，独立、自由、个人主义这个美国人一直珍视并将永远珍视的价值观要服从团体、社会和国家的根本利益，每个个体都需要让渡一些自己的权利。① 之后的实用主义作为美国工业社会的竞争哲学，正是"美国精神"的升华和提炼，其中尤以詹姆士的"实用主义"哲学为代表。以行动求生存，以效果定优劣，以进取求发展是实用主义哲学体系中的积极内容②，逐渐成为美国民族显著的精神文化，与《五月花号公约》体现出来的"美国精神"可谓一脉相承，并一直延续至今。

　　刻苦务实是当代美国人的显著品格。从美国的独立到疆域的开拓，从南北战争到对外扩张，所有这些都培养了美国人的务实、奋斗和注重实效的精神。在这种传统精神的影响下，当代美国人尤其显示出其特有的求实、求利、求效的心态，并逐渐成为美国人的一种价值取向。

　　当代美国人拥有进取精神和风险意识。美国的创业者们用自己的刻苦、勤劳和务实的精神和锐意进取、乐观向上的人生信念，在短短一百年的时间里开辟了一个富饶的新大陆，获得了得天独厚的资本主

---

　　① 许爱军：《五月花号公约和美国精神》，《国际关系学院学报》2012 年第 1 期。
　　② 王岩：《从美国精神到实用主义，兼论当代美国人的价值观》，《南京大学学报》（哲学·人文科学·社会科学版）1998 年第 4 期。

义的发展条件。他们的这种不甘落后、锐意进取、勇冒风险、乐观向上的精神风貌同样构成了现代美国精神的主流和实用主义的理论硬核。

美国人注重自我实现，强调个性自由。他们坚持自足自立，强调自我发展，崇尚自我完善，追求自我实现。与作为美国核心价值观的个人主义同时并存的，有一种超越个人私利的利他同情心和对群体、对社会的责任感，这是美国公益事业赖以发达的社会思想基础。反映到美国人的生活实践上，是为社区服务、为公益服务的志愿精神。事实上，目前有一半美国人每星期至少有 4 小时在某个志愿团体中服务。①

五 杰出人物个案

翻开科学史，杰出的科学家宛如夏夜的群星，璀璨夺目，交相辉映，美国作为世界上最发达的国家，无疑更是科学家云集之地。笔者以爱因斯坦、爱迪生、富兰克林等美国科学家为例，从其成长环境、家庭教育、学校教育、人际关系、个性特征等方面分析杰出人物所具有的一些特质。

1. 阿尔伯特·爱因斯坦——现代物理学的奠基人、相对论的创立者

---

① 任晓：《基金会与美国精神》，《美国问题研究》2005 年第 12 期。

阿尔伯特·爱因斯坦（Albert Einstein，1879—1955），出生于德国符腾堡王国乌尔姆市，毕业于苏黎世大学，犹太裔物理学家。他从小就受到父母、老师甚至大学生的悉心指导。幼年的爱因斯坦智力并不出众，他到 3 岁还不会说话，父母担心他是智力不佳的傻子。6 岁入学后，同学都看不起他，老师也说他是"笨头笨脑的孩子"。他唯一的天才便是空想，并在音乐的陶冶中长大。他 6 岁开始学拉小提琴，科学和音乐一直伴随他终生，也许正是音乐优美的旋律培育了他的想象天才。因为现代心理学证明，音乐对孩童的想象力具有很大的影响。

爱因斯坦是具有丰富想象力的典型科学家，他 16 岁时就曾设想："如果我以速度（真空中的光速）追随一条光线，那么我就应当看到，这样一条光线就好像是在空间里振荡着而停滞不前的电磁场。"正是这个想象包含了狭义相对论的萌芽，凭着他这种惊人的想象力，使之以后在科学上有伟大的建树，使全人类看到一个全新的世界图景。爱因斯坦在总结自己的科研经验时，曾深有感触地说："想象比知识更重要，因为知识是有限的，而想象力概括着世界上的一切，推动着进步，并且是知识进化的源泉。严格地说，想象力是科学研究中的实在因素。"

最重要的是，爱因斯坦从小就具有强烈的好奇心，爱寻根问底，能够长时间地思考着一个百思不得其解的问题。在晚年，他回忆说，当他还是四五岁的孩子时，父亲给了他一个罗盘。看到指南针以如此确定的方式转动着，他感到十分惊奇。他第一次感觉到"一些事情的背后一定有隐藏得很深的东西"，从而萌发起探索宇宙奥秘的渴望。

同时，爱因斯坦从小养成的主动性、独立自主精神和自信心，构成了他创造个性的基本素质。20 岁时，得到一本欧几里得几何学课本的爱因斯坦等不及按部就班的课堂进度，自己一口气学完了这本书。然而，他不愿意死记硬背，所以没有一门功课的考试成绩可以值得夸耀。在中学里，他自己研究几何教科书，把整串论证分成若干环节，并试着不按课本的例子来证明定理。当爱因斯坦去考苏黎世高等技术学校时，他已自学完了高等分析原理和解析几何。

在大学里，他的学习仍是靠自己。他常常不去听规定的课程，却喜欢在物理实验室做自己的实验。对于机械死板的灌输式教学，他极为反感，认为这种教学扼杀了人的好奇心和创造力。在专利局工作的七年时间里，他的身边没有书刊杂志，也没有接触到任何一个真正的物理学家，他完全是自行其是，独立思考，独立地作出了伟大的科学发现。

爱因斯坦创造个性的形成，同他的哲学修养也是密不可分的。爱因斯坦从小就对哲学有浓厚的兴趣，13 岁时就读了康德的《纯粹理性批判》。在大学的第一个学年里，他开列了一张阅读书目，有哲学，也有自然科学。爱因斯坦汲取了许多人类思想的精华。爱因斯坦不局限于任何一个哲学派别，但是"他的世界观则常常显示出这种或那种哲学体系中所汲取的思想"。

爱因斯坦曾这样谈及他的哲学见解："相信有一个与感觉主体无关的外在世界，是一切自然科学的基础。""相信世界在本质上是有秩序的和可认识的这一信念，是一切科学工作的基础。"正是对世界的统一性、合理性、可知性的坚定信念，成为他科学工作的出发点，成为他科学研究的方法论原则的哲学基础。

爱因斯坦思想的最大特征，是"怀疑的批判精神"。他不崇拜任何偶像，不迷信任何权威。12 岁时，他通过自己的独立思考，产生了对宗教的不信任，这种观念一直贯穿其终生。这种哲学的批判精神支持、鼓励了年轻的爱因斯坦走上了科学观念的创新之路。[1]

纵观爱因斯坦的一生，我们发现爱因斯坦特立独行、不拘小节，表现在与自己表姐结婚，死后连骨灰在哪里都不让人知道；敢作敢为表现在他反战、支持列宁、做世界公民；淡泊名利表现在他婉拒出任以色列总统；他终身酷爱运动和劳作，把自己成功的秘诀总结为：工作好，休息好，珍惜时间。

---

[1] 钱建平：《爱因斯坦给我们的启示——兼谈创造性人才的培养》，《南京理工大学学报》2001 年第 2 期。

2. 托马斯·阿尔瓦·爱迪生——伟大的发明家

　　托马斯·阿尔瓦·爱迪生（Thomas Alva Edison，1847—1931），发明家、企业家。出生于美国俄亥俄州米兰小市镇，逝世于新泽西州西奥兰治。爱迪生一生共有近 2000 项创造发明，为人类的文明和进步做出了不朽的贡献。他不仅在留声机、电灯、电话、电报、电影等方面有巨大的贡献，而且在化工、建筑等领域也有很多独特的见解和创新。是什么神奇的力量促使他创造如此多的奇迹呢？笔者认为，他的成功来源于他的人格魅力——强烈的好奇心、百折不挠的毅力和勇于尝试、敢于创新的冒险精神及忘我的工作精神。

　　1847 年，爱迪生出生于美国俄亥俄州米兰小市镇的一个商人家庭里。爱迪生从小就对很多事物感到好奇，而且喜欢亲自去试验一下，极强的好奇心是他后来成为大发明家最重要的性格品质之一。一天，他和妈妈看到一只正在孵蛋的母鸡，妈妈说："母鸡把蛋坐在屁股底下是孵小鸡呢！"下午，爱迪生突然不见了，家里人非常着急，没想到最后在鸡窝里找到了他。原来，他蹲在鸡窝里，屁股下放了好多鸡蛋，正在孵小鸡呢！大家看了以后，哭笑不得。他还反问道："母鸡能孵出小鸡为什么人就不能呢?"①

　　爱迪生到了上学的年龄,父母立即把他送进小学读书,希望他从此能安安分分上学。谁知,他仍然爱刨根问底,总是让老师为难。有一回上算术课,教师在黑板上写下了"2＋2＝4",爱迪生就站起来问:"老师,2 加 2 为什么等于 4 呢?"老师被问得面红耳赤,他认为爱迪生是个捣蛋鬼,专门找老师碴儿。于是,在上了三个月的课以后,老师就把爱迪生赶出校门,还骂他是傻瓜。幸亏爱迪生有位伟大的母亲,母亲没有因为儿子被撵出来而责怪他,相反,她气愤地说:"我的孩子不是在捣乱,而是好奇。"她决定自己把孩子教育好。当她发现爱迪生对物理、化学特别感兴趣时,就给他买了有关物理、化学实验的书。爱迪生照着书本,在自家地下室准备了瓶瓶罐罐,独自做起了实验。

　　爱迪生的每一项发明都离不开他的好奇心,更归功于他百折不挠的毅力。1879 年 10 月 21 日,爱迪生成功地制作出世界上第一个电灯泡,这个用炭化的卷绕棉线做灯丝的灯泡连续使用了约 45 小时,但爱迪生并没有满足。为了找到更好的灯丝材料,他又先后试验了从世界各地找来的 1600 种耐热材料,他做炭化试验的植物纤维使用了6000 多种。他的试验笔记本达 200 多本,共计 4 万余页,先后 3 年的时间里,他每天工作十八九个小时,就头枕着书躺在实验用的桌子下面睡觉。有时他一天在凳子上睡三四次,每次只睡半小时。一觉醒来,又精力充沛地工作。最后终于成功试验出能连续照明 1200 小时的碳化竹丝灯丝。直到 1908 年,爱迪生电气公司职员威廉·克里奇又发明了钨丝灯丝才最终代替它。

　　更值得一提的是,从爱迪生的众多案例中我们不得不感叹这个天才发明大王的诞生,在一定程度上归功于他的母亲南希。我们通过了解南希对爱迪生的教育,可以发现家庭教育在培养孩子的过程中起着举足轻重的作用。

_____

　　① 邵心诚:《现象学在家庭教育中的应用——爱迪生的家庭教育案例透视》,《赤峰学院学报》2013 年第 6 期。

3. 本杰明·富兰克林——第一个真正的美国人、通才

本杰明·富兰克林（Benjamin Franklin，1706—1790），被西方人称为资本主义精神最完美的代表。他参与撰写举世闻名的《独立宣言》和《美国宪法》，是著名的哲学家、科学家、发明家、政治家、外交家、商人，一个真正意义的通才，被誉为第一个真正的美国人。

本杰明·富兰克林出身并非显贵，父亲为殖民时期新英格兰的一位清教徒肥皂商，生养子女众多，富兰克林是其最小的儿子。他只上了两年的学，10 岁就跟着兄长到出版社当学徒。尽管未曾接受过多少正规学校教育，他却勤奋刻苦自学了法语、意大利语、拉丁语等多种语言；为了证明闪电就是电的理论，他甚至和儿子在荒原的暴风雨中放风筝，让闪电击中自己；他发明了避雷针；他还诊断出玻璃和陶瓷工匠铅中毒的来源、用电击疗法治疗痉挛、正确地判断出深色衣服比浅色衣服吸收更多的热量等。此外，富兰克林还是美国图书馆事业的一位先驱，创办了当时美国首都费城的第一家社会凭证图书馆——费城图书馆公司和美国第一所公共图书馆——富兰克林城图书馆。

富兰克林之所以令美国人如此崇拜和着迷，因为他最突出地代表了美国人勇于创新、充满无穷创造力的民族个性。他在《富兰克林自传》中披露的成功要诀主要体现在两个方面：一是至善至美的自我完

善。勤奋、乐观、永不放弃是富兰克林得以成功的重要因素。"富兰克林出生在波士顿一个清教徒的家庭，青少年时期就从家庭接受了清教信仰。"①"清教强调'天职'的观念，即人的职责就是把个人的才能发挥到极致，因为这些才能都得感恩于上帝，所以应该加以最大限度的发挥。人不应该安守自得，满足于呆板的生活。"《富兰克林自传》描述了富兰克林所面临的种种坎坷遭遇。如果没有乐观的心态，他不可能在那样困苦的环境中坚持下来。"富兰克林早年离家出走的冒险在《自传》中被刻画得淋漓尽致，无论是面对茫茫大海上的暴风骤雨，还是漫漫人生中的凄风苦雨，富兰克林都经受住了考验。"② 他曾经在船上因为发烧而差点被死神夺取性命等经历都对他的努力造成了巨大的干扰。但是，"就像希腊神话中的英雄必然经历诸多考验一样，富兰克林同样面对一切可能的挑战"。富兰克林也非常努力。"学徒期间，他早晨上班前读书，晚上下班后读书，礼拜天全日制读书，甚至饭间休息也挤出时间学算术。"③

严于律己是富兰克林自我完善的法宝。"富兰克林对新世界的道德操守提出了自己朴素的看法，他认为美德是建立个人与社会幸福的关键。"在《富兰克林自传》第二部分，富兰克林承前启后地列举了"十三点道德"。正是他对自身不断完善、近乎苛刻的要求，才使他能够成为世人敬仰的伟人和圣人。

二是老到的处世之道。《富兰克林自传》中有很多值得后人借鉴的处世谋略，包括正确看待对手、合理利用朋友资源、善于化不利因素为有利因素、善于树立良好的公共形象等。富兰克林认为，虽然对手对自己的事业造成压力和阻力，但若能理性地看待对手，吸收其优点，并借鉴其缺点，就能获得更大的进步。朋友就是人际关系网，合

---

① 朱小琳：《富兰克林的实用精神》，《湛江师范学院学报》2001 年第 1 期。
② 袁雪生：《永远的神话——评〈富兰克林自传〉》，《荆门职业技术学院学报》2009 年第 1 期。
③ 赵白生：《身份的寓言——〈富兰克林自传〉的结构分析》，《外国文学》2004 年第 1 期。

理利用人际关系网是富兰克林成功的一个重要因素。[1]

　　富兰克林不仅是令美国人自豪的名字，更是美国精神最完美的代表。说到美国精神，人们会自然而然地想到矗立在纽约港的自由女神像，她正是整个美国的象征：自由、平等、博爱。在这样的环境中，美国人形成了性格中最突出的特点，那就是开拓创新，勇于冒险。这不仅缘于第一批英国清教徒移民北美大陆时所传承下来的顽强拼搏、艰苦创业、开拓进取的精神，更是缘于美国人特别强调的创新精神。他们认为机会到处都有，重要的是在于主动发现和利用。除法律外，一切传统和先例都是创新的障碍。[2]　正是这样的性格成就了今天的美国，造就了像爱因斯坦、爱迪生、富兰克林等这样一大批具有美国精神的科学家，即使他们的天资不算聪颖，所受的学校教育也并不多。同时，美国在吸引世界优秀人才方面也采取了一系列的措施，体现了美国惜才、爱才的大国风范，与其兼容并蓄的精神是分不开的。美国第一任总统华盛顿曾说："在我的一生中，能让我佩服的人只有三位，第一位是富兰克林，第二位也是富兰克林，第三位还是富兰克林。"

4. 富兰克林·德拉诺·罗斯福——唯一连任四届的总统

　　① 　王羽青：《富兰克林和美国精神——〈富兰克林自传〉的现实意义》，《长春师范学院学报》2012 年第 2 期。
　　② 　徐翼：《本杰明·富兰克林与创新精神》，《人民公安》2013 年第 10 期。

富兰克林·德拉诺·罗斯福（Franklin D. Roosevelt，1882—1945）成长于美国发展方兴未艾的世纪之交，被世人公认为美国最伟大的总统之一，在美国历任总统的排名中稳居前三名。他是美国历史上唯一连任4届的总统，也是美国历史上唯一一位坐在轮椅上的总统，其一生充满了传奇与神话。他推行新政，拯救了行将瘫痪的美国经济，开创了国家垄断资本主义的先河。他摆脱了孤立主义影响，使美国参与了世界反法西斯战争，逐步走向世界，最终成为世界首屈一指的强国。

罗斯福于1882年出生在纽约一个富商家庭。尽管家庭环境优越，但他的父母并不想宠坏他，他受到了严格而又深情的家庭教育。母亲将全部精力都放在了小罗斯福身上，舐犊之情从其洋洋洒洒的日记中便可见一斑，日记中记录了他各个阶段的成长经历：他喜欢踢脚……出了两颗小牙……宝宝喜欢跳舞……甚至，在后来罗斯福当上了总统之后仍不忘提醒儿子多穿衣服之类的。罗斯福的母亲有一次在回答记者采访时说："我能为我们的儿子设想的最高理想是长大后像他的父亲一样正直诚实、公正仁慈，成为一个堂堂正正的美国人。"因此她亲自负责其抚养工作的一切细枝末节，使罗斯福健康快乐地成长。小罗斯福是个好骑手，不久便得到一匹专用的强悍的威尔士种小马，条件是他必须亲自照料和饲养它。11岁时，罗斯福有一支小口径步枪，条件是答应不在巢居季节捕鸟，而且对赫德河流域特有的每种鸟最多只捕一只。小罗斯福性格温顺，但是，玩输了也会发脾气。"有一次他们用玩具马玩障碍赛跑，她（母亲）的马连赢了几次。富兰克林立刻要求换马，得到了同意，但萨拉还是赢了。当他沉下脸'赌气'时，她就立刻不玩了，并且对他说，如果他不学会乖乖地认输，她就不再同他玩了，'这是人们在富兰克林身上看到的缺乏运动风度的最后一次表现，'她说。"这为罗斯福步入政界，按规则参与民主政治博弈，胜不骄、败不馁的心态，做了最初的铺垫。而父亲的年纪虽然可以当罗斯福的祖父，但他喜欢罗斯福跟他亲近，经常带他去巡视庄园，且花费了很长时间教他游泳、驶船、钓鱼和骑马，培养他的男子汉气概和勇敢、坚毅、不怕吃苦的良好品德。对孩子提的问题从来不感到厌烦或不屑回答，这样一来既培养了父子之间的感情，又让罗斯福长了不少见识。

1921 年，正在春风得意的 39 岁的罗斯福，因患脊髓灰质炎而留下后遗症，只能坐在轮椅上生活。他从一个有着光辉前途、肌肉柔软灵活、活蹦乱跳的大好青年，一下成了一个卧床不起的残废。最初，他几乎完全绝望，但是，奋发向上和乐观自信使他积极治疗，以惊人的毅力锻炼身体，终于，他又精力充沛、生气勃勃了，而且更加坚定了从政的信念。战胜疾病使他在生活中进一步认识自己，肯定自己，不断地接受挑战，获得乐观体验。以后，遇到再大困难他也总是保持着乐观而又热情的气度。这种乐观既帮助他克服病魔，也使他有勇气以残疾之身积极参加竞选，才能在当选美国总统以后带领美国人民克服恐惧心理，摆脱经济危机，战胜法西斯。罗斯福的治疗大夫乔治·德雷波珀在报告中写道："在他的治疗中，心理因素居首位，他坚毅勇敢、志向远大，但感情器官却是少有的敏感。"

罗斯福的父母还给儿子灌输了一种服务精神和大方知礼的风度——高贵人理应有高尚的思想——而不汲汲于低卑的金钱利益。罗斯福的家庭教师也起了相当大的作用，其中，有一位桑多斯小姐不仅给他打下了法语等一些课程的扎实基础，而且也给他灌输了一些社会责任感。罗斯福在一篇关于古埃及的作文中写道："劳动人民一无所有，帝王们逼使他们劳动如此之苦，而给予他们的又如此之少，真是岂有此理。"从中便可清晰地看到，小罗斯福对劳动人民的同情和对专制剥削的痛恨。①

同时，极具特色的学校教育也为罗斯福日后的巨大成就提供了重要的条件。14 岁的罗斯福曾经就读的格罗顿公学的办学方针是为社会服务，该校的创办人和第一位校长皮博迪博士认为其职责是培养具有强烈社会责任感的有教养的领导人。他的献身精神和充满热情的性格

---

① 杜鹃：《罗斯福总统所受教育之探析》，《今日南国》（理论创新版）2009 年第 12 期。

使年少的罗斯福深受感染。在哈佛大学，罗斯福以满腔热情投入各类活动中，他曾在论文中写道："罗斯福家族具有活力的一个原因——也许是主要原因——就在于这种民主精神。他们从来没有觉得自己出身高贵就可以游手好闲而取得成功。相反，他们觉得，正因为出身高贵，如果他们不能尽到自己对社会的义务，他们将得不到原谅。"缘于童年的社会责任感，在格罗顿公学期间得到确立，在哈佛大学得以发展。

罗斯福不仅具有强烈的社会责任感以及为人民服务的意识，更是将这种意识付诸实践，用自己的一生去诠释"服务"的真谛。罗斯福认为，改革重在行动，不能仅仅流于言谈。面对深重灾难的美国，罗斯福在 1933 年 3 月 4 日发表首次总统就职演说时坚定地说道："复兴并不仅仅要求改变道德观念，祖国要求积极行动起来，现在就行动起来。"在之后的一百天里，罗斯福在联邦政府内进行了在和平时期里史无前例的剧烈变革。

在恰当的时机做恰当的事！事实上，无论是在政治上还是经济上，乃至生活中，在许多情况下作决策时都应遵循这一原则。这一点从罗斯福取消禁酒令一事上就可见一斑。应该说，罗斯福确实有其过人的精明和对人性的了解。在美国经济超级低落的状态下，罗斯福意识到，在这种民众内心郁闷的当口以往的禁酒令已经不合时宜了。对未来的日子不再怀有恐惧的美国人载歌载舞，开怀畅饮，抒发着压抑了多年的郁闷之气，当然也少不了感念罗斯福的苦心。

罗斯福的传记作家詹姆斯·伯恩斯经过研究，提示了罗斯福成功的奥秘：善于抓住公众舆论；善于选择适当时机；关心政治方面的细节问题；注重个人魅力的提升等。这些为罗斯福一生事业的成功奠定了良好的基础，而这又与其所受的教育是息息相关的，主要包括良好的家庭教育、极具特色的学校教育和无处不在的自我教育，这成为他一生不断进取的巨大动力和智慧源泉。

5. 亚伯拉罕·林肯——阻止了美国的分裂、废除奴隶制

亚伯拉罕·林肯（Abraham Lincoln，1809—1865）是美国历史上最伟大的总统之一，是著名的政治家、思想家、演讲家和律师。他阻止了美国的分裂，废除了奴隶制，让400万奴隶获得自由，大大推动了19世纪美国经济的发展。他所提出的"民有、民治、民享"原则，是飘扬在人类民主进程中一面永恒的旗帜。

"天将降大任于斯人也，必先苦其心志，劳其筋骨，饿其体肤，空乏其身，行拂乱其所为，所以动心忍性，曾益其所不能。"孟子的这番话准确地概括了亚伯拉罕·林肯命运多舛的一生。他出身寒微，靠自学成才改变命运，是位充满传奇色彩的平民总统。林肯的学校教育断断续续，加起来不到一年，但他用刻苦自学弥补了学校教育的不足，15岁时，林肯会读点东西，却还不会书写，然而短暂的学校教育却教会他热爱知识，渴求学习，对书籍产生浓厚的兴趣。从书本中，林肯学会了公共演讲技巧，接触到西塞罗的著名演讲和莎士比亚的经典台词。

幽默风趣。林肯是美国历届总统中最爱开玩笑的。这个最高统帅也是讲故事的能手、说俏皮话的行家。他有一次说道："我笑是因为我不能哭，仅此而已。"林肯以训练自己的智力为乐事。经商失败、婚姻失败、亲情失败、政治生涯失败，再加上亲人接二连三地离去带

给他的死亡创伤，使林肯数次精神崩溃。抑郁症多次发作的林肯并没有自杀，反而成了美国最伟大的总统之一。林肯正是利用这种独特的灰色幽默对付生活中无所不在的创伤性事件，使自己尽快从忧郁中解脱出来，从无尽的烦恼中获得片刻的休息。可见，在林肯的人生中幽默和智慧功不可没。

坚决果断。整个19世纪一直沉湎于烦琐冗长之中。在那样的情况下，林肯依然努力保持自己言语的简洁。他在葛底斯堡的演说仅用了两分多钟，与克林顿1992年在民主党会议上所作的演讲相比，要少50多分钟。当林肯戴上他那金丝眼镜写公告、写演说稿或写信时，他其实是在自我交流，他用笔尖思索。年轻时，他常用斧子狠而准地劈木材。后来，林肯所发表的言论极为犀利，一针见血，也许正是得益于此。

独立思索。今日美国总统周围有各类政策专家、分析家、公共关系专家和其他白宫官僚人员。林肯总统可没有这么多顾问，他的秘书人数从未超过3个，而他却平息了内战，为世界争得了自由的未来，并且亲自处理其他琐碎的事务。被林肯称作工作室的房间是在美国第一卧室楼下，这个工作室包括秘书办公室、总统办公室及会议室，后来扩大成内阁室。这里是林肯接收公众意见的地方，任何一个美国人都可以来这儿向总统提出各种意见或建议。有时林肯也悄悄走进国防部查阅各种电报，并向战略家们提出质疑。在作重要抉择时，林肯总是凭借自己的直觉，而不是只盯着书面报告上的内容。抉择过程也许漫长，但抉择一旦作出，便不会轻易动摇。

脚踏实地。处在林肯那个时代的人要比现代人更能理解林肯的道德准则。他是个精明的政治家，也是个严厉的说教者。在他政治生涯中所作的每个重要抉择都有原则，他认为必须在现实状况和公众舆论等一系列因素下实现自己的志向。正如历史学家哈瑞·杰夫所说的，林肯所坚持的民主，不仅依靠公众舆论，而且以道德准则为基础。他时常表现出令人惊讶的政治天赋，他坚持不开第一枪，从而保持了国家的统一，并且解放了奴隶。今天的政治家们往往对于公共舆论非常敏感，看上去他们并没能掌握林肯那种既坚持原则又务实的道德准则。他们失去了在民主问题上所必须具有的足够忍让的气量。

"二十世纪最伟大的人生导师"、《人性的弱点》的作者戴尔·卡耐基在《林肯传》中更是塑造了一个饱受创伤、神情忧郁，却始终百折不挠、屡败屡战的林肯形象。林肯机智、善良、勤奋、果决、宽容、有责任心、谦虚质朴、宽厚仁慈、吃苦耐劳、顽强不息、任劳任怨、知人善任、幽默风趣等，仿佛是道德的化身。① 归根结底，正是这些积极人格背后超人的智慧和才华成就了美国最伟大的总统之一——林肯。

6. 约翰·戴维森·洛克菲勒——石油大王

约翰·戴维森·洛克菲勒（John Davidson Rockefeller, 1839—1937），出生于美国纽约州里奇福德，美国慈善家、资本家，1870 年创立标准石油，是 19 世纪第一个亿万富翁。19 世纪 50 年代，石油大王洛克菲勒开始登上历史舞台，在短短几十年内展现了化腐朽为神奇的力量。1839 年 7 月 8 日，洛克菲勒出生于纽约州哈得逊河畔的一个小镇。父亲从小就教育孩子们，只有劳动，才能给予报酬，而家里的

---

① 任俊：《积极心理学》，上海教育出版社 2006 年版。

任何劳动，都制定了一套标准。母亲是个一言一行都皈依《圣经》的虔诚的基督教徒，她勤快、节俭、朴实，家教严格。洛克菲勒作为长子，他从父亲那里学会了讲求实际的经商之道，又从母亲那里学到了精细、节俭、守信用、一丝不苟的长处，这对他日后的成功产生了莫大的影响。①

1855 年，由于家庭贫困，洛克菲勒被迫辍学外出打工，时离 7 月 16 日高中毕业典礼只差两个月，当时他才 16 岁。洛克菲勒小时候给人的印象是目光有些呆滞，郁郁寡欢，没人能看出他日后会有多大出息。② 但洛克菲勒从来没有这样认为过。很早以前，洛克菲勒就表现出了对商业和金钱的热情，以及对远大未来的坚定信念。很小的时候，他曾将别人送他的一对火鸡精心喂养成群，然后挑好的在集市上出售；12 岁时，他积蓄了 50 美元，他把这些钱借给了邻居，然后收取本息；14 岁时，他放学后常到码头上闲逛，看商人做买卖。有一天，有个同学问他："约翰，你长大后想干什么？"年轻的洛克菲勒毫不犹豫地说："我要成为一个有 10 万美元的人，我准会成功。"后人发掘了无数条洛克菲勒的成功秘诀，归根结底在于：洛克菲勒天生就对钱这种东西始终保持着狂热的兴趣。但种种历史资料表明，洛克菲勒对钱的执着只是出于一种兴趣，而并不是贪图享受什么。他笃信基督教，克勤克俭，捐款总额高达 5 亿美元。

16 岁那年，雄心勃勃的洛克菲勒为了寻找工作，受尽了打击。他在克利夫兰的街上跑了几个星期，下定决心要找一个前程远大的职业。半年后的 9 月 26 日，他终于在一家经营谷物的商行当上了会计办事员。从此，这个日子就成了他个人日历中的喜庆纪念日，他把它作为第二个生日来庆祝，尽管过了三个月他才收到第一笔补发的微薄报酬。

---

① 戴维凌：《洛克菲勒：世界上第一个亿万富翁是这样炼成的》，《管理与财富》2007 年第 9 期。

② 王喜军：《洛克菲勒的双面人生》，《当代经理人》2009 年第 8 期。

　　洛克菲勒做生意时总是信心十足，同时又言而有信，想方设法使自己取信于人。克拉克对洛克菲勒做事仔细十分欣赏。后来他创建了标准石油公司，实际上就是美国石油业的开始。与很多抓住了上帝给予的机会而成功的美国超级富豪不同的是，洛克菲勒的成功是个人奋斗的结果。他曾说："在人生的初期阶段没有付出充分努力的人，从来都没有成功的。"任何时候，勤奋都是成功的第一要素。所以，洛克菲勒家族信条提出："我相信劳动是值得人们尊重的，不论是脑力劳动或是体力劳动。"

　　如果说创造力表现为四个方面：一是拥有好的主意；二是创造决策环境；三是评估附加价值；四是持续改善的意愿。那我们可以看得出，洛克菲勒在第一、第三因素方面表现异常突出。① 同时，约翰·洛克菲勒也认为读书、诚实和节俭等一系列的爱好和美德也是成功的关键因素并坚持以身作则。

　　读书是快速成长的捷径。要想成为创新型人才，必须要多读书，读好书。约翰·洛克菲勒说过："要从别人的错误中去学习，自己可没有时间去经历所有的错误。在某种意义上，就书本而言也是如此。你在处理各种各样的事务时，最好阅读一下先行者们留下来的宝典奇文。这样每月读一本书，就向正确的人生方向迈进了一步。"② 他告诫儿子要善于读书，他认为大部分人只会大量阅读小说，他提醒儿子这个世界上必须学习的东西实在太丰富了，有关事业的经营，其想法及决定的大部分，先行者早已经历，大多已记述在各类书籍之中。他要求儿子多读对自己发展有益的书籍。

　　诚实是人格的象征。小洛克菲勒在生意场上被骗了，所以他对此一直耿耿于怀。洛克菲勒却耐心地奉劝他：诚实是一种永恒的美德，即使受骗了，也不要以牙还牙，因为生活会慢慢教会我们认清自己。他告诫儿子：最为重要的商业铁律之一，便是你绝不可能让人家认为

---

① 魏华：《洛克菲勒成功——在于创造力》，《企业家天地》2006 年第 2 期。
② 约翰·D. 洛克菲勒：《洛克菲勒给子女的一生忠告》，马剑涛、肖文键编译，中国华侨出版社 2010 年版，第 171 页。

你不守信用。他还告诉儿子：做一个诚实的人真的很重要，人们会认为你值得信赖，人们会给你更多的信任，信用就像细细的绳子，一旦断了线再接起来近乎不可能。

节俭是一种永恒的美德。在商场上，这个奇瘦无比的老头一直扮演着冷酷无情的角色，不过其私生活却像清教徒般节俭：他上班时常常四处巡视，亲自关掉煤气、拧紧水龙头；他将生活中的一切开支数字，都记在了账本上，并仔细研究；在 1864 年 9 月 8 日的婚礼上，其所购戒指也仅花 15.75 美元。洛克菲勒曾发现小洛克菲勒的交际费用较高，大手大脚，讲究排场，于是，他告诫儿子："显示公司的经济实力固然重要，而做浪费钱财、奢侈豪华的愚人之举则极不可取。"① 从此，小洛克菲勒悔过自新，对待财富的态度有了一个明显的变化。正如洛克菲勒家族信条中第五条所说的："我相信勤俭是井然有序的生活之必需，而节俭是健全的金融机制之根本，无论政府、商务或个人事务皆然。"②

自控力是成功的重要因素。大多数时候，洛克菲勒将自己隐藏在百老汇 26 号的标准石油公司办公室中，通过庞大的情报网，指挥着整个帝国。他自年少时便异常注意自我控制，每天仔细检查自己的一言一行，稍有不妥言行或思想杂念便自行纠正；他能熟练地控制自己的脸部肌肉，使之不表现出任何喜怒哀乐。

洛克菲勒坚守着这些信念，以其疯狂的冒险精神、高超的经营头脑、远见卓识的预测和冷静果断的决策、贪婪无比的垄断意识和"刽子手"的手腕创立了实力雄厚的洛克菲勒财团，不但控制着美国的经济，也影响着美国的政治。洛克菲勒财团培养、造就出来的达瑞斯、拉斯克、基辛格等人，都成了美国历史上相当有影响力的国务卿。

---

① 约翰·D. 洛克菲勒：《洛克菲勒给子女的一生忠告》，马剑涛、肖文键编译，中国华侨出版社 2010 年版，第 195 页。
② 王国春：《洛克菲勒家族信条对大学生成长成才的启示》，《长春理工大学学报》2013 年第 4 期。

7. 海伦·凯勒——自强不息的光辉典范

海伦·凯勒（Helen Keller，1880—1968），19 世纪美国女作家、教育家、慈善家、社会活动家。87 年生活在无声、无光的世界中，但她自强不息，克服巨大的困难读完大学。一生写了十几部作品，同时致力于救助伤残儿童、保护妇女权益和争取种族平等的社会活动。1964 年获总统自由勋章，次年被美国《时代周刊》评为 20 世纪美国十大英雄偶像之一。她的事迹曾两次被拍成电影。海伦·凯勒的故事带有十分的传奇色彩，它震颤着人的心灵，故事中包含着人性中最美好的品格和对生活的渴望、生命力的顽强。使我们看到了什么是将不可能变为可能，什么是创造奇迹，什么是平凡中孕育伟大。

海伦·凯勒在 19 个月时因患脑充血和胃充血而导致双目失明，双耳失聪。起先，父母亲采用实验的方法，一次又一次地尝试，虽然他们失败过无数次，但是日子久了，也摸索出不少要领，他们除了被动地猜想海伦·凯勒的比手画脚，有时也教导海伦·凯勒凭借肢体动作，表达喜怒哀乐。另外，海伦·凯勒也学习运用触觉去感受周遭的事物。就这样一点一滴的累积，几年以后，大凡孩子们用眼睛、耳朵能感受的，海伦·凯勒都能以触摸的方式领略。只是父母亲不是残障教育的专家，所以海伦·凯勒学到的肢体语言，只有父母才看得懂，至于外人就很难说了。于是，在海伦·凯勒 7 岁那年，他们从外地请来一位受过专门训练的莎利文老师。

　　莎利文老师跟海伦·凯勒很投缘，从此成了她的良师益友，相处达 50 年。她们认识没有几天就相处融洽，而且海伦·凯勒还从莎利文老师那里学会了认字。一天，老师在海伦·凯勒的手心写了"水"这个字，海伦凯勒不知怎么搞的，总是没法子记下来。老师知道海伦·凯勒的困难处在哪儿，她带着海伦·凯勒走到喷水池边，要海伦·凯勒把小手放在喷水孔下，让清凉的泉水溅溢在海伦·凯勒的手上。接着，莎利文老师又在海伦·凯勒的手心，写下"水"这个字，从此海伦·凯勒就牢牢记住了，再也不会搞不清楚了。海伦后来回忆说："不知怎的，语言的秘密突然被揭开了，我终于知道水就是流过我手心的一种物质。这个喝的字唤醒了我的灵魂，给我以光明、希望、快乐。"

　　不过，莎利文老师认为，光是懂得认字而说不出话来，仍然不方便沟通。可是，从小又聋又瞎的海伦·凯勒，一来听不见别人说话的声音，二来看不见别人说话的嘴型，所以，尽管她不是不能说话的哑巴，却也没办法说话。

　　为了克服这个困难，莎利文老师替海伦·凯勒找了一位专家，教导她利用双手去感受别人说话时嘴型的变化，以及鼻腔吸气、吐气的不同，来学习发音。当然，这是一件非常不容易的事，不过，海伦·凯勒还是做到了。海伦·凯勒的潜能被心中的另一个信仰所挖掘而开始开发，她进展缓慢、饱受痛苦，有时停止不前，但她继续努力。

　　最终，在莎利文的帮助之下，海伦·凯勒进入大学学习，并以优异成绩毕业。在大学期间，写了《我生命的故事》，讲述她如何战胜病残，给成千上万的残疾人和正常人带来鼓舞。这本书被译成 50 种文字，在世界各国流传。

　　以后又写了许多文字和几部自传性小说，表明黑暗与寂静并不存在。盲人作家海伦·凯勒，除了突破官能障碍学会说话，更奉献自己的一生，她四处为残障人士演讲，鼓励他们肯定自己，立志做一个残而不废的人。海伦·凯勒这份爱心，不但给予残障人士十足的信心，更激起各国人士正视残障福利，纷纷设立服务机构，辅助他们健康快乐地过生活。第二次世界大战期间，又访问多所医院，慰问失明士兵，她的精神受人们崇敬。

海伦·凯勒本可以轻易地成为被安慰者，去"诅咒上帝然后死去"，可是她却有不同的选择，她要战胜自己的缺陷而不向它让步屈服，终于成为世界各国尊敬的作家、演说家和坚毅勇敢的光辉榜样。

8. 欧内斯特·米勒·海明威——勇士与作家、诺贝尔文学奖获得者

欧内斯特·米勒·海明威（Ernest Miller Hemingway，1899—1961），美国小说家、诺贝尔文学奖获得者，1926 年出版了长篇小说《太阳照样升起》，初获成功，被斯坦因称为"迷惘的一代"。1952 年，《老人与海》问世。1960 年，海明威被诊断患有包括抑郁症在内的多种疾病，1961 年 6 月的一个早晨，他用一支银子镶嵌的猎枪结束了自己的一生。[①] 有人说自杀是怯懦的表现，但也许这恰恰是不肯向命运妥协的勇气。

在文学创作中，许多作品都会显露出作者本人的人生经历或人生观，海明威晚年的中篇杰作《老人与海》则是其中的典范。《老人与海》阐述了海明威的人生哲学和生活观：在残酷的社会现实和命运之中，人应该勇敢地面对一切痛苦和磨难，并同一切痛苦和磨难进行斗争，热爱生活，珍惜生命。这种人生哲学是美国社会价值的精髓。海

---

① 孟秀坤：《不败的人生——析〈老人与海〉中的海明威》，《安阳工学院学报》2007年第 2 期。

明威就像《老人与海》中的老渔夫桑提亚哥一样，以一种非凡的毅力，以压倒一切的无畏气概令人由衷折服和尊敬。

海明威是一位真正的男子汉。作家本人和评论家们都曾把他比喻为狮子。他意志坚强，精力充沛，生性爱好冒险。他曾说："没有行动，我有时感到十分痛苦，简直痛不欲生。"他争强好斗，从不妥协，事事爱争第一名。他爱好体育运动，热衷玩垒球，爱好拳击。他爱好斗牛，爱好钓鱼和打猎。打仗是男人们的事业，他曾经历了两次大战，第一次世界大战，在他身上留下 200 多块弹片，使他得到几枚奖章；第二次世界大战，他违反了"新闻记者不得参与战斗"的规定，直接参战曾因此而受审，但结果却因他勇敢善战而获得奖章。海明威在文坛上，也是一样，他刻苦写作，努力拼搏，经常表示要和著名文豪比个高低，他如愿以偿，获得了诺贝尔文学奖这一文坛上的最高荣誉。他认为：人不是为失败而生的，一个人可以被毁灭，但不能被打败。男子汉旺盛的拼搏劲头，无往不胜的信心，正是应该赞美的品德。海明威的性格，正具有这种魅力。把他比为"狮子"是非常恰当的，狮子不就是硬汉吗？硬汉形象，大都具有以下特点：向往斗争，敢于拼杀；精力旺盛，意志顽强；永不认输，坚持搏击；忍受孤独，蔑视死亡。①

9. 路易斯·阿姆斯特朗——不朽的爵士乐大师

---

① 贾文宇：《浅论海明威的硬汉形象》，《东北农业大学学报》（社会科学版）2005 年第 2 期。

爵士乐的创始人是谁？大部分是黑人。开始只有黑人演奏这种音乐，而且也没有把乐谱记下来。当时对于白人音乐家来说，要学习这种新型音乐是困难的。然而不久，他们也演奏起爵士乐来了。这种音乐传播甚广，它从新奥尔良沿着密西西比河向北流行到芝加哥，然后又传到堪萨斯城和纽约。到20世纪20年代，出现了许多黑人和白人爵士音乐家。他们中不乏杰出之士，有些则技能卓越，而其中有一个独占鳌头，这就是路易斯·阿姆斯特朗。

路易斯·阿姆斯特朗（Louis Armstrong）1900年出生在新奥尔良的贫民区里。父亲是个文盲，母亲识字也不多。在路易斯幼小时，父母就分居了。小路易斯跟着母亲生活，他们生活的艰辛就不言而喻了。然而路易斯总是微笑着面对一切。他后来写道："我整个的生活是愉快的，我欣然接受了生活给我的安排，不管出现什么事，对我来说总是美好的，我热爱所有的人。"

孩子时的路易斯不得不努力工作。他在街上卖过报，在煤场当过搬运工。虽然他几乎没有受过正规教育，有时家里几乎连吃的也没有，但那时到处有音乐，享受音乐是免费的。街上有游行，跳舞和歌唱，小路易斯把这些都吸收了。

后来，他遭遇不幸。1912年他只是出于孩子气的胡闹带了枪支，害得他那天坐了一夜的班房，接着又在孤儿院里度过一年。几年后，他已经长大成人，回忆往事，百感交集。想不到那一次的遭遇竟成了他一生的转折点，他吹奏圆号、蜚声乐坛的生涯正是从那个时候开始的。在那儿，由于他表现良好，校方特地让他学吹短号。从收容所释放后，路易斯在爵士乐队找到了工作。

路易斯在新奥尔良的酒吧间或在往返于密西西比河的船只上演奏了几年。1922年，22岁的路易斯收到芝加哥流行爵士乐队队长金·奥利弗的邀请，北上参加其乐队。他首次离开家乡，在他的音乐生涯上迈出了重要的一步。

作为乐队的新手，路易斯最初只是配合别人演奏，因为爵士乐队主要是依靠全体队员的努力去演奏的。他常常和金·奥利弗演出短号二重奏或用小号来演奏如《频送秋波》和《拉格泰姆调号声》等歌曲，由于路易斯具有自己的演奏风格，即使在最初登台表演时，大家都相信他能超过乐队明星金·奥利弗。之后，路易斯开始引起公众和评论家的注意，最重要的是引起了其他音乐家的注意。

20 世纪 20 年代路易斯有时在纽约，有时在芝加哥参加各种乐队演奏，并开始出唱片。这些唱片把他的音乐传播到各地，使那些不能见到他演出的人也能够欣赏到他的艺术。不久他自己成立了一个"五人狂热爵士乐队"。这个乐队演奏起来的确热情兴奋。没有人能像路易斯那样地演奏小号：他发明了种种给旋律增添色彩的新演奏法，他所演奏的每个音符是如此轻快，富有热情和强烈的感情，给观众留下了极其深刻的印象。在演奏中，他有时放下小号进行独唱。他用嗓子模拟演奏的声音来代替乐器，把二者配合得惟妙惟肖。他那幽默感，他那优美的体型，他那独特的演奏风格以及非凡的演唱技巧都是他得到成功的因素。①

虽然阿姆斯特朗非常富有但他仍然过着简朴的生活。他住在长岛工人住宅区，房子不大，普普通通，和左邻右舍没有什么两样，这与他的经济地位极不相称。他慷慨大方，乐于助人，经常为穷人解囊。据《乌檀》杂志报道，阿姆斯特朗旧时一位朋友的遗孀每周从他那里得到 50 美元的帮助，这种情况持续了多年，从来没有间断过。幼年时的穷困潦倒他记忆犹新，他怎么也不会忘记现在还有许多人过着同样的生活。他曾经这样说过："看到人民大众过着安居乐业的生活比口袋里装着金元美钞更觉得欣慰和快活。"以天下人之乐为己乐，这是阿姆斯特朗的生活准则。②

10. 比尔·盖茨——微软创始人、世界首富、慈善家

比尔·盖茨（William Henry Gates）于 1955 年出生在美国。父亲威廉·亨利·盖茨（William Henry Gates, Sr.）是当地的著名律师，母亲玛丽·盖茨（Mary Maxwell Gates）是华盛顿大学董事，银行系统

---

① 罗伯特·卢格顿：《不朽的爵士乐大师——路易斯·阿姆斯特朗》，《文化译丛》1985 年第 6 期。

② 金朝亮：《爵士音乐大师——丹尼尔·路易斯·阿姆斯特朗的艺术生涯》，《音乐爱好者》1981 年第 6 期。

的董事以及国际联合劝募协会（United Way International）的主席，他的外祖父 J. W. 麦克斯韦尔（J. W. Maxwell）曾任国家银行行长。比尔和两个姐姐一块儿长大。他在 38 岁的时候将 64 岁的沃伦·巴菲特挤下美国首富的座席取而代之。各种媒体称他"富可敌国""富可抵国"。截至 1999 年 7 月，他创办的微软公司市值已经突破 5000 亿美元，每年财富增值 61%，抵得上一个中等国家的财政收入。2008 年，比尔·盖茨正式退休，但仍做微软董事长保证公司的运营，并把 580 亿美元个人财产捐到比尔和梅琳达·盖茨基金会，这笔钱用于研究艾滋病和疟疾的疫苗，并为世界贫穷国家提供援助。

　　"勤"固然能补拙，但拥有天分并将天分发挥得淋漓尽致则更堪称完美。人称计算机天才的比尔·盖茨创办、发展微软公司的本领基础其实是在中学阶段奠定的，他 13 岁时就自学电脑程序设计。1969 年，湖畔中学装了一部电脑终端机，让学生们使用这最新式装置做实验。比尔·盖茨当时 14 岁，他父亲老盖茨回忆说："我那上七年级的儿子很快就着了迷，全心全意地投入。"七年级、八年级的时候，比尔·盖茨已经能够帮助别人设计电脑程序，以赚取零花钱。[1]

　　盖茨喜欢辩论。或许，辩论碰撞出的思想火花，可以点燃创意的导火索，从而引发思维的革新。参与辩论时，盖茨甚至言语粗鲁，充满讥讽。在员工、同学和朋友眼中，盖茨是个执着任性的人。他在谈话、阅读或深思时，总习惯把头置于双手之间，身体前后猛烈地摇

---

　　① 叶炳昌：《世界首富比尔·盖茨的成功秘诀故事》，《创业者》2003 年第 5 期。

摆。有时为了表达自己的观点，他甚至还会疯狂地挥舞手臂。但这并不意味着盖茨是一个一意孤行的人。1995 年，比尔·盖茨宣布一项决定，微软公司将不再涉足浏览器领域的产品。对此，很多员工提出了明确的反对意见。其中有几位员工发信给比尔·盖茨，直言不讳地说："这是一个危险的错误决定。"比尔·盖茨立刻虚心地听取了员工们的反对意见，并在认真地反思之后写出了《互联网浪潮》这篇文章。他在此文中诚恳地承认了自己决策的错误，按照员工们的意见调整了微软公司的发展方向。那些批评比尔·盖茨的员工，不但没有受处分，且得到重用，几乎都成了微软公司重要部门的负责人。

兴趣广泛，追求完美是产生创意的源头。盖茨从中学时期开始就是个典型的工作狂，当时，无论是在钻研计算机，还是玩扑克，他都是废寝忘食，不知疲倦，要么不玩，要玩就玩出名堂。像其他他所专注的事情一样，盖茨玩扑克很认真，第一次玩糟了并不气馁，最终玩成了扑克高手。然而最能反映比尔·盖茨伟人情结的壮举，当属他在拍卖场上以 3080 万美元买下了列奥拉多·达芬奇 21 本传世笔记中的一本手稿，因为他从十多岁起，就敬佩这位意大利人。他赞叹道："列奥拉多是有史以来最令人叹为观止的天才之一。他的天赋涵盖领域之多，胜过任何朝代的任何科学家，也是位令人啧啧称奇的画家与雕刻家。"盖茨这番肺腑之言，恰好是其创意特征和追求的最好注脚。他以天价买下达芬奇的一本笔记手稿，并非要达到什么商业目的，而是出于对偶像尊崇，他说他希望把它借给世界各地博物馆，从意大利某博物馆为期一年的展览开始。盖茨这一别出心裁的创意，浓缩着他创意人生的特色，也是他兴趣广泛，追求完美的生动写照。

喜欢读伟人传记，并自命不凡。比尔·盖茨喜欢读伟人传记，从18 世纪与 19 世纪之间的法国皇帝拿破仑到当代的南非总统曼德拉；从伟大的科学家牛顿到当代的电脑大王……他从中汲取力量，也吸取教训。站在伟人肩上是古今中外一切成大事业者的共同点。例如，他从华裔电脑大王王安那里吸取了教训：要永远保持而不失掉敏锐的洞察力。商场如战场，面对瞬息万变的 IT、HP 市场，如果墨守成规，死守麦城，不思进取，只能是人仰马翻，步入死巷。擅长观察和创意拼搏的比尔·盖茨，丝毫没有懈怠和含糊。

积极进取，不甘人后是激发创意的动力。比尔·盖茨有着好斗的品性。曾经他所在的湖畔中学有一个学生社团——"湖畔程序设计师"，他本来是成员之一，可是因为年纪小而被踢出了社团。但是过了不久，社团发现离了盖茨真是不行，只好去请他回来。盖茨认为，让走就走，让回来就回来，没有那么容易。于是他提出条件：回来可以，但社团的计划得由我比尔·盖茨来管理。这种自命不凡正应了他这样一个信条：在一切事情上不屈居第二。或许，这就是全球首富无时无地不在充盈创意的原动力。①

同时，积累优势、抓住机遇是非常重要的。古今中外一切成大事业、大学问者都是积累了超凡入圣的优势，然后取得惊世骇俗的业绩的。在电脑中心公司，盖茨和艾伦二人制作了 300 页的《问题报告书》，提供给电脑中心公司专业设计师使用。盖茨认为，这一制作是在用他们的智慧应对当时电脑存在的某些问题的挑战，并战胜之。主动挑战、主动出击，是盖茨性格特征之一，也是积极积累优势的成果。比尔·盖茨是属于"挑战者号"的。

比尔·盖茨善于与人合作创办事业。保罗·艾伦是他青少年时代的朋友，湖畔中学的同学，和他一起创办微软公司。又例如，中国的李开复，近年出版了著作《做最好的自己》。他是微软的负责人之一，是比尔·盖茨的亲近战友，创办了微软中国研究院，现在改名为微软亚洲研究院。

正是比尔·盖茨别具一格的秉性特征，他那精力旺盛，一丝不苟，争强好胜，积极进取，追求完美，不甘落后，好动又好静等鲜活的性格和精神，时时处处充盈着创意，支配着他不懈追求，不断创举。而这对他的成功无疑起到了十分重要的，甚至是决定性的作用。

---

① 安宏林：《杰出人才成就轨迹——比尔·盖茨对我们的启示》，《人才开发》2007 年第 6 期。

六　杰出人物成长环境与规律分析

通过以上对美国杰出人物一系列的介绍与分析，身为中国人的我们不得不佩服，美利坚短短200多年的建国历程，没有灿烂的历史和文化可以炫耀，但因为拥有创新精神让其能够屹立于世界先进民族之林。从美国杰出人物所具有的特殊品质上，我们发现：

1. 父母与家庭是杰出人物创新的摇篮

家庭是孩子的第一所学校，父母是孩子的第一任老师，家庭教育对孩子的成长起着至关重要的作用，南希对爱迪生的教育、罗斯福的父母对罗斯福的教育都可堪称家庭教育的典范。如果爱迪生没有南希这样一位母亲，一位伟大的发明家也许早已与我们失之交臂。南希作为一名老师，通过自己的教育行动和人格魅力来感染小爱迪生。她也很好地运用到了实践教学，小爱迪生的所有实验都是在实践中得出结果的，而这些实践的前提，同样地建立在理论的基础上，这些理论的基础就来自于爱迪生平时看的物理、化学的著作以及母亲潜移默化的教导。而父爱和母爱又以不同的方式给了罗斯福足够的安全感和自信心，赋予了他那种终身保持着的威严不可侵犯的气度。即使遇到再大的困难，也能保持积极乐观的态度。同时，在家庭教育当中不可忽视的还有家庭教师对孩子的教育。罗斯福的家庭教师教会了他为社会服务的道理，海伦·凯勒的家庭教师是她的第二双眼睛和耳朵，让她感受到世界的光明和声音。因此，一位家庭教师的教育或许也将会改变孩子的一生。如果海伦·凯勒没有莎利文老师的辛勤教诲，那世界上将会失去一位值得世人学习的楷模。

2. 想象力与好奇心是杰出人物创新的催化剂

列宁说"幻想这种才能是极其可贵的"，"在数学上也是需要幻想的，甚至没有它就不可能发明微积分。"同时，以最深沉的思想去思索那些只有好奇的孩童才会提出的问题。因此，无论是在我们的日常生活中，还是在我们的学校教育中，都不要以捍卫教师与父母的"尊严"为借口而泯灭孩子好问的天性，将孩子的想象力与好奇心扼杀在摇篮里。如果没有好奇心，世界上也许会失去爱迪生、爱因斯坦等一大批出色的科学家、发明家。

3. 怀疑与探索精神是杰出人物创新的不竭动力

对任何事物都不盲从迷信，对任何思潮都不随波逐流，对一切现成的东西和结论都不满足。正是有了这种独立和自信的精神，在19世纪末物理学处于全面"危机"的阶段，当大多数科学家陷入传统思路，无力摆脱困境的时候，爱因斯坦才能有胆有识，敢于突破常规科学的思想半径，首先从牛顿力学的绝对时空观打开缺口，在多少年来人们从不怀疑的"同时性"问题上，力排众议，独树一帜，运用他非凡的想象力、创造才能和思维洞察力，年仅26岁就创立了狭义相对论。正是有了这种探索精神，爱迪生及其团队才最终试验出钨丝这种耐热性最强的灯丝并一直沿用至今。

4. 勤奋与坚持是杰出人物创新的内驱力

任何事业的成功都离不开个人的坚持与努力。爱迪生、富兰克林、林肯虽然没有接受太多的学校教育，但凭着自身的努力最终成为举世闻名的科学家和政治家。美国总统胡佛说："我们不仅在生活上接受爱迪生的恩惠和利益，更重要的是我们继承了他的精神遗产!"爱迪生成功的经验不仅在于强烈的好奇心，更在于百折不挠的毅力和忘我的工作精神。他自己无论是在什么情况下，从不间断地实验、设计、发明，即使在十分困难的情况下，也仍没放弃自己发明创造的目标。比尔·盖茨也曾被称为工作狂，在天赋异秉的情况下仍能坚持不懈，无疑是锦上添花。

5. 乐观的心态和坚强的意志是杰出人物创新的保证

天有不测风云，人有旦夕祸福，命运充满着太多的不确定性，我们唯有保持一颗乐观的心、拥有坚强的意志才有可能克服一切困难进而达到成功的彼岸。历尽人生种种挫折的总统林肯，坐在轮椅上的总统罗斯福，双目失明、双耳失聪的女作家海伦·凯勒等这些人虽然遭受过太多的磨难，但正是乐观的心态、坚强的意志让他们成为各界的精英。

6. 抓住适当时机是杰出人物创新的垫脚石

机不可失，时不再来，学会善于抓住契机，哪怕再微不足道的机会也不能放过，比尔·盖茨和洛克菲勒便是擅长挑准时机的人。若比尔·盖茨没有多次向电脑中心请求，没有编写《问题报告书》，那架设输电线的工程师就不会发现署有盖茨和艾伦大名的著作《问题报告书》的不同凡响，那么，二人自然就没有到波特兰做程序设计师的机会。若没有克拉克的赏识，洛克菲勒也将难以找到创业的机会。

7. 阅读以汲取经验是杰出人物创新的捷径之一

综观各类杰出人物，大多数有一个共同点——热爱阅读。比尔·盖茨和洛克菲勒便是爱好阅读，尤其是阅读伟人传记的典范。他们认为阅读伟人传记不仅能丰富自己的知识，更能从中吸取伟人的教训和经验，总结出走向成功的捷径以尽量地少走些弯路。从他们的成就便可以看出，这些捷径的确在让他们成为杰出人物上起着至关重要的作用。

8. 节俭是杰出人物的良好品德

节俭是各民族的传统美德，更是杰出人物所具有的一种特质，他们认为金钱不是供自己享乐，而是可以用于建立更伟大的事业。阿姆斯特朗和洛克菲勒一生家财万贯，但并没有挥金如土，而是追求节俭的生活，他们将金钱投入到了更有意义的领域中。比尔·盖茨也不例外，他同洛克菲勒一样都成立了基金会，为世界上无数需要帮助的人提供帮助。

9. 善于与人合作是杰出人物创新的动力源

牛顿曾说过："如果你有一个思想，我有一个思想，我们相互分享，那我们每个人就拥有了两个思想。"任何一大成功并不可能是某一个人的功劳，成功的背后凝结的是整个团队的付出。作为团队中的一员，具备善于与人合作的能力是极其关键的。保罗·艾伦是比尔·盖茨青少年时代的朋友，湖畔中学的同学，到最后两人一起成功创办了微软公司正验证了这一点。

10. 学校创新教育是杰出人物的培养基地

有研究表明，诺贝尔奖获得者一生大约 1/3 时间是在学校度过的，学校教育对创新人才的成长有十分重要的影响。从初等教育到高等教育，各个阶段都要注重培养孩子具有怀疑和创新精神。从爱迪生的案例中可以看出，我们的学校教育是可以泯灭孩子好奇的天性的；从爱因斯坦的案例中可以看出，我们的学校教育是机械死板的。这些都不利于对孩子创新精神的培养，更谈不上杰出人物的培养。爱迪生、爱因斯坦、富兰克林之所以能够成功就在于他们冲破了传统教育的束缚，如爱因斯坦因为对学校机械死板的灌输式的教育极为反感而选择不去上课。美国从初等教育开始就重视培养学生的怀疑和研究精神；学生在高中阶段就可以选修大学的课程并承认学分；到大学阶段学生有更多的机会参与创新研究，甚至得到世界级大师的指点。为培养科技创新人才，政府各部门设立了各种培养计划。

美国教育不仅重视有创造性的学生，而且他们认为每一个学生都有平等发展的机会。美国教育有开放和自由的传统，不会逼迫学生去学习，学校和教师为每一个愿意努力学习的学生提供最好的条件，也会为每一个有个性和其他兴趣发展的学生提供条件。同时，灵活的教育体制是创造性人才培养的保障。从 AP 课程的巨大成功背后，可以看出美国灵活多样的教育体制在创造性人才培养中的作用。从底层开始，各级学校和学区重视 AP 课程的开设，鼓励和支持学生选修优质课程。从中层来看，AP 课程的编制和运行又是由最先进的人员和队伍来完成的，每年 AP 编制委员会都会参考各个大学对学科内容、技能与作业等方面的调查报告来调整 AP 课程的内容和教学，以使 AP 课程与大学教学研究保持一致。从上层支持来看，美国政府为促进 AP 课程这一优质教育资源的发展，提供了直接的支持和保障。学校、学区、州政府和联邦政府的倾力合作、非政府组织对教育的参与以及教育法律法规的健全是美国教育体制的特征。

在研究型大学中，科学家们可以在一个自由的、免除传统偏见的和没有商业利益追逐的环境中工作，而这一环境本身便特别符合基础研究的特点。美国研究型大学确实是很好的基础研究中心，是理解知识和创造知识的地方。从研究型大学群体的发展经历来看，只要某所研究型大学的研究是活跃的，只要其科学家在追求真理中是自由的，这所大学，便会出现产生新知识，解决新问题的新局面，这也正是诺贝尔奖所追求的原始性创新成果的生长点。

从对美国研究型大学诺贝尔奖获奖规律的探析中，我们发现，除了科学精英个人因素之外，社会还必须提供相适应的外部科研环境，即充足的科研经费、相当数量的科技人才、优良的学术传统和宽松的学术环境、对基础研究的尊重和重视等。

11. 政府激励机制是杰出人物培养的保障

从政治角度来说，主要体现在政府建立保护和激励创新的机制。如完善专利制度，颁布促进技术转移的法律法规等。美国之所以能够创造一个统一、高效的技术创新保护系统，就在于制定出了符合市场经济机制和科技发展规律，并有利于知识产权制度全面发展的法律文件，为技术创新活动和经济发展提供优质的法律服务。同时，创造留住和吸引世界优秀人才的有利条件，创造宽松的学术环境。

从经济角度来说，主要体现在政府对科研事业的经费投入上，尤其是要重视基础研究，提高基础科学研究的地位。2014 年诺贝尔物理学奖揭晓，获奖者为日美科学家，华裔科学家则无缘获奖。国人失望之余，再次将关注的焦点放在了国内大学的基础学科状况上。这一现象不得不发人深省，在如今的大学里，经济、金融、管理类专业受到热捧，理学等基础学科却坐上了冷板凳。基础研究往往短期内见不到实际应用价值，但各种有应用价值的科学技术几乎都来源于基础研究。要知道，美国企业专利所引的参考文献 70% 来源于由公共资金资助的基础研究。美国基础研究提升了本国原始创新能力，美国近 30 年来经济上的成就正是依赖于基础研究所培育的智力资本。因此，基础研究需要得到长期而稳定的经费支持，需要不受外部干扰和没有"立即产生结果"的压力，需要不受任何权力部门的控制等。

第三章　法国杰出人物成才环境与规律研究

　　对于绝大多数的中国国民提到法国，就不免联想到这样一些事物：高耸入云的埃菲尔铁塔，充满艺术瑰宝的卢浮宫，卢浮宫前玲珑剔透的玻璃金字塔，世界闻名的法国香水，惊艳刺激的巴黎时装，棍子式的长面包，考究的法国菜系以及醇香的葡萄酒；如果追究到历史，一定就会想到启蒙运动，人权宣言，法国大革命等；再进一步，就会想到拿破仑、居里夫人、伏尔泰、孟德斯鸠、卢梭、雨果这些家喻户晓的名字了。一直以来，法国直观的文化张力备受关注，文化张力背后是各个杰出人物成为世界历史舞台上的璀璨群星。

概　　述

　　法国在 18 世纪至 20 世纪早期是仅次于大英帝国的世界第二强国。当今的法国是联合国安理会五大常任理事国之一，也是欧洲联盟和北约创始会员国、八国集团和《申根公约》成员国，更是欧洲大陆主要的经济与政治实体之一。根据 2013 年 IMF 世界各国 GDP 排名显示，法国目前是世界第五大经济体，人均 GDP 位列世界第 20 名，是名副其实的发达国家。

　　法国在核电、航空、航天和铁路方面居世界领先地位。其核电设备能力、石油和石油加工技术居世界第二位，仅次于美国；航空和宇航工业仅次于美国和独联体，居世界第三位。钢铁工业、纺织业占世界第六位。但工业中占主导地位的仍是传统的工业部门，其中钢铁、汽车、建筑为法国工业三大支柱。

　　法国农业极度发达，是世界主要农业大国。主产小麦、大麦、玉米和水果蔬菜。葡萄酒产量居世界首位。有乳、肉用畜牧业和禽蛋业。法国是欧盟最大的农业生产国，也是世界主要农副产品出口国。欧洲前 100 家农业食品工业集团有 24 家在法国，世界前 100 家农业食品工业集团有 7 家在法国，法国的农副产品出口居世界第一，占世界市场的 11%。

　　法国商业也十分发达，创收最多的是食品销售，在种类繁多的商店中，超级市场和连锁店最具活力，几乎占全部商业活动的一半。巴黎是世界性的消费中心，大量的高档时装、香水、化妆品以及波尔多红酒吸引着世界各地的消费者前来购物消费。

　　法国有着深厚的文化底蕴，法语也是仅次于英语的世界第二通用语言。早在 17 世纪，法国的文学就迎来了自己的辉煌时期，相继出现了莫里哀、司汤达、巴尔扎克、大仲马、维克多·雨果等文学巨匠。近现代，法国的艺术在继承传统的基础上颇有创新，不但出现了罗丹这样的雕塑艺术大师，也出现了像莫奈和马蒂斯等印象派、野兽派的代表人物。从 17 世纪开始，法国在工业设计、艺术设计领域的世界领先地位早已有目共睹。有关实用美术、建筑、时装设计、工业设计专业的学校也早已凭借其"法国制造"的商业硕果而闻名于世。

　　法国对外文化传播网络已经有上百年的历史。驻外使馆文化处、文化中心或文化院、法语联盟和各种研究中心等遍布世界各地，构成了强大的网络，为传播法国文化、提升法国影响力发挥着巨大作用。据统计，目前有 6000 余人在法国驻外文化机构任职。

　　长期以来，法国文化的国际影响力一直超出它的综合国力。近些年，受到世界经济危机的冲击，特别是欧债危机的影响，法国经济持续下滑，失业率攀升，大国形象受损。在这样的背景下，法国政府力图在对外文化方面有所突破，倚重文化软实力重振大国地位。

一　政治环境

法国是近代资本主义政治发展的典型国家之一，恩格斯作了精彩的概括："法国是这样一个国家，在那里历史上的阶级斗争与其他各国相比，每一次都达到更加彻底的结局；因而阶级斗争借以进行的、阶级斗争的结果借以表现的、变换不已的政治形式，在法国也表现得最为鲜明。法国在中世纪是封建制度的中心，从文艺复兴时代起，是统一的等级君主制的典型国家，它在大革命时期粉碎了封建制度，建立了纯粹的资产阶级统治。这种统治所具有的典型性，是欧洲各国所没有的。奋起向上的无产阶级反对占统治地位的资产阶级的斗争，在法国也以其他国家所没有的尖锐形式表现出来。"可以说，法国每一次政治制度的变动与每一种政治制度的运转，都在法兰西的土地上留下了深刻的印痕，并且影响其他国家。

翻开任何一部法国人写的法国通史教科书，人们都可以看到这样或者类似的句子："我们的祖先高卢人。"高卢人就是希腊人所称的克尔特人。公元前 2 世纪，罗马帝国征服法兰西民族的祖先高卢人后，在高卢设置行省，实行奴隶制，建立与罗马帝国相仿的行政机构。罗马皇帝通过高卢贵族进行统治和征税。从 5 世纪开始，法国逐渐向封建社会过渡。由于推行分封制，国家长期处于割据状态，形成法国早期的封建割据君主制。从 14 世纪开始，国王为加强王权，打击教会势力，开征新税，召开了由僧侣、贵族和市民代表参加的三级会议，形成了国王和三级代表制相结合的等级君主制。随着经济的发展和法兰西民族统一国家的形成，从 16 世纪起，法兰西出现了中央集权，国王统治全国领土，终止三级会议，建立了官僚制的御前会议。从此，法国由等级君主制发展到"朕即国家"的君主专制制。17 世纪后半叶，君主专制制度发展到顶点，王权空前强大。1789 年爆发的法国大革命推翻了封建专制制度，建立起近代资本主义政治制度。此后，法国政治风云多变，阶级力量对比关系不断变化，经历了君主立宪制、帝制和共和制的多次反复更替的过程，直到 1875 年法兰西第三共和国诞生，才最终确立了法国资产阶级共和国政治制度。第二次世界大战后，法国相继建立了第四共和国和第五共和国。它使法国资本主义政治制度得到进一步发展，使法国共和政治体制臻于完善。

现在，法国政治体制实行半总统制，是介于总统制和议会制之间的一种国家政权形式。这一政体的建立与戴高乐的政治主张有密切的关系，戴高乐为革除第四共和国党派林立、政治动荡、政府软弱的弊端，于 1958 年主持制定了第五共和国宪法，变议会制为半总统制。法国总统是国家权力的中心，宪法赋予总统一系列重大职权，除了有任免总理和组织政府、统率军队、主持外交、发布咨文、颁布法律、监督司法等权力外，还拥有解散国民议会、举行公民投票和"根据形势需要采取必要措施"的非常权力。

主要特点包括：①总统由普选产生，任期 7 年，连选连任。2000年 6 月后任期改为 5 年，由普选直接产生。总统是国家权力的核心。宪法规定，总统通过自己的仲裁，保证公共权力机构的正常活动和国家的稳定；总统是国家独立、领土完整和遵守共同体协定与条约的保证人。总统除拥有任命高级文武官员、签署法令、军事权和外交权等一般权力外，还拥有任免总理和组织政府、解散国民议会、举行公民投票、宣布紧急状态等非常权力。②政府是中央最高行政机关，对议会负责，其权力和地位比以前大为提高。除拥有决定和指导国家政策、掌管行政机构和武装力量、推行内外政策等权力外，还享有警察权和行政处置权、条例制定权和命令发布权。总理由总统任命，领导政府的活动，对国防负责，并确保法律的执行。实际上，总理须听命于总统，起辅佐总统的作用。政府成员由总理提请总统任免。③议会由国民议会和参议院组成，其地位和作用在第四共和国时期很大，目前有所下降，原拥有的立法权、预算表决权和监督权三大传统权力受到总统和政府的限制。如议会的立法内容和范围缩小，弹劾权受到严格的规定。议会无权干预总统选举和总理的任命。由于法国总统和议会多数派经常来自不同阵营，因而时常造成总统和总理二人一个来自左派，一个来自右派的"左右共治"局面，这也是法国政坛独特的现象。但也正因为无论总统选举获胜还是议会选举获胜，都能成为执政党，因此在一定程度上抑制了选举时政党间的恶性竞争。不过即使竞选成功，执政党也还要受到立法机关、行政机关、司法机关等权力体制的约束，更无法摆脱利益集团、大众传媒、社会运动等社会力量的控制。虽然在西方国家中，法国一直被认为"偏左"，但性质上仍属于资产阶级专政政权。

外政方面，法国是联合国安理会五大常任理事国之一，也是欧洲联盟和北约创始会员国、八国集团和《申根公约》成员国，更是欧洲大陆最主要的政治实体之一。法国在国际上倡导多边主义，反对单边主义；致力于欧盟一体化建设，继续发挥法国在其中的核心作用；重视大国关系，注意加强同新兴国家的政治、经济、文化联系；努力保持并发展与非洲国家的传统关系，推动发达国家增加对非援助；广泛参与国际事务和热点问题的解决等。

法国是第一个与中国建交的西方国家，与中国交往密切，签有科技交流合作协定、环境保护合作协定、发展和平利用核能合作协定、卫生和医学科学合作协定、研究与和平利用空间合作协定，设有政府科技合作联委会，每年召开中法先进技术研究计划会议，至今共举行13次会议，累计执行项目700多个，涉及空间利用、核能合作、人工智能、洁净煤和风能发电等多个领域。

二　经济环境

国家的运转需要经济的支撑，同样，一个国家的经济发展也对教育起着决定作用，它是教育的物质基础，决定着教育的发展规模和速度、水平和结构、内容和手段，以及教育体制。而教育也能传承经济发展经验，培养劳动力，发展科学技术，对经济发展有着巨大的促进作用。

法国是全球经济发达国家之一，是欧盟大国。国民生产总值仅次于美、中、日、德，居世界第五。法国实行的是现代市场经济体制，产权的基本形式是私有制，市场是配置资源的主要机制，经济对外开放程度较高，奉行自由贸易政策。

法国是欧盟第一农业大国，世界第二大农业食品出口国，世界第六大农业生产国。法国的农业在世界农业中占有举足轻重的地位。法国甜菜产量居世界第一位，葡萄酒产量居世界第二位，牛奶产量居世界第三位，肉类产量居世界第四位，小麦、玉米产量居世界第五位，蔬菜、水果和马铃薯产量也位居西欧前列。

作为世界前列的发达国家，科技的进步对经济发展的促进作用更加巨大。法国的工业主要由七大强势领域为主导：汽车工业，法国所生产汽车的销量占全球汽车总销量的10%，最有代表的是雷诺、标致和雪铁龙；材料加工，世界第一大轮胎制造公司米其林以及第一大玻璃材料制造公司圣戈班集团都是世界材料设计、生产和销售的巨头；建筑工业，万喜集团和布依格集团分别是世界最大的两家工业建筑企业；通信与信息行业，法国宽带普及率全欧洲第三位，并有超过70%的法国人拥有手机；航天领域，欧洲宇航防务集团旗下的阿丽亚娜航天公司是世界太空运输界无可争议的领军企业；农产品工业，是法国工业最大的板块，占工业总收入的20%以上；化工，法国是欧盟第二大、世界第三大化学及医药产品的出口国。

法国的第三产业汇集了全国75%以上的就业人员，并占有法国国内生产总值的近80%。法国作为世界第一的旅游大国，其特有的文化气息与众多著名的历史文物每年吸引来自世界各地的游客达7000多万。长久不衰的旅游业贡献了法国年GDP总值中的6%。巴黎是世界性的消费中心，大量的高档时装、香水、化妆品以及波尔多红酒吸引着世界各地的消费者前来购物消费。

法国外贸进出口总额排名世界第五，其中出口总额位列世界第六，进口总额位居世界第四。进口商品主要有能源和工业原料等，出口商品主要有机械、汽车、化工产品、钢铁、农产品、食品、化妆品和军火等；另外，非产品化的技术出口增长较快，纯技术出口在整个出口贸易中的地位日益突出。

三　文化环境

　　悠久的历史与丰富的民族文化遗产，使法国成为世界著名的文化大国。自中世纪以来，法国文化就在整个欧洲起着举足轻重的作用。启蒙运动以后，法国始终保持着世界文化大国的地位。法兰西文明是人类文明的宝贵财富，为世界文化的发展作出了卓越贡献。

　　文化作为人类活动的方式和产品的总和，涵盖了语言、哲学、宗教、历史、科学、文学艺术、习俗和心态等领域，它既是历史的积淀，又是现实的存在。这里从几个方面阐述法国的文化。首先，文明的存在直接寓于语言之中。自从世界上有了比较广泛的外交和文化交往以来，法语就是重要的国际通用语言。目前，世界上讲法语的人口约有1亿，26个国家的官方语言使用法语。法语严谨，词意准确，形态丰富，表达规范，科学性与逻辑性强，具有鲜明的民族特色，是法兰西文化传统和法国人思维方式的生动体现。其次，文学和艺术构成了法国文化的重要窗口。根据《今日世界中的法国》一书介绍，在当今世界文学作品被翻译最多的58位作家中，法国就有16人，占其总数的1/4以上。自1901年设立诺贝尔文学奖以来，第一个获奖的就是法国诗人普吕多姆，后来又有12位法国作家获此殊荣，居世界第一位。在艺术创作领域，法国的美术家、音乐家、戏剧与电影大师等蜚声艺坛者亦不乏其人，他们同样为现代法国文化赢得了巨大的国际声誉。最后，现代法国是一个典型的多宗教信仰国家，其中天主教具有绝对优势。在法国居民中，有约79%的人信奉天主教，第二大宗教是伊斯兰教，现代法国有穆斯林约200万人（指拥有法国国籍者），其中75万人集中在巴黎。然后是新教、东正教、犹太教等边缘宗教。

　　自从20世纪70年代中期以来，法国的文化软实力在逐渐地衰落。2007年12月发布的美国《时代》周刊以封面专题《法国文化已死》一文，报道了法国文化软实力衰落的现状。文章称：这个曾经诞生过无数大师级人物、使举世称羡的国度，如今其文化影响力正日渐式微。文章引用法国评论家阿兰·哥曼（Alain Quemin）的话称："20
世纪四五十年代，法国毫无疑问是世界艺术之都，那些渴望出人头地
的艺术青年全都慕名而来，而如今，他们纷纷涌向了纽约。"法国文
化软实力的部分衰落也表现在法语的衰落上。从 17 世纪末开始，法
语就取代拉丁语成为国际上的外交语言。时至今日，法语仍然是国际
通用语言，法语文本在重要的国际谈判中必不可少。尽管如此，随着
美国的国际影响力越来越大，全世界学习英语的人越来越多，法语的
使用率在不断下降，就连在法国举行的国际会议，使用英语的次数也
比法语多。当今互联网上流传的信息 80% 是用英语写的，剩下的
20% 当中，法语只占大约 5%。

四　教育环境

法国在教育上属于中央集权制的国家，法国的教育行政管理是典
型的、独具特色的管理体制。在教育行政方面实行高度的中央集权
制；地方教育行政机关脱离一般行政而独立存在，不受同级地方政府
的直接指挥；各级教育行政机关的领导者、决策者必须是教育方面的
专家。法国历届政府均重视教育并将其作为首要国家战略重点发展领
域之一。

政府非常重视教育，确立了教育的优先地位，强调公民受教育的
权利和机会均等；规定中小学实行学校、家长、学生合同制；设立
"国家教学大纲委员会"，定期审查修改教育内容，改革学制，简化考
试；加强教师队伍建设，鼓励大学毕业生从教，建立教师培养学院，
强调教师接受继续教育的必要性；重视教育改革，重点放在消除教育
治理中的官僚主义和加强技术教育上，强调教育、科研与企业发展紧
密结合。

法国强调教育治理要统一，教育部垂直治理基础教育。基础教育
结构全国统一，小学为五年制，初中为四年制，高中为三年制。初中
分为适应阶段、中间阶段和专业定向阶段；高中阶段分为确定阶段和

最后阶段。

　　尽管法国基础教育是统一治理，但在小学、初中拓宽知识的基础上，高中教学越来越注重学科选择的多样化，共有文科、经济与社会、科学三大类专业和第三产业科学技术、工业科学和技术、实验科学和技术以及医学社会科学四个技术专业供学生选择。法国的职业高中属于短期教育，学制为二年，通常出路只有就业，做普通技术工作，但对进入职业高中的优秀学生，政府为其打通了进入普通与技术高中的通道。

　　法国借鉴地方分权制国家的教育治理经验，将部分权力下放给地方。地方教育行政分为大区、省和市镇三级治理，大区负责高中和一些专科学校；省负责初中；市镇负责小学和幼儿学校。地方教育行政部门的主要职责是制定中小学的教育规划，分级负责中小学的基建和日常教育经费投入及其日常教学治理。例如，里昂市政府拨付学校的日常经费，以一所只有 200 名学生的小学为例，一年就支出 40 万法郎。与此同时，在人事治理上实行减政放权，将中小学教师由国家治理改为由学区治理；赋予小学教师新的职责，教师在教学安排和教学方式上有更大的自主权。其他诸如学制、教学大纲、教材治理等方面也逐步下放权力，有步骤地进行改革，形成了教育治理体制的多样化。

　　法国中小学实施校长负责制。校长作为学校的一员，既是校长又是任课教师。法国校长同教师一样，均是国家公务员，聘任权在国家，而不在学校，工资直接由国家教育部发放。法国对校长的选拔非常严格，既注重资格，也注重经历，竞聘校长职务的教师必须通过严格的考试和培训。这些措施既保证了校长的质量，又提高了其权威。

　　法国教育分为基础教育和高等教育两大阶段，分别由国民教育部和高教与科研部进行管理。

　　自 1789 年以来，平等成为法国基础教育改革的一个主要原则。法国是世界上最早实施义务教育的国家之一。从教育政策、教学管理到学生课外学习，处处体现了平等的原则。首先，从教育体制方面，消除了初等教育阶段的双轨制，建立统一小学和统一中学，为所有儿童提供平等的就学机会。其次，法国中小学实行就近入学政策。法国在中小学教师分配方面实行特殊的政策，所有教师都是公务员，都要参加统一教师资格证考试。为了减少地区差异，全国教师待遇相同，并且统一在巴黎之外的地区工作至少 10 年。10 年之后，如果巴黎有教师空缺，再根据他们的资历调回巴黎工作。为了体现公平、公正，教师流动一律遵循相关政策，不得有任何例外。从而避免了优秀师资过度集中于大城市，也可避免人力资源浪费的现象，实现师资均衡。

法国注重自然，崇尚个性，强调创新。在日常生活中，对学生加强历史和文化教育，培养学生尊重历史、尊重传统文化的意识。更值得一提的是，法国的博物馆教育是世界上独一无二的。每月第一个星期日，全部免费开放，学生可由家长陪同来博物馆参观，让学生了解民族历史与进步以及欧洲的历史与文化，由此培养学生保护文物，珍视历史的意识。

不拘一格的教学方法。虽然中小学由地方市镇管理，课程由国家统一制定，但是教师在教学中享有极大的自由。法国基础教育中教学方法和方式非常灵活，不拘泥于一种模式，充分发挥学生的动手能力，让学生自由发挥。法国教育中更多强调教学内容的实用性，体现了内容大于形式的价值取向。

法国的高等教育制度分为公立学校和私立学校。法国的公立大学一律免费，只需支付一定的注册费。法国的高等教育历史悠久，现有 87 所综合大学及近 500 所大学校——240 所工程师学校、230 所商校及 4 所高等师范学校（提供文化科学方面的高层次培训）。十分发达的教育体制使法国的高等教育质量得以保证，法国的文凭国际公认，并且学费低廉。

法国大学于 2004 年开始实行与国际接轨的 LMD 教育制度，分三个阶段：第一阶段（Licence）三年，毕业后获大学基础文凭，相当于我国学士文凭；第二阶段（Master）两年，毕业后获硕士学位；第三阶段（Docteur）三年，毕业后可获博士学位。

法国高等教育体系多元化，结构复杂，学位种类独特。根据学校的培养目标、招生制度、教学安排和行政管理等特点，可分为三大类平行的院校：综合大学；高等专业学院；高等专科院校等。

不同类型的学校有不同的教学目标，而课程设置和入学条件也各不相同。众多公立、私立学校各有千秋，公立学校由国家资助，相比之下，学费低廉得近乎免费。按教学机构划分，现有三大类教学机构并存：

（1）综合大学：历史悠久，科系设置齐全，科研力量和师资设备在法国高等教育结构中占有重要地位。法国现有 87 所综合大学，分布于全国 500 多个校园。通过各种学科的划分实施基础及应用教学，分短期和长期学制。综合大学所颁发的文凭，凡属国家文凭，则都具有同等价值，无论是在哪所大学获得。

法国公立大学的在校学生总数 150 多万人，约占高等教育在学人数的 74%，其中世界各国留学生约占 10%。著名的大学有巴黎大学、斯特拉斯堡大学、图卢兹大学等。

公立大学入学条件：招收持有法国高中会考证书或同等学力的学生向校方递交申请材料，学校根据候选人材料择优录取。综合大学三个阶段的文凭均属国家级文凭，第一阶段实施大学基础知识教育；第二、三阶段的学习趋向于专业化。

（2）高等专业学院（法国大学校）：属于法国的精英学校，是典型的法国"特色"。这类学校在法国所享有的声誉远远超过了综合类大学。这类精英教育专门为政府机关、工业界、服务业培养工程师、高级管理人员、教师及行政人员并培养出若干个诺贝尔奖获得者和其他国际学术大奖获得者。在其他国家的高等教育体制中，没有相应的对等物。在法国是一个与综合大学平行的高等教育系统。

按照各自专业及授予学位权限的不同，高等专业学院还分为工程师学院、高等师范、高等商科学院、研究院（通常为医科和法学）和行政管理学院（高管）等类型。高等专业学院的学制一般为 3 年，少部分为五年，其中三年制学院中名校云集，水平更高，是这类学校的代表。

高等专业学院入学条件：入学要求严格，校方通过候选人的法国中学会考成绩与申请材料择优录取，被选拔的学生需在 2 年预科班学习后（或通过综合大学 1—2 年的学习），参加国家统一考试，被录取者继续学习 3 年，落选者可进入综合大学第一阶段学习。

（3）高等专科院校：该类院校大部分在艺术、建筑等创作性领域进行高等专业教育。属于长期学制。入学条件：大部分学校自行组织入学考试，根据考试成绩择优录取。除长期学制之外，法国短期学制的职业教育也扮演着重要角色。

经过多年的发展，法国高等教育已经进入了一个相对稳定的成熟期。法国高等教育是全民教育与精英教育并重，在法国的中学生，只要通过了高中会考，一般都可直接进入国立大学读书，不用交学费，只需交少量的注册费。家境贫寒者，还可以向校方申请助学金，很多移民的后代都享受了这样的待遇。只要想读书，一般都可以如愿以偿，这就体现了法国高等教育的全民性。而如果要进入法国大学校，则需要两到三年的预备班学习，然后经过全国统考，成绩优秀者才能被录取。如果要进入很著名的大学校，竞争会更加激烈，如巴黎工程师专业学院联合体、巴黎高等师范学校、巴黎高等行政学校等每年招生人数不多，录取率极低。这一部分学生可以看成是法国的精英。事实上，这些人学业完成后，一般都会成为法国工商界或政界的骨干。

五　民族性格

在民族成分的复杂性方面，法兰西民族在欧洲所有民族中称得上首屈一指。由于它几乎处于西欧几条天然道路的交叉点上，于是在历史上，法国这片疆域就像十字路口一样门户大开，吸引着一批又一批来源复杂的民族。法国民族以法兰西人最多，约占总人口的90%，其他少数民族有布列塔尼人、巴斯克人、科西嘉人、日耳曼人、斯拉夫人、北非人和印度支那人等。

与英国人和德国人相比，法国人在民族性格上有较大不同。法国人爱好社交，善于交际。对于法国人来说，社交是生活中的重要内容，没有社交活动的生活对他们来说是难以想象的。法国人诙谐幽默、天性浪漫。在人际交往中大都爽朗热情，善于雄辩高谈阔论，好开玩笑，不喜欢沉默的人，对愁眉苦脸者难以接受。受传统文化的影响，法国人不仅爱冒险，而且喜欢浪漫的经历。

法国人极端渴求自由，纪律较差。在世界上，法国人是最著名的"自由主义者"。"自由、平等、博爱"不仅被法国宪法定为本国的国家箴言，而且在国徽上明文写出。他们虽然讲究法制，但是一般纪律较差，不大喜欢集体行动。与多数欧洲人一样，法国人时间观念和工作计划性都很强，与法国人打交道，约会必须事先约定，并且准时赴约，但与德国人不同，他们自己却可能姗姗来迟。

法国人的民族自尊心很强，偏爱"国货"。法国的时装、美食和艺术是世人有口皆碑的，在此影响之下，法国人拥有极强的民族自尊心和民族自豪感，在他们看来，世间的一切都是法国最棒。尽管英语是目前世界上流通面最大的语言，但法国人却从来坚信，只有法语才是世界上最"尊贵和华丽"的语言，因此，与法国人交谈时，如能讲几句法语，将会使其热情有加。

法国人也是一个讲文明礼貌的民族，尤其对妇女谦恭礼貌是法国人引以为傲的传统。法国人很会追求生活品质，他们注重服饰的华丽和样式的更新，妇女视化妆和美容为生活之必需。法国时装在世界上享有盛誉，选料丰富、优异，设计大胆，制作技术高超，使法国时装一直引领世界时装潮流。在巴黎有 2000 家时装店，老板们的口号是："时装不卖第二件"。而在大街上，几乎看不到两个妇女穿着一模一样的服装，这也体现出法国人标新立异的特点。法国将鸢尾花作为他们的国花，以象征他们民族对光明和自由的追求。法国的国鸟是公鸡，被认为是其民族勇敢、顽强性格的化身。所以，其他国家和民族也经常用"高卢雄鸡"来指代法国人。

六　杰出人物个案

翻开人类历史画卷，法国科学家和艺术家以他们杰出的科学成就和卓越的艺术造诣彪炳世界文明史册。在法兰西民族浪漫与时尚的外表下澎湃着法兰西民族文化的内核——创造力。从 18 世纪至今，法国这块土地孕育了无数影响深远的哲学家、小说家和科学家。

1. 维克多·雨果——浪漫主义文学家

维克多·雨果（Victor Hugo，1802—1885）是法国浪漫主义文学的领袖人物，他的创作活动几乎横跨了 19 世纪，雨果的创作历程超过 60 年，其作品包括 26 卷诗歌、20 卷小说、12 卷剧本、21 卷哲理论著，合计 79 卷。其代表作有长篇小说《巴黎圣母院》《九三年》和《悲惨世界》，短篇小说有《"诺曼底"号遇难记》。他的文字浓缩了法国 19 世纪的政治和社会生活，同时他自己的生活和思想也都能够从他的文字中得到体现：他家庭生活的轨迹、他政治立场的矛盾、他宗教信仰的演化、他文学思想的改变。

雨果于 1802 年 2 月 26 日出生在法国贝桑松，父亲是追随拿破仑的革命者，母亲是坚定的波旁王朝的拥护者。父亲常年南征北战，父母亲聚少离多，年幼的雨果跟随母亲生活，母亲的爱和保土思想深深扎根幼年雨果的心中。他的很多诗作都流露出了反对革命、拥护波旁王朝的倾向。直到 20—30 年代，他的保守保王思想才开始发生改变。由伪古典主义的支持者转向文学自由的浪漫主义的旗手，由同情波旁王朝的保王派转向了资产阶级自由派。这期间值得注意的两件事，一是在 1827 年为戏剧《克伦威尔》写的序言"克伦威尔序"以咄咄逼人的气势成为浪漫主义向伪古典主义宣战的宣言书，雨果也在一夕之间成为浪漫主义文学运动的领袖；第二件事是 1830 年具有反封建性质的浪漫主义戏剧《欧那尼》在法兰西剧院成功上演，演出取得了极大的成功，引起了巨大反响，也同时将伪古典主义从神坛上赶了下来，确定了浪漫主义的胜利。此外，1830 年，法国发生了"七月革命"，封建复辟王朝被推翻。雨果热情赞扬革命，歌颂那些革命者，写诗哀悼那些在巷战中牺牲的英雄。七月革命后，雨果也在政治上进一步走上左翼的道路。1831 年，雨果的长篇小说《巴黎圣母院》问世，这部小说是雨果最富有浪漫主义小说。小说通过描写善良的吉卜赛少女爱丝梅拉达在中世纪封建专制下受到摧残和迫害的悲剧，反映了专制社会的黑暗，反动教会的猖獗和司法制度的残酷，突出了反封建的主题。故事情节复杂，人物性格夸张，整部作品以色彩浓郁的笔墨写出，情节曲折离奇，紧张生动，变幻莫测，富有戏剧性和传奇色彩，充分体现了浪漫主义小说的特点。整个 40 年代，是雨果政治生涯的高峰期：1840 年雨果入选法兰西学士院，1845 年，雨果被任命为法兰西世卿。然而伴随着这一系列荣誉的是雨果文学创作上的枯寂期，戏剧《城堡卫戍官》上演失败后，40 年代的雨果没有任何作品面世。1851 年是雨果人生的重要转折期，拿破仑第三次发动政变，宣布帝制，雨果坚决反对，同时也完成了他由自由派到共和派的转变，雨果也彻底成为共和制度的拥护者。随后，雨果开始了长达 19 年的流亡生涯，这期间成为雨果创作的高产期。1862 年，雨果的长篇小说《悲惨世界》问世，书中揭露了资本主义社会的尖锐矛盾和贫富悬殊，描写了下层人民的痛苦命运，提出了当时社会的三个迫切问题：贫穷使男子潦倒，饥饿使妇女堕落，黑暗使儿童羸弱，猛烈抨击了资产阶级法律的虚伪，全面反映了 19 世纪前半期法国的社会政治生活，小说也受到全世界人民的欢迎。直到 1870 年普法战争，雨果才回到了阔别已久的祖国，直到 1885 年雨果逝世。

在与母亲生活期间，雨果受母亲的影响，培养了对诗歌的浓厚兴趣。随着父母的离异，父亲把他送进了科尔迪耶和德科特寄宿学校，并嘱咐监护人绝对禁止孩子与母亲见面。在住校期间，雨果利用学习之余写了大量相当有水平的诗作。1817 年元旦，15 岁的雨果参加了法兰西学院举行的诗歌竞赛，竟然取得了第 9 名。这位神童开始在诗坛崭露头角，他写的诗连续 3 次得奖，并因此被聘为巴黎大学图卢兹学院的年轻院士。连当时颇负盛名的大诗人夏多布里昂都对维克多刮目相看了。

雨果坚信善必然战胜恶，美必然战胜丑，那种不公平的罪恶社会必然要垮台，光明的未来一定属于斗争着的人民。他作品中的人道主义思想大多是通过人物形象体现出来的。他的一生都是深深同情底层民众的悲苦生活的。他希望人道主义思想的"爱"与"善"能激发人们的爱心和善念，从而拯救陷入罪恶的迷途之人。在雨果人道主义思想下是他博爱的思想，是对社会黑暗的控诉和对下层人民的同情，是用宽容、仁义、真诚来改造社会的愿望。

1885 年 5 月 22 日，维克多·雨果在巴黎与世长辞。法国人民为雨果举行国葬，雨果的遗体被安葬在专门安葬伟人的先贤祠。[①]

2. 拿破仑·波拿巴——杰出的政治家和军事家

---

① 范希衡：《维克多·雨果》，华夏出版社 1987 年版。

　　拿破仑·波拿巴（Napoleon Bonaparte，1769—1821），法国近代史上著名的军事家和政治家，人称"奇迹创造者"，法兰西第一共和国第一执政官（1799—1804），法兰西第一帝国皇帝（1804—1815），兼任意大利国王、莱茵联邦的保护人、瑞士联邦的仲裁者。曾经占领过西欧和中欧的大部分领土，使法国资产阶级革命的思想得到了更为广泛的传播。拿破仑生于法属科西嘉岛的阿雅克修城。他的祖父曾是意大利贵族，至其父家道中落。1778 年拿破仑入奥顿学院，后进入布里恩纳军校学习 5 年。在军校学习期间他深受法国大革命前资产阶级启蒙运动的影响，专心阅读孟德斯鸠、伏尔泰和卢梭的著作。1784 年7 月，他被保送进巴黎军官学校。1791 年被任命为瓦朗斯的格勒诺布尔炮兵团的上尉，并在当地建立了一个反对封建和保卫宪法的组织——"宪法之友"，担任主席。他当时对罗伯斯庇尔甚是崇拜。1793 年 12 月 22 日他因在土伦战役中立下战功，被破格提升为炮兵准将。督政府执政时他因被怀疑和雅各宾派关系密切而被捕，但不久获释。1795 年 5 月底，督政府任命其为巴拉斯的助手，镇压王党叛乱，在反复辟斗争中他指挥有功，重新受到资产阶级政府的赏识和重用。此时，他结识了约瑟芬，不久两人成婚。1796 年 3 月，督政府任命他为法国远征意大利方面军司令。经过数日艰难的长途跋涉，越过阿尔卑斯山天险，他率领的法国军队进入了意大利。1798 年督政府任命拿破仑为远征埃及军总司令。他于 1799 年悄悄返回法国并被推上了法兰西共和国第一执政的位置，这也是他政治生涯的真正开始。1800 年拿破仑领导的马伦哥战役成功地击溃了第二次反法同盟，从而也将拿破仑推上了法兰西共和国的"终身执政"的位置。在此期间，拿破仑遭到敌人的暗算，而阻止这类阴谋的最好方法就是把执政制度改为世袭的帝制，因此加冕称帝被提上了日程，这样便有了1804 年 12 月 2 日在巴黎圣母院的那场隆重的加冕仪式。1805 年 12月 2 日的奥斯特里茨战役沉重地打击了第三次反法同盟，恩格斯提到这次战役时曾高度评价拿破仑是一个"伟大的征服者"。1806 年10 月 14 日的耶拿战役以及随后的弗利德兰战役粉碎了第四次反法同盟，其中耶拿战役中的埃劳会战是拿破仑战争史上最残酷的一次战事。1813 年 5 月的莱比锡战役法军战败，1814 年 4 月 20 日拿破仑被放逐厄尔巴岛，但他在此时期一直密切地注视着欧洲大陆。1815 年 3 月 1 日他带领一队卫士在戛纳登陆，经过 1815 年 3—6 月"百日政权"后，拿破仑的政治生命终结于滑铁卢。1815 年 6 月 22 日拿破仑再次退位并被放逐圣赫勒拿岛。1821 年 5 月 5 日于该岛病逝。

拿破仑这位风云人物，其人生成败与其鲜明的个性、独特的性格密切相关。拿破仑出生在科西嘉岛上，这里的人们喜欢暴力、流血和拼杀。他的父母为他取名"拿破仑"，其含义是"荒野的狮子"。由于遗传和环境等因素的作用，拿破仑从小就表现出野蛮好斗、果敢刚毅、宁折不弯、狂热而又孤僻的复杂性格。拿破仑从幼年起就具有坚韧不屈的个性，他宁愿受皮肉之苦，也从不向别人低头。拿破仑在学校学习期间经常与别人发生冲突，对于拿破仑野蛮好斗的性格，即使教师也拿他没办法，"处罚对他不起任何作用"。后来，拿破仑被送到法国的一所军事学校学习。这对于他的人生来说，是极其关键的一步。军校的学习环境总的来说对他是不利的。军事学校的贵族子弟们经常嘲笑、讽刺和侮辱这位科西嘉岛少年。但他不但没有被各种嘲讽、非议吓倒，反而进一步增强了他战胜重重困难的信心和勇气。他经常接受贵族子弟的挑战，向那些讥笑他的贵族子弟大打出手，虽然他经常伤痕累累地被关进禁闭室，但他用自己的行动证明了他的尊严是不能被冒犯的。拿破仑虽然逞强好斗，但他并不是一个头脑简单、不学无术的人。在学校期间，他酷爱读书，尤其是喜欢读英雄伟人传记，并深受书中人物业绩的影响。在幼年时代，拿破仑就在头脑中产生了"宁为鸡头，不当凤尾"的远大志向。如果说拿破仑超人的毅力，勇猛顽强的性格为他后来的成功奠定了心理和性格上的基础的话，那么，法国大革命复杂多变的政治形势为他的成功创造了机遇和条件。时势造英雄，法国大革命的浪潮把拿破仑推上了政治舞台。他先是担任平定叛乱的指挥官，又被任命为巴黎卫戍区司令，拿破仑的政治生涯如日中天。他逞强好胜、出人头地的强烈欲望不仅为他争得了地位和荣誉，还为他赢得了爱情，但他没有更多的心思和时间沉湎在男女私情之中。在他的一生中，同他有过来往的女人不止约瑟芬一个，而他的思想、政治主张和人生追求从不为个人的情感所左右。由此来看，拿破仑还是一个头脑十分理智的人。拿破仑逞强好胜、永不满足的性格特质，驱使这位英雄在自己的生命旅途中不断创造奇迹。他出兵意大利，亲自指挥军队取得了大大小小 63 次战役的胜利，扩大了法国的版图。之后，他又挥师埃及，对这个文明古国发动了战争。最后他终于成为"法国的皇帝"。按常理他应该感到满足和荣耀，可他对权力的追求和不甘人下的欲望已经彻底将他主宰。无论取得什么样的胜利和成功都不能让他欣喜若狂和满足。他的政治野心太大了，他要征服整个欧洲，成为真正的欧洲"王中王"。拿破仑的政治野心和行为举止激起了欧洲各国的愤怒，他们联合起来组织了反法同盟，拿破仑只能孤身一人同欧洲各主要国家对垒，最终以众猎人一齐射杀"猛狮"的悲惨局面而告终。拿破仑的事业轰轰烈烈地开始，又轰轰烈烈地结束了。如果我们将拿破仑一生的命运同性格结合在一起考察，就会发现，他以勇敢刚毅、永不满足的性格赢得了至高无上的荣耀和成功，也因逞强好胜、自负、一意孤行、固执顽冥而被彻底击败。正如拿破仑自己所说："对于我的失败，我应承担很大一部分责任，不能怨他人，我就是自己最大的敌人，我才是自己悲剧命运的罪魁祸首。"拿破仑对自己人生经历的总结与反思，也是对自己性格的直面剖析。

马克思曾评价说：拿破仑已经了解到近现代国家的真正本质；他已经明白，资产阶级政权的无阻碍发展和私人利益的自由运动等，都是这些国家的基本体现，他决定承认和保护这一基础。恩格斯认为，拿破仑将他的法典带到被他征服的国家里，这个法典比历来的法典都要优越得多，它在原则上承认平等。[①]

---

① ［德］埃米尔·路德维希：《拿破仑传》，浙江文艺出版社 2016 年版。

3. 勒内·笛卡尔——解析几何的创立者、科学巨匠与思想家

　　勒内·笛卡尔（Rene Descartes，1596—1650），是 17 世纪欧洲最伟大的科学巨匠与思想家之一。如果说古典主义产生与勃兴的政治基础是受到资产阶级支持的君主专制制度，那么其理性主义的理论基础则是由笛卡尔奠定。

　　笛卡尔不仅是解析几何的发明人，他在物理学上也有杰出的贡献，并且他还是二元论唯物主义哲学的创始人。他在认识论上强调理性至上与理性万能，他认为人人都有理性，应运用理性对以往的各种知识进行大胆的、普遍的怀疑，用理性的尺度审视以往的一切知识。"我思，故我在"是他的名言之一。笛卡尔还是将哲学思想从传统的经院哲学束缚中解放出来的第一人，因此，德国著名哲学家黑格尔曾将其誉为"近代哲学之父"。笛卡尔的学说虽然受到了与他同时代的另一著名哲学家伽桑狄（1592—1655）的强烈挑战，但由于它清晰，具有"诱人的美感"，并且更适应路易十四时代的政治、文化环境，故在 17 世纪后期独步法国思想界。

　　严格来说，笛卡尔并未生活在路易十四时代，当他去世时，路易十四虽已登基多年，但毕竟只是个十来岁的小孩，路易十四亲政更是十多年以后的事情。所以，笛卡尔的一生并没有受到"太阳王"路易十四的恩泽。

1596 年 3 月 31 日，笛卡尔出生在法国安德尔鲁瓦省的图赖讷拉海（现为笛卡尔）。他出生于地位较低的贵族家庭，父亲是一名议员，同时也是地方法院的法官。1 岁时笛卡尔的母亲就因肺结核去世，他也受到传染，造成了从小体弱多病。因家境富裕从小多病，学校允许他在床上早读，养成终身沉思的习惯和孤僻的性格。1618 年，笛卡尔加入荷兰拿骚的毛里茨的军队。同年 11 月 10 日，他偶然在路旁公告栏上看到了用弗莱芒语提出的数学问题征答，这引起了他的兴趣，并让身旁的人将他不懂的弗莱芒语翻译成拉丁语，就这样他认识了大他8 岁的以撒·贝克曼。贝克曼在数学和物理学方面有很高造诣，很快成为他的导师。4 个月后，他给贝克曼写信，称对方是将自己从冷漠中唤醒的人，并告诉他自己在数学上有了 4 个重大发现，笛卡尔对数学与物理学的兴趣就是在荷兰当兵期间产生的。1621 年笛卡尔退伍回国，时值法国内乱，于是在 1622 年，26 岁的笛卡尔变卖掉父亲留下的资产，用 4 年的时间游历欧洲。其间在意大利住了 2 年，随后于1625 年迁往巴黎，但是因当时法国教会势力庞大，不能自由讨论宗教问题，1628 年笛卡尔移居荷兰，通过数学家梅森神父与欧洲主要学者保持密切联系。他的主要著作基本都是在荷兰完成的。1628 年，写出《指导哲学之原理》，1637 年，他用法文写成三篇论文《屈光学》《气象学》《几何学》，并为此写了一篇序言"科学中正确运用理性和追求理性的方法论"（哲学史上简称为《方法论》），6 月 8 日在莱顿匿名出版。1641 年，笛卡尔凭借《形而上学的沉思》成为欧洲最具有影响力的哲学家之一。1650 年 2 月，笛卡尔去世，享年 54 岁，终生未婚。1663 年，他的著作一度被列入罗马和巴黎的梵蒂冈教皇颁布的禁书目录之中，直至 1740 年巴黎才解除了禁令。1789 年法国大革命后，笛卡尔的骨灰和遗物被送进法国历史博物馆，并于 1819 年移入圣日耳曼圣心堂。人们在他的墓碑上刻下了这样一句话："笛卡尔，欧洲文艺复兴以来，第一个为人类争取并保证理性权利的人。"

笛卡尔的一生充满波折，其主要著作的出版与问世也充满了艰辛。这与他出生在一个动荡的年代有着巨大的关系，当时正处法国封建君主专制的确立时期，教会与国王各行其道，国土四分五裂，战火四处弥漫，直至"太阳王"路易十四统一法国确立绝对的封建君主专制，法国社会才暂时安定下来。

与笛卡尔不同，法国 17 世纪涌现的众多文化巨星中不少人都受到了路易十四的恩泽，并且在路易十四亲政时期佳作迭出。应当说，路易十四确实是法国有史以来最伟大的艺术赞助者，不仅仅是艺术，他也极为慷慨地资助科学研究。就连伏尔泰也认为，路易十四"对艺术的奖掖，要比所有其他的君主们来得大"。

笛卡尔的至理名言：读杰出的书籍，就如和过去最杰出的人物促膝交谈。越学习，越发现自己的无知。只有服从理性，我们才能成人。要以探求真理为毕生的事业。[①]

4. 查理·路易·孟德斯鸠——权力制衡理论家

查理·路易·孟德斯鸠（Charles de Secondat, Baron de Montesquieu，1689—1755），法国启蒙时期思想家、律师，西方国家学说以及法学理论的奠基人，与伏尔泰、卢梭合称"法兰西启蒙运动三剑侠"。"拜占庭帝国"这个说法的流行，孟德斯鸠出力甚多。孟德斯鸠的父亲属于穿袍贵族世家，母亲有英国血统，是一个很能干的商人，通过生产拉布雷德红酒为家庭创造了大量的财富，她去世时把拉

---

① 汤姆·索雷尔：《笛卡尔》，译林出版社 2010 年版。

布雷德红酒大庄园传给了 7 岁的大儿子孟德斯鸠。孟德斯鸠小时候在家里学习，然后到村子里的学校学习，长大后进入了波尔多最好的贵族学校。他博学多才，对于各种科学都有浓厚的兴趣，这也可以说是18 世纪哲人们的一大共同特征。1707 年，19 岁的孟德斯鸠在波尔多大学获得了法学学士学位，出任律师。1714 年，担任波尔多法律顾问。1716 年，继承了波尔多法院院长，并获男爵封号。在担任法院院长期间，孟德斯鸠曾写过一些物理和医学方面的论文，并雄心勃勃地准备写一部"地球地质史"。1721 年，孟德斯鸠因发表《波斯人信札》一书而一举成名。①

《波斯人信札》是一部内容涉及政治、经济、哲学、道德、宗教等诸多社会问题的书信体小说。这部开创了哲理小说之先河的作品由160 封信组成。作者通过两位旅居巴黎的波斯贵族青年向本国亲友描述自己所见所闻的形式，广泛而深刻地触及了路易十四去世后法国的社会现实。书中两位波斯贵族青年对巴黎时弊的针砭，无疑集中体现了孟德斯鸠对路易十四绝对君权的态度。其中最引人注目的是，对路易十四的极端专制深恶痛绝的孟德斯鸠在揭露了路易十四统治时期的种种弊端和政策失误后，对欧洲不少国家已在实行的君主专制下了这样的结论："欧洲大半政府均为君主专制……要求他们支持相当长的时间而保持纯洁，至少是困难的。这是横暴的政治，它势必蜕化为专制暴政，或转变为共和国，因为政治权利不可能在君主与人们之间平均分配，非常难于保持平衡。"此外，孟德斯鸠还在书中借波斯人之口宣扬他自己的反教会观点。

1726 年，孟德斯鸠卖掉了其家族世袭的波尔多法院院长一职，前往巴黎。几年后，他进行了为期 3 年的欧洲之旅。最令他流连忘返的是已经实行君主立宪制的英国。怀着对自由的羡慕，他在英国待了整整 18 个月。1734 年，孟德斯鸠出版了他的第二部重要著作《罗马盛衰原因论》。孟德斯鸠写作此书的本意是通过引证历史来反对专制制度，他在书中认为，共和时期的罗马之所以强盛，是因为当时的罗马

① https：//www.britannica.com/biography/Montesquieu，2017 – 12 – 31.

公民享有政治权利，人人都是国家的主人翁，具有勤劳、勇武、爱国家、爱荣誉、爱自由的美德。而帝制时期的罗马之所以一天天衰亡下去，其重要原因就是专制主义剥夺了人民的政治权利，扼杀了人民的自由。孟德斯鸠还从罗马的盛衰中得出如下启示：古老的政体如不能适应形势发展，就会被革命力量推翻。革命可能持续很长时间，而且要以流血牺牲为代价，但社会向前发展了，比停滞不前要好。任何强大的帝国都有兴盛和衰亡的过程，这是历史发展规律，不以人的意志为转移。

　　1748 年，孟德斯鸠出版了其生平最为重要的著作《论法的精神》。为完成这部巨著，孟德斯鸠花费了近 20 年的时间来构思与写作。《论法的精神》被伏尔泰誉为"理性和自由的法典"。孟德斯鸠将政体分为专制政体、君主政体、共和政体三类。在实行专制政体的国家中，既无法律，又无规章，君主按照一己的意志与反复无常的性情领导一切，实行"人治"；在实行君主政体的国家里，虽然也有国王，但他得通过由世袭贵族、在职贵族、纳税人团体、民选议会组成的中间权力机构来治理国家；在实行共和政体的国家中，由全体人民自行治理。孟德斯鸠在对这三类政体的本质进行剖析后，明示孰优孰劣：基于"道德"的共和政体虽好，但很难做到；专制政体基于"恐怖"，必须坚决反对。因而，基于中间权力机构全体成员的荣誉感的君主政体才是理想而又切实可行的制度。孟德斯鸠对英国实行的君主立宪制则赞叹不已。正是根据英国的惊艳，孟德斯鸠发扬了洛克在《论国民政府》一书中提出的分权学说，形成了他自己的三权分立理论。根据三权分立理论，国家权力可以分为立法权、行政权和司法权三种；三权必须分授不同的团体独立行使，不能同时落入一人或一个团体之手；为了确保公正，各种权力相互制约，彼此制衡。孟德斯鸠的三权分立学说在其生前虽然没有被路易十五所采纳，但在其身后，他不仅在法国，而且在欧洲和北美的资产阶级革命中均产生了巨大而深远的影响。直至今日，三权分立仍被绝大多数资本主义国家奉为国家组织结构的基本原则。①

5. 伏尔泰——启蒙运动的领袖和导师

伏尔泰（Voltaire，1694—1778），法国启蒙思想家、文学家、哲学家，原名弗朗索瓦·马利·阿鲁埃（François – Marie Arouet），伏尔泰是他的笔名。伏尔泰是 18 世纪法国资产阶级启蒙运动的泰斗，被誉为"法兰西思想之王""法兰西最优秀的诗人""欧洲的良心"。主张开明的君主政治，强调自由和平等。伏尔泰比孟德斯鸠略小几岁，但他在 18 世纪法国的影响力很快就超过了孟德斯鸠，并被人们视为启蒙运动的领袖和导师。

伏尔泰出生于巴黎一个富裕的资产阶级家庭，父亲曾担任法院公证人。母亲玛莉·玛格丽特·杜马来自普瓦图省的一个贵族家庭。伏尔泰中学时期就读于巴黎左岸的路易大王中学，该校在当时被誉为巴黎最好的学校之一。在高中时代，伏尔泰便掌握了拉丁文和希腊文，后来更通晓意大利语、西班牙语和英语。在这里，伏尔泰不仅以优异的成绩令师友们刮目相看，而且还充分展露出他在文学、戏剧方面的才华。中学毕业后，伏尔泰打算以文学为职业，但他父亲警告他道：

---

① 张铭：《孟德斯鸠评传》，法律出版社 1999 年版。

从事写作等于走向贫困之门。迫于父命，伏尔泰学了一段时间法律。但是，伏尔泰希望做个诗人，为捍卫真理而"面临一切，对抗一切"。因此，他很少上学听课，却经常写一些讽刺即景诗。他擅长以机智的讽刺来抨击社会丑恶。他说："笑，可以战胜一切，这是最有力的武器。"不久，他就违抗父命，投身于文学创作。1717 年与 1725 年，伏尔泰相继因写讽刺诗得罪摄政王奥尔良公爵以及与贵族发生冲突被投入巴士底狱。1726 年，伏尔泰被驱逐出境，流亡英国约有三年之久。其间，他对英国的政治制度、经济状况和思想文化有了深入的了解，并赞叹不已。回国后，伏尔泰以犀利的笔锋毫不留情地揭露宗教蒙昧主义的荒谬、教权主义的罪恶以及以宗教神学为精神支柱的法国封建专制政府和司法机构的种种无耻行径。为此，伏尔泰从未停止过用笔进行战斗。

伏尔泰既是卓越的哲学家、史学家、政治家，又是杰出的诗人、小说家和剧作家。作为一位多才多艺的高产作家，伏尔泰的著作品种多样，卷帙浩繁，其中最著名的有《哲学通讯》《哲学词典》《路易十四时代》《论通史及各国习俗和精神》（一译《风俗论》）《老实人》《天真汉》等。

伏尔泰的声望很大程度上来自他数十年如一日，坚持不懈地对宗教蒙昧主义的荒谬、教权主义的罪恶进行无情的揭露、嘲讽和批判。比如，他指出教会是建立在"最下流的无赖编造出来的最卑鄙的谎话"之上的，是"最卑鄙的混蛋所作出的各种最卑鄙的欺骗"的产物，是"分裂、内战和罪恶的根源"。在他看来，教皇和神甫都不过是一群"文明的恶棍""两足禽兽"。不过，天主教会之所以把伏尔泰视为恶魔和死敌，不仅是因为伏尔泰对教会的攻击态度最为激烈，文字也最多，而是因为他这方面的文字往往能够快捷、广泛地传播，在公众中产生巨大的反响。确实，伏尔泰文笔的辛辣在 18 世纪无人可望其项背。

不过，尽管伏尔泰对天主教的"上帝"极尽嘲讽之能，但他本人在宗教问题上仍未达到无神论的境界。伏尔泰的宗教观是自然神论。他仍承认存在着一个被牛顿称为"钟匠"的上帝，这个上帝是整个自然界的"一个最初的推动者"。伏尔泰之所以坚持承认上帝的存在，主要是基于这样一种社会考虑，即以它来约束人的行为，使人们在自由行动的同时又能确保社会的秩序。

伏尔泰是自然法学说的拥护者。他从自然法论的立场出发来揭露和批判封建专制和教会的统治。他认为：自然法就是符合人性或人的本能的，适用于所有人的，并且天下人都认为是公正的自然法律。

他把法律分为两类，即自然法和制定法。

自然法，适用于所有的人，对所有人都有好处，不偷盗，不杀人，不淫乱，不撒谎，敬父母，重互助等，这些都是自然所颁布的法律。

制定法包括国家制定的法律和教会法。法律是政治的法律，是任意制定的、纯粹民政的法律，时而设置五监察官，时而设置执政官，时而召开百人团会议或平民会议，时而成立雅典刑事法庭或元老院，实行贵族制、民主制或君主制。若以为一个世俗的立法者有可能不是出于自己的利益，而是代表神明制定出哪怕一条这样的政治性法律，那就是不了解人类的心意。人都是为了一己的私利才欺骗别人的。伏尔泰认为，自然法是制定法的基础，就是在公正的观念上奠定法律基础。①

在政治上，伏尔泰基本上是开明君主制的拥护者，直到晚年他才倾向于君主立宪制。他既对专制君主制深恶痛绝，又对共和制采取否定态度，并把改革旧制度的希望寄托在思想开放、头脑理智的君主身上。如他最为重要的史学著作《路易十四时代》就力图通过对路易十四的光辉功业及优点的赞颂和美化，反映出开明君主的重要。②

1778年2月10日，当84岁的伏尔泰回到阔别29年的巴黎时，他受到了人民热烈的欢迎。这时是伏尔泰人生发展的最辉煌的顶点。不久，他便病倒了，于同年与世长辞。临终前，伏尔泰对自己的后事做了嘱咐：把棺材一半埋在教堂里，一半埋在教堂外。意思是说，上

---

① 王威：《伏尔泰的法社会学先驱思想》，《广东社会科学》2005年第2期。
② http://www.gerenjianli.com/Mingren/05/bma570m8s22n7ai.html，2017-7-10.

帝让他上天堂，他就从教堂这边上天堂；上帝让他下地狱，他可以从棺材的另一头悄悄溜走。

伏尔泰死后，仍然受到教会的迫害，以致他的遗体不得不秘密地运到香槟省。安放在一个小礼拜堂内。直到1791年法国大革命期间，人民才把他的遗体运到首都，并在他的枢车上写着："他教导我们走向自由。"他的骨灰从此长眠在巴黎先贤祠中，永远受到世界各国人民的凭吊和瞻仰，人民亲切地称呼他为"精神王子"。伏尔泰是启蒙的斗士，一生为思想和言论自由而战，靠自己的笔过独立的生活。

6. 让 – 雅克·卢梭——社会契约思想家、教育思想家

位于先贤祠的卢梭的棺椁

让 – 雅克·卢梭（Jean – Jacques Rousseau，1712—1778），法国18世纪伟大的启蒙思想家、哲学家、教育家、文学家，18世纪法国大革命的思想先驱，杰出的民主政论家和浪漫主义文学流派的开创者，启蒙运动最卓越的代表人物之一。

卢梭出生于日内瓦的一个法裔钟表匠的家庭，在他呱呱坠地后仅10天，他的母亲因患产褥热不治而亡。1722年，他的父亲为捍卫正义而躲避牢狱之灾只身逃离日内瓦。由此，年仅10岁的卢梭就完全失去了双亲的呵护。卢梭从12岁起就开始当仆人、学徒。在他16岁那年，卢梭从充任其监护人的舅父家出走，开始过流浪生活，当过学徒、杂役、家庭书记、教师、流浪音乐家等。后又被通缉流亡国外，

备尝人间艰辛。

卢梭的父亲修理钟表技术精湛；母亲是牧师的女儿，颇为聪明，端庄贤淑。他一出生就失去了母爱，他是由父亲和姑妈抚养大的。比他大 7 岁的哥哥离家出走，一去不返，始终没有音讯。这样，家里只剩下他一个孩子。卢梭懂事时，知道自己是用母亲的生命换来的，他幼小的心灵十分悲伤，更加感到父亲的疼爱。他的父亲嗜好读书，这种嗜好无疑也遗传给了他。卢梭的母亲遗留下不少小说，父亲常常和他在晚饭后互相朗读。每读一卷，不一气读完是不肯罢休的，有时通宵达旦地读，父亲听到早晨的燕雀叫了，才很难为情地说："我们去睡吧，我简直比你还孩子气呢。"在这种情况下，卢梭日复一日地读书，无形之中养成了读书的习惯，渐渐充实并滋养了他年幼的心灵。7 岁的卢梭就将家里的书籍遍览无余。他还外出借书阅读，如勒苏厄尔著的《教会与帝国历史》、包许埃的《世界通史讲话》、普鲁塔的《名人传》、那尼的《威尼斯历史》、莫里哀的几部剧本等，他都阅读过。由于这些历史人物的典范影响和他父亲的谆谆教诲，卢梭深深体会到了自由思想和民主精神的可贵。他既有父亲的爱国血统，又以这些伟人为榜样，甚至言行之间常把自己比作那些历史中的人物。有一天，他在桌旁叙说斯契瓦拉的事迹，在座的人全都很惊讶地看到卢梭走上前去，把手放在熊熊燃烧的炉火之上，来表演斯契瓦拉的英雄壮举。这种早熟早慧的表现，正是卢梭特有天资的最初显露。

从 1732 年至 1740 年，经由一位朋友的介绍，结识了华伦夫人。他原以为华伦夫人是个老态龙钟的丑老婆子，不料她却是一位满脸和气、风韵十足的年轻女子。这使他大感惊讶和激动，正是这位夫人影响了他日后的生活。卢梭在红粉知己华伦夫人的照顾下，曾有过 8 年安居欢愉的时日，她在卢梭早年的生活中扮演了保护人、朋友、情妇、精神上的母亲等多重角色；在这 8 年中，卢梭除了如饥似渴地读书外，听从华伦夫人的劝告，四处的旅行使其陶醉于乡间的田园生活，热爱自然，崇尚自然。有人甚至评论说，卢梭最伟大的老师不是任何一本书籍，而是"自然"。卢梭有过几起罗曼蒂克趣事，其中包括与旅馆女仆黛莱丝·瓦瑟的风流韵事，他俩有 5 个孩子，卢梭把所有这 5 个孩子都送进了一家育婴堂（他最终到了 56 岁时才与黛莱丝结婚）。卢梭曾在《忏悔录》中如是说：我一想到要把孩子交给这样一个乱糟糟的家庭去抚养，我就感到害怕。如果把孩子交给他们去教育，那必然会越教越坏。育婴堂的教育，比他们对孩子的危害小得多。这就是我决定把孩子送进育婴堂的理由。①

1741 年，29 岁的卢梭来到巴黎，并结识了狄德罗。在巴黎默默无闻地过了近十年后，1749 年，卢梭在狄德罗的鼓励下参加了第戎科学院举办的"关于科学与艺术的复兴对改良风俗有益还是有害"的征文竞赛，一举成名。其后几年，卢梭又陆续写成了《论人类不平等的起源和基础》《新爱洛绮斯》《社会契约论》《爱弥儿》等许多重要著作。这些著作既给卢梭带来了声誉，也招致了政府和教会残酷迫害。从 1762 年起，卢梭为逃避逮捕，先后逃到了瑞士、普鲁士、英国等地。1770 年，在法国当局宣布对他赦免后，卢梭才返回巴黎定居。卢梭晚年的重要作品有自传《忏悔录》和为自己辩护的《孤独的散步者的冥想录》。

在法国众多的启蒙思想家中，卢梭是唯一一位在社会底层度过青年时代，从事过各种"卑贱"的工作，甚至像乞丐一样被送进收容所的人。在与他齐名的几位启蒙思想家中，孟德斯鸠作为一个拥有自己的庄园同时又担任过法院院长的穿袍贵族，一生过着安逸的生活；伏尔泰本人就是一个大资产者，家有万贯之财，与之交往的也大多是社会上层人士；就连狄德罗也是出生富裕家庭，他虽然因违抗父命而被迫靠自己的辛勤劳动谋生，但毕竟没有卢梭那种直接来自社会底层的经历。或许正是这一原因，使卢梭显得比其任何一位同道都要激进。

卢梭的激进在其政治观中表现得最为突出。他在《论人类不平等的起源和基础》中，从分析人类不平等的起源出发，提出了天赋人权理论，论证了自由、平等的重要。卢梭认为人类的不平等并不是从来就有，而是源于私有财产的出现，随着国家的形成，不平等加深了。专制暴君出现后，不平等也发展到了极点。通过阐述不平等的起源，

---

① 卢梭著：《忏悔录》，李平沤译，商务印书馆 2010 年版，第 541 页。

卢梭引出了结论：民众有权以暴力推翻暴政。

在《社会契约论》中，卢梭否定了君权神授说，并系统地提出了自己的人民主权思想。他指出，所谓人民主权就是以公共意志为最高权力，其具体体现就是由全体人民根据自身利益所制定的社会契约。既然人民主权是全体人民的公共意志，每一个人也就都享有主权，同时也必须服从主权。换言之，在最高主权面前人是平等的，因而也是自由的。如果有人不服从，社会契约就强迫他服从，即迫使他自由。卢梭还十分重视法治，他认为法律是社会契约的护卫，也是公共意志的体现。法律面前人人平等。

通过社会契约的学说，卢梭提出了全新的国家组织原则，"人民主权论"则是直接为法国大革命提供了理论旗帜。也正是这一原因，《社会契约论》在大革命中被视为一部民主宪章，而卢梭本人的声望在当时也超过其他任何启蒙思想家。

在《爱弥儿》中体现的卢梭对教育的观念——自然主义，深深地影响了现代教育理论。他降低书面知识的重要性，建议孩子的情感教育先于理性教育。他尤为强调通过个人经验来学习。卢梭认为："大自然希望儿童在成人以前就要像儿童的样子。"同时，他认为顺应自然的教育必然也是自由的教育。卢梭声称："真正自由的人只想他能够得到的东西，只做他喜欢做的事情，我就是我的第一基本原理。"卢梭尽管因出版此书深受迫害，但其观念渗入当时的社会，成为时尚。年轻人模仿《爱弥儿》，要做"居住在城里的野蛮人"。路易国王也深受《爱弥儿》的影响，按照卢梭的观点从小教育他的儿子，学一门手工匠人的手艺。据说，这就是路易十六那个著名的嗜好——业余锁匠的由来。

1778 年，卢梭逝世在一个侯爵的庄园里。法国资产阶级革命后，他的遗体于 1794 年以隆重的仪式移葬于巴黎先贤祠。隔着走廊，与伏尔泰的棺木相对而立的，是卢梭的棺木。卢梭一切思想的理论基础是他的自然法则理论。为师法自然，他的棺木外形也设计成为乡村小寺庙模样。从正面看，庙门微微开启，从门缝里伸出一只手来，手中擎着一支熊熊燃烧的火炬，象征着卢梭的思想点燃了革命的燎原烈火。

歌德评论说：伏尔泰结束了一个旧时代，而卢梭开创了一个新时代。①

7. 路易·巴斯德——发明了灭菌法、霍乱疫苗和狂犬疫苗

1822 年 12 月 27 日，巴斯德诞生在法国东部裘拉（Jura）省的洛尔镇（Dole）。父亲是拿破仑军骑兵队的一名退伍军人，退伍后当鞣革工人，母亲是农家女，他有一个姊姊和两个妹妹。四岁那年，全家迁往阿尔布瓦。当时法国的中学通常是 7 年制，最后一学年分为哲学科和数学科。巴斯德在阿尔布瓦中学读了 6 年，第 7 年转入布山松中学理科。中学时，他在学校表现普通，但很爱问问题，凡事追根究底，甚至因此成为某些老师的眼中钉。就这样不断地发问、学习，对化学、物理和艺术都有浓厚兴趣的巴斯德渐渐变成优秀的学生。

1840 年 8 月，他中学毕业，10 月被聘为布山松中学的助教。他边任教边准备大学入学考试。当时法国有两座大名鼎鼎的学校，分别为高等师范学校和高等理工科学校。1843 年 8 月，巴斯德考入高等师范学校，攻读化学和物理的教学法。课堂上学来的知识，他都要用实

① 让·雅克·卢梭. 百度百科［引用日期 2017 - 11 - 7］。

验来验证。他整天埋头在实验室里，因此被称为"实验室的蛀虫"。1846年，23岁的巴斯德从高等师范学校毕业，并通过了物理教授资格考试。考官发现他有教授化学和物理的能力，甚至还说："这届毕业生中只有巴斯德有教育上的才华。"他很快就收到图尔农中学物理教师的约聘书。但他想在巴黎作科学研究。于是他尽可能拖延赴职时间，计划在高等师范学校多待一年，并写信给巴黎中央理工学院的创办人之一杜玛（Jean – Baptiste Dumas），寻求在巴黎任教职的机会。杜玛终究没有帮助巴斯德。不过这件事被巴莱知道了。巴莱年轻时发现溴元素，名气很大，他决定帮助巴斯德留在巴黎。就这样，巴斯德在26岁那年，进入巴莱的实验室，一方面当助手，另一方面成为博士班研究生，也暂时不用去图尔农中学担任物理教师。

巴莱认为自己的研究生涯已告一段落，想把所有的精神放在学生上，也给予他的学生很大的自由，任凭他们选择学习的方法和方向。他注重学生的原创力和想象力，不希望他们使用既有的实验器材，如果他们必须使用器材，只能自行设计。为了待在巴莱的实验室，巴斯德欣然接受这个特别的要求。一年以后（1847），巴斯德论文获通过，巴斯德取得理学博士学位。他陆续担任过物理和化学课程的教授工作。

路易·巴斯德（Louis Pasteur，1822—1895），法国化学家、微生物学之父。他研究了微生物的类型、习性、营养、繁殖、作用等，把微生物的研究从主要研究微生物的形态转移到研究微生物的生理途径上来，从而奠定了工业微生物学和医学微生物学的基础，像牛顿开辟出经典力学一样，巴斯德开辟了微生物领域，创立了一整套独特的微生物学基本研究方法，开始用"实践—理论—实践"的方法研究，他是一位科学巨人，美国学者麦克·哈特所著的《影响人类历史进程的100名人排行榜》中，巴斯德名列第12位。

巴斯德一生进行了多项探索性的研究，取得了重大成果，是19世纪最有成就的科学家之一。他用一生的精力证明了三个科学问题：（1）每一种发酵作用都是由于一种微菌的发展，他发现用加热的方法可以杀灭那些让啤酒变苦的恼人的微生物。很快，"巴氏杀菌法"便应用在各种食物和饮料上，直到现在。（2）每一种传染病都是一种微菌在生物体内的发展：由于发现并根除了一种侵害蚕卵的细菌，巴斯德拯救了法国的丝绸工业。（3）传染病的微菌，在特殊的培养之下可以减轻毒力，使他们从病菌变成防病的疫苗。他意识到许多疾病均由微生物引起，于是建立起了细菌理论，被称为细菌学之祖。而他所发明的狂犬病疫苗，不仅在当时拯救了无数人的生命，在今天依旧功不可没。

巴斯德并不是病菌的最早发现者。在他之前已有基鲁拉、包亨利等人提出过类似的假想。但是，巴斯德不仅热情勇敢地提出关于病菌的理论，而且通过大量实验，证明了他的理论的正确性，令科学界信服，这是他的主要的重大贡献。由于病因在于细菌，只有防止细菌进入人体才能避免得病。因此，巴斯德强调医生要使用消毒法。向世界提出在手术中使用消毒法的约瑟夫·辛斯特便是受了巴斯德的影响。

巴斯德本人最为著名的成就是发展了一项对人进行预防接种的技术。这项技术可使人抵御可怕的狂犬病。其他科学家应用巴斯德的基本思想先后发展出抵御许多种严重疾病的疫苗，如预防斑疹伤寒和脊髓灰质炎等。人们常将巴斯德同英国医生爱德华·琴纳比较。琴纳发展了一种抵御天花的疫苗，而巴斯德的方法可以并已经应用于防治很多种疾病。

炭疽病主要是对牛、羊牲畜的感染，偶尔人类也会感染，特别有95%会遭受到皮肤性炭疽病，此时感染的伤口上会呈现1—3厘米直径的无痛溃疡，中央有黑色坏死的焦痂，故称炭疽病。1877年，法国东部炭疽病蔓延。巴斯德这时是索邦大学教授，他在调查鸡霍乱时，偶然发现与空气接触的旧培养菌的毒性会变弱。根据他的经验，这种菌可能有免疫功能，可解决法国正在流行的炭疽病。

于是他在得炭疽病并已死亡的动物身上，抽出这种细菌，且在试管培养这些细菌，使它们的毒性减到很弱。他尝试着把这些毒性减弱的细菌注射到健康动物的身上。然后过些时候，又把毒性强的细菌注射到同一只动物身上，结果发现，这只动物居然没有得病。而跟这只动物同在一群的其他动物，却有不少得了炭疽病死亡。这证明注射过的那只动物得到了抵抗这种疾病的能力。到这个时候，很多人还不相信牛、羊注射毒性弱的炭疽病菌，就不会得炭疽病这件事。为了证明自己是对的，巴斯德举行一次公开实验，对象是 50 只健康的羊，他把弱的炭疽病菌注射到 25 只羊体内，2 周后又将强的炭疽病菌注射到全部的 50 只羊体内。他向大家预测说："起初注射弱的炭疽病菌的 25 只羊，不会生病，但另外那 25 只先前没注射弱的炭疽病菌的，会死掉。"2 天以后，一群人聚在草原观看实验结果，结果有 25 只羊活得好好的，另外 25 只羊死了。巴斯德发明了预防注射的方法，成功地打败炭疽病。1881 年，他因为这个贡献，得到杰出十字奖章。

巴斯德的一生基本都在实验中度过。巴斯德高温灭菌法，没有申请专利，而是把它公开了。巴斯德认为利用研究结果获利是学者的耻辱，这种信念，终其一生都没有改变。他挽救了法国的酿酒业、养蚕业，以及畜牧业，巴斯德晚年对狂犬病疫苗的研究是他事业的光辉顶点。"意志、工作、成功，是人生的三大要素。意志将为你打开事业的大门；工作是入室的路径；这条路径的尽头，有个成功来庆贺你努力的结果……只要有坚强的意志，努力的工作，必定有成功的那一天"，这是巴斯德关于成功的一段话。巴斯德 70 岁生日，法国举行了盛大的庆祝会，巴黎索邦大学的大礼堂，座无虚席，约瑟夫·李士德上前向巴斯德道贺，巴斯德由法国总统搀扶。巴斯德从热烈的人群中走向主席台，受到人们的敬仰，大会送给他一枚纪念章，上面刻着："纪念巴斯德 70 岁生日，一个感谢你的法兰西，一个感谢你的人类。"1895 年 9 月 28 日，也就是他 72 岁时，他在亲友及学生的环绕中在维伦纽夫·勒伊丹去世，差不多有半个世纪，科学世界由他主宰。

自 19 世纪中叶以来，世界大多数地区的人口预期寿命大约翻了一番。人类寿命的显著延长对每一个人产生的巨大影响，很可能超过了整个人类历史上任何其他发展对人的影响。这一现代科学和医学的发展，几乎为我们每个人提供了第二次生命。尽管延长生命的功劳并非全部归功于巴斯德，但巴斯德的贡献是如此的重要，以至于毫无疑问的是，降低人类死亡率的大部分荣誉应归功于巴斯德。巴斯德不仅是人类历史上最具影响力的人物之一，也是最值得所有人尊敬的人。

路易·巴斯德被世人称颂为"进入科学王国的最完美无缺的人",他不仅是个理论上的天才,还是个善于解决实际问题的人。①

8. 玛丽·居里——两度获得诺贝尔奖的女科学家

玛丽·居里(Marie Curie, 1867—1934),世称"居里夫人"。法国著名波兰裔科学家、物理学家、化学家。1903 年,居里夫妇和贝克勒尔由于对放射性的研究而共同获得诺贝尔物理学奖,1911 年,因发现元素钋和镭再次获得诺贝尔化学奖,成为历史上第一个两度获诺贝尔奖的人,而且是在两个不同的领域获得诺贝尔奖。居里夫人的成就包括开创了放射性理论、发明分离放射性同位素技术、发现两种新元素钋和镭。在她的指导下,人们第一次将放射性同位素用于治疗癌症。

玛丽·居里,1867 年 11 月 7 日生于波兰王国华沙市一个中学教师的家庭。父亲乌拉狄斯拉夫·斯可罗多夫斯基是中学的数学教师,母亲布罗尼斯洛娃·柏古斯卡·斯可罗多夫斯卡是女子寄宿学校校长。家人对其的爱称为"玛妮雅"。玛丽行五,上有三姐一兄。由于当时的波兰处于沙俄的统治下,对于教育严格监控,1891 年 9 月,她毅然赴巴黎求学,11 月进入索邦大学(即巴黎大学)理学院物理系。1896 年 8 月,玛丽通过大学毕业生担任教师的职称考试,得到理化学

---

① 罗京生:《巴斯德》,中国少年儿童出版社 2003 年版。

校校长舒曾伯格的支持，在该校物理实验室工作。

（1）"在奴役中出生，在枷锁下长大"

这是居里夫人在第一次世界大战胜利之后，写给长兄的信中的原话。这种感受并不是顺利中成长的人可以产生的。

玛丽·斯可罗多夫斯卡出生在被沙皇俄国占领的波兰华沙。父母双方祖上都是波兰的小贵族世家。但国家的厄运使他们家道衰落了。小玛丽在上小学时，只能在逃过学督监视的情况下学习自己祖国的语言和历史。被强迫学习的俄文及沙皇尼古拉的家庭史，令这个不满十岁的小姑娘非常厌恶。在民族压迫中滋长了对多难的祖国的热爱和倔强的自立精神。

玛丽 11 岁时，她的母亲久病不愈，终于辞世了。父亲在学校也由于不甘屈服于沙俄而被降职，并且失去了固定的住处。但在这个清贫的家庭里她和哥哥及两个姐姐在中学毕业时都获得了金质奖章。

（2）用自己的劳动收入供姐姐上大学

1883 年 6 月，未满 16 岁的玛丽以第一名的优异成绩从中学毕业，很想上大学深造。由于沙俄统治下的波兰不允许女孩子上大学。玛丽的姐姐也想到巴黎学医。但因学费无着，而不能成行。姐姐因此感到十分焦急和失望。玛丽出于姐妹情谊和成全姐姐的心意想出了一个办法：自己暂时当一个家庭教师，把所得的工资都积累起来，资助姐姐到巴黎去上学。就这样，她整整当了六年的家庭教师。同时为了增加收入以维持自己和姐姐的生活，还不顾别人的歧视而兼做家务劳动。直到1891 年 11 月在她的姐姐学业结束有了工作以后，她自己才来到巴黎最著名的法兰西共和国大学理学院读书。

（3）把全部奖学金奉献出来

早在辍学的时候，青年玛丽就同朋友们冒着坐牢杀头的危险在一所地下"流动大学"里求知。上大学之后，更成为一个节俭朴实、刻苦努力的学生，上物理课时她永远坐在第一排，全神贯注地听好每一节课，课后便跑到图书馆去，直到晚上十点图书馆关门时才离开。在巴黎这段学习时间里，她以坚韧不拔的精神向自己树立的每一个奋斗目标迈进。1893 年，她取得物理学硕士学位；1894 年，又取得数学硕士学位，并获得一项 600 卢布的奖学金。使基金委员会的秘书感到惊奇的是，不久她把这笔款全部退回，并请求基金委员会用于奖励其他学业优异、生活困难的同学。其实，玛丽在巴黎求学期间的生活是极端贫困的。

（4）对祖国充满深情的伟大梦想实现了

居里夫人在童年时代对祖国就有"最深厚的感情"。她永远能在自己的祖国——波兰的土地上发现新的美。当她看到喀尔巴阡山的时候，那白雪皑皑的山头，那挺拔俊秀的黑纵树，还有那在群峰环绕之间清冽的小湖，蔚蓝得像只眼睛，都使她如醉如痴，流连忘返。她生长的城市，后来总叫它"我最爱的小华沙"。她晚年时在给女儿的信中仍不时流露出对波兰的依恋之情："有一首克拉科夫民歌说到维斯杜拉河：'这条波兰河流有极大的魅力，受它迷惑的人至死还是爱它。'我觉得这是真的，至少我就是这样。"为了纪念她的祖国，她把她所发现的新元素用波兰（Poland）命名为"钋"（Polonium）。到了晚年，她计划在华沙创设一个镭研究院，作为科学研究和癌症治疗的中心。但缺乏资金和人才，困难重重。在姐姐的帮助下，一场轰轰烈烈的募捐运动在整个波兰开展起来。传单和印着居里夫人头像的邮票传遍全国。成千上万的明信片上印着居里夫人亲笔写的宣言："我最热烈的希望，是在华沙创设一个镭研究院。"募捐运动获得波兰政府、华沙市和波兰各重要学会的支持。在一个晴朗的早晨，波兰总统砌了研究院的第一块砖，居里夫人砌了第二块，华沙市长砌了第三块。过了 4 年，居里夫人和她的姐姐都已经把大部分积蓄用到创设研究院上了，但是还缺款项购置治疗癌症所必需的 1 克镭。为了购置 1 克镭，她又一次通过美国的麦隆内夫人，在美国募集了购置 1 克镭所需要的款项。1932 年，居里夫人的伟大梦想实现了，她到波兰主持了华沙镭研究院的揭幕典礼。

（5）站在保卫世界和平的最前列

科学的发现，往往是一把"双刃剑"。科学技术的应用在给人类带来巨大利益的同时，也常带来一系列的副作用，如环境污染、生态平衡破坏等，甚至给人类带来灾难，像炸药、原子弹的发明就是这样。然而正直的科学家总是站在维护人类幸福不受侵犯的正义立场上，坚决反对和阻止科学技术的滥用，反对战争，维护和平。

在人类征服原子能的艰苦历程中，居里夫妇首先做出了杰出的贡献。1905 年当皮埃尔·居里在斯德哥尔摩补做传统的诺贝尔报告时，尖锐地提出：对自然奥秘的洞察是否总是造福于人类，人类是否已经成熟到使被发现的自然规律为自己服务？他在结束自己报告的时候警告说："镭在罪犯的手里可能成为非常危险的东西。"他特别举出诺贝尔的发明为例子，说明诺贝尔发现的新型炸药确实能够减轻人类大量的技术工作；然而，它也许会成为"那些身居高位的，把人民陷入战争之中的罪犯们手中的可怕的破坏性工具"。

居里夫人则以身作则，亲自投入了反对非正义战争、维护世界和平的伟大斗争中去。第一次世界大战期间，她用私人捐款装备了一辆 X 光救护车，自己当司机，冒着炮火开往前线，做救护工作。在她的组织下，设立了 220 多处活动的和固定的 X 光设备，培训了 100 多位 X 光技师。在大战期间，她做一名"战士"、科学家、医生，组织和抢救了约 100 万伤员，为反对帝国主义战争做出了杰出贡献。1915 年，居里夫人从索尔本大学物理学实验室迁入镭学研究院放射学实验室。奔波于国内外各地，指导十八个战地医疗服务队。1916 年，在镭学研究院为卫生员开设辐射学速成课，教医生学会寻找人体中异物（例如：弹片）位置的新法，受协约国军方赞许。1921 年，根据战时笔记整理，写成《放射学和战争》，出版于巴黎。

他们的女儿伊伦·居里和女婿弗列德里克·约里奥，不仅继承了他们的科学事业，而且更像他们一样热爱和平和真理。他们绝不仅仅是实验室中的科学家，更是为人类进步事业而斗争的杰出勇士。伊伦·居里表示，如果能给社会进一步带来利益的话，她准备变物理实验室为政治活动的场所。约里奥则作为反法西斯主义的战士和法国共产党员，从 1942 起就参加了反抗希特勒占领者的斗争。战后，他又多年作为世界和平理事会的主席站在世界和平运动的前列。

（6）在科学上我们应该注意事，不应该注意人

居里夫人对待名利更是淡泊。她曾经两次荣获诺贝尔奖。报纸上一次次的头条新闻，成千上万要求签名留念的信件，无数请求讲学的邀请，新闻记者、摄影师、好奇人们的来访，应接不暇的新荣誉、新头衔等——这一切像教徒唱给上帝的颂歌，铺天盖地，向居里夫人扑来。

有一次，她与居里为避开干扰来到一个偏僻的渔村度假。但还是被一个机警的美国记者跟踪上了，他来到居里夫妇住的渔家房舍前面，见一个赤足坐在门口石级上的妇人，正在将一双凉鞋里的沙子抖掉。他便停下来向这位女人打听。

这个妇人抬起头来，她那灰色眼睛注视着这个闯来的人……他立刻看出她和报纸上登出的成百上千张相片一样，这就是她！这个记者惊愕了一会儿，就在她旁边坐下，掏出他的记事本。

她知道逃避是不可能的了，就忍耐着用很短的句子答复访问者的问题。是的，皮埃尔·居里和她发现了镭。是的，他们正在继续实验……

同时，她挥动凉鞋，在石头上敲着，把里面的沙子完全弄干净，然后穿在她那被石头和荆棘划伤了的美丽的赤裸的脚上。这是记者的无上机遇？他算是遇着了极好的机会能看见这样一幕"私生活"的情况；记者立刻利用这个机会，问一些很不平常的问题，希望探出玛丽青年时候的情形，探出她的工作方法，他想问出几句心里话！

但是，那惊讶的脸色立刻严肃起来，玛丽只用一句话——一句她常常当作箴言说的话，一句比一部书更能表示她的性格、生活和使命的话——结束了这次谈话："在科学上，我们应该注意事，不应该注意人。"

爱因斯坦曾经称赞居里夫人是"世界上最谦逊的伟大女性，是唯一没有被盛名宠坏的人"。"她的极端的谦虚，永远不给自满留下任何余地"。

1934 年 6 月，居里夫人住进上萨瓦省桑塞罗谟疗养院。7 月 4 日，以恶性贫血症（由镭引起）逝世于疗养院。7 月 6 日，葬于巴黎梭镇居里墓穴。她的兄姊向墓穴洒上从波兰带来的泥土。

居里夫人的大半生都是清贫的，提取镭的艰苦过程是在简陋的条件下完成的。居里夫人拒绝为她的任何发明申请专利，把诺贝尔奖金和其他奖金都用到以后的研究中去了。[①]

9. 让·亨利·法布尔——昆虫界的荷马、维吉尔

让·亨利·法布尔（Jean – Henri Casimir Fabre，1823—1915），法国著名昆虫学家、文学家。被世人称为"昆虫界的荷马""昆虫界的维吉尔"。他用水彩绘画的 700 多幅真菌图，深受普罗旺斯诗人米斯特拉尔的赞赏及喜爱。他也为漂染业作出了贡献，曾获得三项有关茜素的专利权。

法布尔出生于法国南部普罗旺斯的圣莱昂的一户农家。此后的几年间，由于母亲要照顾年幼的弟弟，所以他从 3 岁一直到 6 岁，都寄养在玛拉邦村的祖父母家；这里是个大农家，有许多比他年长的小孩。他是个好奇心重，记忆力强的孩子，曾自我证实光是由眼睛看到的，并追查出树叶里的鸣虫是露蠽。睡前最喜欢听祖母说故事，而寒冷的冬夜里则常抱着绵羊睡觉。1830 年（6 岁）回到撒·雷旺村，进

---

① 玛丽·居里：《居里夫人自传》，译林出版社 2012 年版。

入利卡尔老师开办的私塾就读，上课中，常有小猪、小鸡会跑进教室觅食。由动物图书记下 A、B、C……字母，对昆虫和草类产生兴趣，发现黑喉鸲的巢，取得巢中青蓝色的蛋，经神父劝说，把鸟蛋归还原处；为增加家庭收入，帮忙照看小鸭，负责赶到沼泽放养，因而发现沼泽中的生物和水晶、云母等矿石。

　　法布尔平生坚持自学，先后取得了业士学位、数学学士学位、自然科学学士学位和自然科学博士学位，精通拉丁语和希腊语，喜爱古罗马作家贺拉斯和诗人维吉尔的作品。他在绘画、水彩方面也几乎是自学成才，留下的许多精致的菌类图鉴曾让诺贝尔文学奖获得者、法国诗人弗雷德里克·米斯特拉尔赞不绝口。法布尔晚年时，《昆虫记》的成功也为他赢得了"昆虫界的荷马"和"昆虫界的维吉尔"的美名，他的成就得到了社会的广泛承认。法布尔虽然获得了许多科学头衔，但他仍然朴实如初，为人腼腆谦逊，过着清贫的生活。他的才华受到当时文人学者的仰慕，其中包括英国生物学家达尔文、1911 年诺贝尔文学奖得主比利时剧作家梅特林克、德国作家荣格尔、法国哲学家柏格森、诗人马拉美、普罗旺斯文学家鲁玛尼耶等。由于《昆虫记》中精确地记录了法布尔进行的试验，揭开了昆虫生命与生活习惯中的许多秘密，达尔文称法布尔为"无法效仿的观察家"。当他居住在塞利尼昂时，不少学者、文学家们纷纷前去拜访他。法布尔在自己的居所曾接待了巴斯德、英国哲学家米尔等学者，但与他们的通信并不频繁。公共教育部长维克多·杜卢伊将法布尔举荐给拿破仑三世，后者授予他荣誉勋章。法国政治家雷蒙·普恩加莱途经塞利尼昂，特意绕道荒石园向他致意。拥有多重身份的法布尔的作品种类繁多：作为博物学家，他留下了许多动植物学术论著，其中包括《细草：专利与论文》《阿维尼翁的动物》《块菰》《橄榄树上的伞菌》《葡萄根瘤蚜》等；作为教师，他曾编写过多册化学物理课本；作为诗人，他用法国南部的普罗旺斯语写下了许多诗歌，被当地人亲切地称为"牛虻诗人"。此外，他还将某些普罗旺斯诗人的作品翻译成法语；闲暇之余，他还曾用自己的小口琴谱下一些小曲。然而，法布尔作品中篇幅最长、地位最重要、最为世人所知的仍是《昆虫记》。这部作品不但展现了他科学观察研究方面的才能和文学才华，同时还向读者传达了他的人文精神以及对生命的无比热爱。①

10. 莫里斯·阿莱——经济学家、诺贝尔奖得主

莫里斯·阿莱（Maurice Félix Charles Allais，1911—2010）生于法国巴黎，法国经济学家，主要研究领域为市场理论与资源的效率分配，曾经提出阿莱悖论。他是 1988 年诺贝尔经济学奖的得主，也是经济学奖中唯一一位法国籍的获奖者。

在学生时代，莫里斯·阿莱经历了 1929—1933 年的世界经济危机和接踵而来的大萧条时期。出于对 1929 年大危机造成社会大灾难的愤怒和解决社会经济问题的热情，他立志为市场经济中出现的若干问题找到解决办法，并为此贡献自己毕生的精力。由于具有工程学的背景，阿莱自学了经济学，并把数学的严密性引进到当时几乎没有定量分析的法国经济学派中。

1931 年他进了法国巴黎综合理工学院，1933 年以全班第一名的成绩毕业。之后又进入巴黎国家高级矿业学院学习工程学，并于 1937 年在国家矿产与采矿部开始了他的工程师的生涯。

大学毕业后，莫里斯·阿莱当上了矿业工程师。他决定发挥自己

---

① 韩仰熙：《法布尔传》，中国国际广播出版社 1997 年版。

所学之专长，先从矿业角度搞微观经济分析，然后逐步扩大自己的经济研究领域。1939 年阿莱服兵役一年，退伍以后，他回到南特仍然做矿业机关的负责人。在 1943 年，莫里斯·阿莱出版了第一部经济学名著《微观经济学研究》（两卷），初步展示了他杰出的研究才能。1944 年，莫里斯·阿莱 33 岁便成了巴黎国家高级矿业学院矿业经济分析的著名教授，并担任法国经济与社会研究中心主任。而后，莫里斯·阿莱在学术界的地位蒸蒸日上，担任的职务越来越多且重要。1946 年任巴黎国家高级矿业学院院长和法国全国科学研究中心经济分析中心主任；1947 年任巴黎大学统计研究所理论经济学教授；1954 年任法国全国科学研究中心主管研究工作的主任；1958—1959 年任弗吉尼亚大学经济学客座教授；1967 年到 1970 年，他是瑞士日内瓦国际问题研究生院的教授；自 1970 年后，他担任了巴黎大学克莱芒——朱格拉高级货币分析研究室主任。

1980 年阿莱退休了，但他仍然继续经济学的研究与教学，并于 1988 年获得了诺贝尔经济学奖。

阿莱通过一系列可控实验，提出了著名的"阿莱悖论"，对期望效用理论构成了挑战；他通过批评金融市场的畸形发展，特别是金融衍生工具的不断出现与它们的市场作用不断扩大，警示于世界金融市场；他认为应该改革国际货币体系，以改善巨额的国际资本流动造成发展中国家经济泡沫的情况。

莫里斯·阿莱毕生致力于市场经济的潜心研究和经济学的教学工作。他在巴黎第十大学金融分析中心从事研究工作直至 1980 年退休。退休后，他一直坚持经济学的教学工作。1988 年"因为市场理论和最大效率理论方面"对经济学所作出的贡献，获得诺贝尔经济学奖时，他虽已 77 岁，但身体健康，精力充沛，仍在巴黎国家高级矿业学院讲授《金融行情分析基础理论》。[①]

---

① 刘健：《1988 年度诺贝尔奖金获得者莫里斯·阿莱》，《兰州商学院学报》1988 年第 9 期。

七　杰出人物成才环境与规律分析

通过对法国历史、政治、经济、文化、教育环境、民族性格以及法国杰出人物独特个性品质的分析，我们发现：

1. 对生活与社会的热爱是杰出人物培养的催化剂

无论是出生在贵族家庭的孟德斯鸠，还是出生在退役军人家庭的巴斯德；无论是出生在富裕家庭的伏尔泰，还是出生在贫苦家庭的法布尔，综观众多法国历史上伟大的人物，他们都有一个共同的特点，他们对于自己所处的社会充满了热爱。无论是在哪个领域，热爱都是最大的催化剂，当一个孩子做一件他喜欢做的事情的时候他的收获会是最大的，而他的付出相对却是最轻松的。当法国的社会动荡黑暗的时候，性格热烈自由的法国人开始了启蒙运动，当法国社会和平美好的时候，浪漫文艺的法国人大胆地用艺术表达着快乐与悲伤。就如恩格斯评价法国的政治运动一样，法国杰出人物的步伐总是充满了热情，带着他们对自己所生活的国家的热爱，展示着活力。

2. 良好的家庭教育和外部环境是杰出人物成长的基石

据统计，大多数诺贝尔科学奖获得者都出自良好教养的家庭，从小受到潜移默化的影响。美国社会学家乍克曼曾对 1901—1972 年美国培养的诺贝尔奖获得者 71 人的家庭出身进行调查，发现 82% 的人出生在专家职和经营管理职家庭，并认为"最重要的恐怕不是经济上的富裕，而是教育环境问题"。如玛丽·居里出生在华沙一个知识分子家庭，父亲受过高等教育，后在一所中学教数学和物理，母亲也受过良好的教育。在父母的熏陶下，她从小酷爱学习，一有时间就捧着书本在读，读起来常常忘掉了周围的一切。1894 年她只身到巴黎求学，认识了皮埃尔·居里，皮埃尔·居里当时已是法国科学界的著名人物，他们由于共同的爱好和事业心，终于结合在一起。爱情加事业，给玛丽·居里增添了无穷的力量。她们一道做实验，深居简出，彼此鼓励，终于发现了镭，给 20 世纪的科学带来了一次革命。居里夫人在教育自己的女儿上很有特色。首先将良好的生活习惯和学习习惯灌输给孩子，其次注重女儿的勇敢精神的训练和个性的发展。后来大女儿伊伦获得诺贝尔物理学奖，小女儿艾芙成为著名的记者，协助她的丈夫也得到诺贝尔和平奖。良好的家庭教育环境与引导使他们受到了比常人更为优越的文化知识教育、科学兴趣培养、优良品德熏陶，为日后的成功铺下重要基石。

3. 自身的不懈努力和奋斗是杰出人物成长的内在动力

马克思曾经说过："在科学上没有平坦的大道，只有不畏劳苦沿着陡峭山路攀登的人，才有希望达到光辉的顶点。"综观历史上的杰出人物，他们无一不是有着坚韧不拔的毅力和百折不挠的精神，刻苦钻研，勤奋努力，才攀登上了一座座世界科学的高峰。莫里斯 77 岁获得诺贝尔奖时，身体健康，精力充沛，仍在巴黎国家高级矿业学院讲授《金融行情分析基础理论》。伏尔泰为了追求自己心中的理想不惜违背父亲的期望重新学习。法布尔大半生都在自学中度过。居里夫人一辈子都放在了放射性元素的研究上，巴斯德一生都在研究细菌。他们在获得了应得的荣誉之后仍旧不忘初心，始终如一。正如爱迪生所说的天才是百分之一的灵感加上百分之九十九的血汗。只有勤奋努力，才能走上成功之路。

4. 自由的研究环境和交流是杰出人物成长的肥沃土壤

科学研究突破的前提条件是要有大批创造性人才，要使这些创新性人才得到更好的发展就得有宽松自由的环境。正如法国人蓬勃的创新能力与他们极度追求自由的民族文化息息相关，同样也与他们的教育体系息息相关。

第四章 德国杰出人物成才环境与规律研究

概　述

德国民族以严谨、认真、守时、服从著称于世，孕育出众多的诺贝尔奖获得者；德国人在哲学、文学、艺术、科技上的创新成果影响全人类，造福于全人类。当然，这个民族也给人类带来过巨大的灾难！为什么这一切都会发生在这个国家？

这是一个如诗如画的国家，它拥有蜿蜒曲折的莱茵河，阳光浪漫的海滩，郁郁葱葱的森林，美轮美奂的城堡和历史悠久的画廊。阿尔卑斯山脉横卧在它的南方，多瑙河奔腾在东南，北接丹麦，相邻北海与北欧隔海相望。它地处欧洲心脏，连接欧洲各国，同时濒临波罗的海和北海有着绝佳的海上和陆地交通。这里一马平川的北部低地，层峦叠嶂的南部山区逐一过渡，同时并存。这片神奇的国土曾孕育了伟大的诗人、科学的巨人，也曾孕育了战争的狂人。自由与统一曾是她的梦想，战争与沦丧也曾使它低迷。这就是德国，德意志联邦共和国！

两百年前，诗人席勒曾站在被割裂了的德意志土地上发出"德意志？它在哪里？我找不到那块地方"的呼喊，这时国家的荣辱与统一，已经根植在了每一个德意志子民的内心。纵观德国历史我们可以看到，无论是弗里德里希·李斯特以经济上的联盟推动政治上的统一，还是奥托·冯·俾斯麦铁与血的战斗，毫无例外的都是为了争取国家的统一，我们甚至可以说整个德国 19 世纪的历史主题就是统一。

1871 年，当实现统一的德意志民族初次亮相于世界时，它用自己耀眼的光芒震撼了整个世界。无论从人口、国民生产总值、钢铁产量还是煤产量来看，它都已经远远超过了曾在普法战争中给予德国耻辱的法国，迅速跃居欧洲第二。

是什么使德意志从一个濒临灭亡的国家，迅速发展成一个令世人瞩目的强国？毫无疑问，人。而又是什么样的人，才足以承担起这样的历史重任？"人才，拥有卓越才能，敢于创新的人才。"

无论从政策制定还是国民教育来看，我们可以发现，杰出人物贯穿了整个德国历史。其中德国对其国民素质的培养，又在整个历史发展中起着举足轻重的作用。战胜法国，为德国统一作出贡献的陆军元帅毛奇就这样说过："普鲁士的胜利早就在小学教师的讲台上决定了。"

一个优秀的人才，一个拥有创新意识，立足世界的人才其成长环境包括了众多因素。德国作为世界最重要的科技大国，不仅拥有众多的诺贝尔奖获得者，且早在电器时代，在重大科技革命和发明创造中，德国就取得了 202 项研究成果，在推动世界进步的同时，德国在 1910 年也实现了欧洲第一的霸主地位。尽管其迅速在德国自己策划的两次世界大战中毁于一旦，然而作为世界一流人才的培养基地——德国，在联邦总理勃兰特的带领下，以反思历史为前提，迅速走上了民族复兴的道路。当分裂了 41 年的德意志民族再次实现统一时，他们又一次让世人看到了一个经济奇迹。经过一代人的努力，这个历经两次世界大战重创的国家，迅速发展成为世界第四大经济强国。而作为欧盟的重要成员国，它也找到了通过振兴欧洲来壮大自己的强国之路。

德国重视对人才的培养，尤其是创新人才的培养。而创新人才的培养环境又包含了众多因素，本章重点对政治环境、经济环境、文化环境、生活环境、教育环境、民族性格与个性品质这七大因素进行归纳和分析，旨在为我国创新人才的培养提供借鉴作用。

一 政治环境

如果我们用专制、强权、极端来形容 19 世纪的德国政治，那么经过多年发展，用"民主制国家"来称呼当今德国政治，可谓实至名归。德国是一个没有经历过"民主革命"的国家，它没有类似于英国的"光荣革命"，也没有类似于法国的"人权宣言"。作为一个直到 1871 年才实现统一的国家，为走上政治现代化，德国政府走上了艰难的改革之路。纵观德国历史，可大致将近代德国政治改革归纳为四个阶段：

第一阶段：18 世纪推行的开明专制制度。相比于 17—18 世纪的封建专制，18 世纪以后为了缓和各阶层之间的斗争，同时为了有效遏制地方贵族的势力，原本实行极端专政的君主，为了得到新生资本主义力量的支持，开始在德国实行某种程度上有利于资本主义的发展政策。例如，建立中央集权的国家机器、消灭地方割据状态、改革法制、改革税收、限制贵族特权等。开明专制制度的实行是德国在政治现代化上迈出的第一步。

第二阶段：19 世纪初的"上层革命"。这是德国政治现代化的起点。法国大革命的爆发和拿破仑战争的开始，法国对普鲁士王国实行了部分占领，这不仅废除了众多德意志小邦，而且极大地打击了德国的封建势力。在失败之际的"自我反省"和迫于生存的需要下，德国统治阶级开始了一种自上而下的改良运动。统治阶级在废除农奴制的同时改革了国家机构，其中最为突出的就是施泰因和哈登贝格的改革。施泰因颁布《改善国家最高行政管理机构的规定》，确定国王之下设立国务院负责国家最高行政事务，下设外交、财政、军政、司法、文化、工商各部，各负专责，使现代国家机构更为完善。哈登贝格于 1812 年颁布《关于犹太人公民地位的法令》承认了普鲁士境内犹太人公民地位。经历过改革的普鲁士，此时已建立了比较完善的现代国家机构，市民获得了城市自治权。但这场普鲁士政治改良运动从一开始就带有极大的保守性和防御性。它从革命伊始就完全是站在容克地主阶级利益的立场上进行的。其目的在于最大限度地保障传统统治阶级的利益，同时通过"最柔和的"改革，实现容克地主阶级的资产阶级化过渡。容克地主就是在这样一场改革中，取得了大量土地和赎金，以此实现了资本主义的原始积累，并逐渐将封建农奴制庄园经济改造成为资本主义农业经济，使普鲁士农业走上了资本主义道路。一方面，改革使普鲁士在经济上走上了资本主义发展道路；另一方面，由于传统统治阶级在向现代资本主义社会的转变中没有受到损害，并继续在国家政治生活中居于主导地位，结果使普鲁士乃至整个德国的政治现代化进程不可避免地打上他们的烙印，呈现一种保守色彩。

第三阶段：1848—1849 年"统一和自由"运动。在 1848—1849 年的革命中，德国各阶级都提出了自己的革命纲领，使革命按不同的道路发展。此时德国无产阶级已经作为独立的政治力量登上政治舞台，并有共产主义同盟作为领导者。在这一阶段，德国小资产阶级激进派也是一支革命力量，他们希望通过革命，以武装起义的方式在德国建立联邦共和国，但最终均被普鲁士军队镇压下去了。

19 世纪 40 年代，德国出现资产阶级自由派及其知识分子领导的"统一和自由"运动。自由派代表的是，主张在普鲁士王朝领导下实现德国统一和自由事业的资本主义化的容克和资产阶级的利益。他们主张保留旧的官僚制度把主要矛盾指向人民的革命运动，残酷镇压各地农民起义，并企图通过改革实现资产阶级自由派代替封建贵族成为国家的领导阶级，但最终均以失败告终。

1849 年 5 月肩负着德国政治改革重任的普鲁士国王弗·威廉四世在普鲁士内部进行了改革并于 1850 年颁布宪法。宪法规定：国王个人是神圣不可侵犯的，权力完全仅仅属于国王个人。国王有权召开或解散国会。立法权属于国王和国会两院。宪法同时规定，全体普鲁士人在法律面前平等，取消全部特权，公职对全民开放，迁徙自由，宗教自由，知识和科学教育自由等。1850 年颁布的宪法使普鲁士向政治现代化迈出了巨大一步，它使普鲁士走向了君主立宪的道路。

第四阶段：19 世纪 60 年代德国的统一运动。这次统一运动是由普鲁士王朝以战争的形式进行的，以普鲁士国王为代表的容克地主阶级表现出特别强硬的态度。威廉一世起用铁腕人物俾斯麦为首相，强制推行军事改革。其最终结果并未使德意志实现真正统一，反而使它逐步发展成容克资产阶级帝国主义，并具有疯狂对外侵略性，为第一次世界大战埋下祸根。

在经历过两次世界大战巨大创伤下，此时的德国已经分崩离析，政治、经济几乎土崩瓦解。分裂四十年之久的两德，存在着两种截然不同的政治制度和经济结构，其在意识形态等方面也存在着巨大差异，但在两极失衡的国际政治局势和全德意志民族的要求下，两德在很短的时间内实现政治制度的转轨，并最终走向统一。如今联邦德国建立了多党议会民主制，在实行"内阁制"的同时，也做到了立法、行政、司法"三权分立"与相互制衡的原则。

二　经济环境

德国作为一个发达的资本主义国家，其经济实力可谓欧洲之最，它不仅拥有稳健的货币和生机勃勃的发展状态，而且在世界很多地区都有着自己独特的市场。尤其是德国的汽车品牌世界闻名。作为一个全国土地面积大部分用于农业的国家，德国从事农业工作的人口，仅占从业人员的 2%—3%。德国也是全球八大工业国之一。鲁尔区是德国的传统煤钢工业区。慕尼黑（宝马汽车总部所在地）、汉堡、斯图加特（奔驰和保时捷总部所在地）、沃尔夫斯堡（大众汽车总部所在地）也形成了强大的制造业集群。柏林、莱比锡、德累斯顿则是德国东部的工业重镇。新兴工业集中在慕尼黑一带。

德国的主要工业部门有电子、航天、汽车、精密机械、装备制造、军工等。德国产品以品质精良著称，技术领先，做工细腻，但成本较高。德国的工业品在世界享有盛誉，他们是西欧最大汽车生产国。提起汽车，无人不知德国，提起品牌无人不晓梅赛德斯—奔驰、大众、宝马、奥迪等，德国在汽车上的至尊地位无人可以撼动。德国经济发展的主导是外向型经济，工业品一半以上出口外国。相对于工业的发展，德国的自然资源相对来说非常稀缺，主要依赖进口，而农业则相对发达，基本实现了机械化，这样不仅节约了大量人力资本，农产品基本也可以实现自给。德国服务业虽不如工业发达，但也非常完善。服务业主要包括商业、旅游、医疗卫生等。随着服务业经济持续增长，一半以上德国人从事于该行业，这既保证了德国的高就业率，又保证了经济发展稳步增长。德国丰富的旅游资源也对经济帮扶很大。

在总理默克尔的政策帮助下，德国的经济持续稳步发展。稳定的内部环境和欣欣向荣的外部环境，使德国经济非常健康，未来经济前景非常乐观。另外德国对品牌建设的重视，使"德国制造"被看作是高品质的代表，对产品研发的重视，使德国经济创新能力非常强大。这一切，都极力形成了德国经济的稳定现状，促使其成为世界上最稳定的国家之一，不仅如此他们同时也拥有着较低的失业率和供不应求的专业性人才。

这样繁荣稳定的德国也曾经历过阴暗、低沉的发展，尤其在希特勒统治和第二次世界大战期间，德国人民饱受法西斯的经济统治之苦，对纳粹政权相互勾结的德国垄断资产阶级也深恶痛绝。战胜国为了削弱德国的经济实力，利用德国人民对大垄断财团的憎恶，在战后初期对德国大垄断财团实行"分散化"方针，同时战后社会主义思想深入人心的情况下，德国资产阶级统治集团也迫切需要一种经济理论来对抗社会主义思想的影响。这样，以竞争为基本内容，主张自由贸易而又带有福利保障的社会化色彩的社会市场经济，不仅容易为中小企业主接受，而且也为大资本家所接受。按照推行社会市场经济政策的联邦政府首任经济部长路·艾哈德的说法，社会市场经济是"在绝对自由与极权之间寻找的一条健全的中间道路"。

艾哈德的社会市场经济的模式可以表述为：市场经济＋国家干预＋社会保障。首先是维护市场竞争，其次是国家制定政策保障竞争的健康进行，最后通过保险、救济和补贴等措施来缓和私有制及竞争必然造成的不公平，以避免社会矛盾的激化。艾哈德社会市场经济的出现，表明德国资本主义体制百多年来经历了起步、倒退而达到了成熟，即从俾斯麦时代古典的、野蛮的资本主义，经历了纳粹德国时期法西斯式资本主义的反动，达到了当代的有调节的、文明的资本主义。艾哈德从德国的历史中认识到要确保德国的前途不能靠征服更多的生存空间，而应该通过生产资本、货物、消费品和各种服务设备去占领全世界的出口市场。实施艾哈德的市场经济政策，使联邦德国经济得以恢复，从 1952 年开始进入恢复和繁荣期，到 1955 年联邦德国由债务国一跃成为债权国，这在历史上堪称奇迹。

当然德国的创新能力也是德国经济保持繁荣，实现奇迹的重要原因之一。在这种创新能力的带领下，德国走出了刚刚过去的金融危机。他们拥有超过 3 万家研究型企业和超过 11 万家创新型公司，不间断地为市场提供新产品。德国最大的强项在于技术创新，即新技术进入市场，成为新技术产品。德国每年超过 5000 亿欧元的技术产品出口额，使德国企业成为该领域的世界出口冠军。经济和社会领域的创新是德国促进经济增长和就业的关键因素。

三　文化环境

文化的形成需要一定的过程和历史沉淀，正如德国的历史一样，德国文化同样经历过辉煌，也遭遇过打击和创伤。只有两千多年有文献记载历史的德国，通过战争获得了国家的统一、确立了国家的地位、优化并统一了语言、形成了德意志民族意识、确立了基督教宗教信仰、传承了独特的民族性格。地处欧洲中部的德国其文化同英国、法国一样带有鲜明的欧洲特点，在承袭了古希腊罗马文化的同时又深受基督教文化的影响，它也带有着浓厚的本民族特点。作为欧洲的游牧民族，日耳曼人是德国人的祖先，他们骁勇善战，好斗成性，在他们的信念里，能通过流血方式得到的，绝不通过其他手段得到。这种战斗情结经过历史的积淀逐渐演变成了德国人的尚武情结和军国主义传统，并成了德国文化的一个重要因素。由"外国人教育"到"文化整合教育"再到"反种族教育"及至目前的"跨文化教育"，德国政府在文化教育的引导上拥有着绝对的主导权。

德国人喜欢读书是世界闻名的。无论疾驰的地铁车厢，还是阳光明媚的草地，甚至诊所的等候室，都会看到有德国人埋头读书，曾经有民意调查显示，70%的德国人喜爱读书，一半以上的德国人会定期买书，1/3 的人几乎每天读书。值得一提的是，在所有年龄段的人群中，30 岁以下的年轻人读书热情最高，50%的孩子表示喜欢和非常喜欢读书。据说，德国人每四个人中就有一个人是书虫。父母与孩子，朋友之间相互赠书是德国的一个传统，书店是德国最受欢迎的选购礼物的地方。这种爱读书的习惯是怎么培养出来的？有人曾将它归结于德国阴冷潮湿的气候和孤独忧郁的情怀，或许这是一个原因吧，但更多的原因应该是德国政府对读书的提倡。在这样一个文化生活永远高于政治生活的国度里，无论城市还是乡村，仅拥有 8200 万人口的德国拥有着 6000 多家书店，2000 多个书亭，超过 1.4 万个图书馆，平均每一万人就拥有一个书店或书亭，以及 1.7 个图书馆。此外，在加油站、综合性超市和大型仓储超市、百货公司都可以买到书。书店的设置也往往让人耳目一新：阅读岛、咖啡座、朗读场、音像制品试听区和电脑查询台。在这样舒适、宁静、高雅的环境里读书，读者感受到的是真正的精神享受。在德国坐落着世界上最美的图书馆——维布林根修道院图书馆。歌德曾这样形容书和文化的力量对于德国的影响："假如不是通过一种光辉的民族文化均衡地流灌到全国各地，德国如何能伟大呢？遍布各地的图书馆、博物馆和剧院作为支持和促进民族文化教养提高的力量，是绝不应被忽视的。"

四　教育环境

德国的教育体制主要是从中古世纪以后开始发展，起初，受教权只属于贵族以及神职人员，随后才逐渐普及一般人民，使全民教育体系的发展兴盛起来。而义务教育的传统则是建构在马丁·路德思想的影响下。早在普鲁士时代，德国当政者已经看到了教育对民族复兴的巨大作用，在普鲁士，受教育和服兵役一样被视为公民必需的义务，而国家则必须为它的公民提供受教育的机会。普鲁士成为世界上最早设立国民教育系统的国家之一。免费教育从 19 世纪中期就已开始。德意志统一前夕，适龄儿童入学率就已经达到 97.5%。德国早期灌输给学生的教育理念就是：年青一代从一开始就要学会不仅为自己而活，而是为整个民族而活。在这样一个极度推崇教育的国度，当政者对教育经费的划拨从来不曾吝啬。即便是在普法战争失败之时，在面对巨额赔款，国民经济低迷的情况下，作为普鲁士国王的威廉三世也不曾犹豫地拿出了自己最后一点家底，并把自己豪华的王宫捐献出来作为大学校舍，他接受了大学提出的一个要求，那就是：国家必须对教学和科研活动给予物质支持，但是不得干涉教育和学术活动。威廉三世曾这样说过："这个国家必须以精神的力量来弥补躯体的损失。正是由于穷困，所以要办教育。我从未听过一个国家办教育办穷了，办亡国了。"就是在这样一个拥有国家物质保障和充分自由下，柏林大学诞生了，它的确不负众望，在这里它成就了大批影响世界推动德国发展的科学家。

在西方近代教育的发展进程中，德国曾作出重要贡献。赫尔巴特的《普通教育学》被认为是第一部具有科学体系的教育学著作，福禄贝尔创办的幼儿园影响了世界学前教育的发展。近代西方的教育视导、公立教育、义务教育制度、实科教育、师范教育、双轨学制和双元制职业教育等，也大多起源于德国，并对其他国家产生了重要影响。

德国提倡的口号是：培养一个完整的人。德国学前教育的特色是把教育的责任归之于父母。德国宪法明文规定：教养儿童是父母的自然权利和义务，真正担任教育责任的是父母。在德国人们普遍强调，孩子生活在一个与其息息相关的生态环境中，海水、太阳、石子、树林、沙子等都是所要探索和利用的，所以很重视孩子发展与自然、社会的关系。他们认为孩子就是孩子，幼儿园是孩子发展的地方，要对孩子提供帮助、支持、鼓励，引导孩子用自己的方式获得自我发展的潜能。

尽管德国人崇尚完美，但他们对完美的定义却是注重进步，逐渐完美而非一次到位。尤其对孩子的教育，他们要求并不严格，而是设定底线，符合标准就算达标。为了给孩子营造一个轻松快乐的学习环境，德国政府颁布《基本法》明确规定，禁止设立先修学校，但这并不意味着德国政府不重视孩子的"学前教育"，而是认为孩子应该获得与其天赋相吻合的教育——玩耍。所以在德国的幼儿园，孩子的教育重点表现在着重于学习礼貌举止，社会公德，交通常识，生活常识，培养自理能力、动手能力和阅读习惯。并且学习方式不是课堂灌输式，而是在游戏活动中自由进行，所以德国幼儿园的老师除教育孩子认识事物外，他们更多的是引导孩子自己动手做玩具，因为他们认为孩子的想象是无限的。除了自己动手这些孩子也会从他们父辈那里继承玩具，在德国人眼中一件玩具不仅是一个人玩的而是大家玩的，玩具应该教会孩子懂得与他们互相配合并且应该是启迪智慧的。德国幼儿园教育还包括了解社会机构职能，比如，参观警察局和消防局，学习如何报警，了解他们如何进行救助工作。同时要参观图书馆和政府办公室，学习怎样借书还书，了解在图书馆应该保持安静，了解市长是干什么的，等等。

德国很早就实行小学阶段的分流制度。德国的小学一般为四年制，孩子们在小学四年级时，就实行分流测试，孩子们毕业后可以选择去职业预校，也可以去其他类型的学校；德国所有类型的中等学校，比如，实科中学、文理中学和综合中学都为孩子们提供了多种发展方向的课程选择，可以毕业后进入技术学院，也可以进入普通高校。德国职业技术教育发达与此有关。

作为拥有悠久行会历史的德国早在中世纪就已经开始盛行学徒制，这种带有"自我管理""边工作边学习"的培训方式为双元制的实行奠定了生存土壤，当然一种制度的推行与成功必定离不开国家的支持与帮助，为此德国建立了一套完备的法律、法规体系作为其实行的根本保障。

　　德国著名的双元制教育模式就是指由企业和非全日制职业学校共同承担教育责任的职业教育模式。由于双元制职业教育注重实践技能的培养，所以深受企业和学徒的欢迎。德国有职业专科学校、职业提高学校、专科高中、职业高中、职业或专科完全中学和"双证制"学校等全日制职业教育学校，有职前培训、在职培训和转岗培训等职业培训形式。德国通过半个多世纪的探索，先后推出《对历史和现今的职业培训和职业学校教育的鉴定》《职业教育法》《青年劳动保护法》《职业教育促进法》《实训教师资格条例》等职业教育法律，逐步发展和完善了校企合作的"双元制"职业培训形式。获得双元制职业教育资格的学徒必须到指定的职业学校接受义务的职业教育。其学习可以分为基础学习阶段和职业学习阶段。各州文教部长联席会议规定，职业学校为学徒提供每周不少于 12 小时的教学时数。其中，专业课程占全部课程的 2/3；普通文化课程如国语、数学、外语、宗教、体育等，占全部课程的 1/3。

　　作为一种先进的职业教育模式，德国每年有近 2/3 的中学毕业生接受双元制职业教育，有 340 多种培训专业可供年轻人选择，培训专业的学习年限 2 年至 3 年。这种双元制职业教育不仅促进了德国经济的发展、提高了劳动者的职业素质，而且在世界各国享有盛誉。德国人自豪地将"双元制"称为"德国经济腾飞的秘密武器"。

　　德国的高等教育机构涵括了 340 所高等学校，其中大部分是公立，大约在 160 所大学、神学院、教育学院以及艺术学院里，每年约有 3/4 的大学生都是集中在这里学习；其余的学生则分属于应用技术大学、职业技术学校等相关领域。

　　综合性大学以教学和科研为主。高等专业学院以培养应用型人才为主。一些高等专业学院还设置使用英语授课的继续研修阶段课程。德国大学教学语言主要是德语，一些院校近年也逐步开设英语教学的国际课程。

五　民族性格

21 世纪英国著名的历史学家泰勒这样评论："德国的历史是一部充满绝对的历史，在这部历史中，什么都有，就是没有中庸和节制；在一千多年的历史中，德国人什么都经历过了，就是不知道什么是温和的人生。他们曾经征服了欧洲，同时自己也成为受别人奴役的无助的受害者；他们享受过空前的自由，然而也受过空前的专制政权和压迫。他们向人类贡献了最具穿透力的哲学家、最具思想性的音乐家，然而也滋生了最无赖和最残暴的政治家。'德意志'这个概念在一些特定的时间里意味着敏锐、细腻、令人信任、尊崇上帝；但另外，这个概念又意味着残暴、毫无原则以及奴役他人。因此，有时候德国人给人一种印象：他们太厚爱这个世界了；同时他们又给人一种印象：他们简直不配为人。而这两种特点不但会在同时代出现，而且也会出现在同一个人身上。"作为一个"巨大的矛盾体"，德国，要想破解它的秘密，我们必须追溯历史，了解这个民族的性格特征。

作为游牧民族的德意志人民的祖先，早在公元前 3—6 世纪就随"民族大迁徙"来到西欧。经过不断的争斗与努力，于 15 世纪取得辉煌成绩。但好景不长，随着新航道的开辟和印度航线的问世，加之连绵不断的战火，德国迅速衰败下来。1618—1648 年的"三十年战争"将德国内部矛盾推向顶峰，这时的德国经济低迷，政治上分崩离析，农奴制的复苏，加剧了农民的困苦，渴望统一、获得解放的呼声越来越高。1871 年在"铁血宰相"奥托·俾斯麦的带领下，德国排除万难，终于实现了"小德意志"方案的统一。尽管后来经历两次世界大战，德国两起两落，但如今仍旧站在世界经济的前列，其不得不归功于德意志人民根深蒂固的民族性格。回味历史，观望今朝，我们可以将德意志的民族性格简单做一个归纳：服从而不缺少反抗，残酷中又带有温柔；理性中不缺乏野心，严谨中略显呆板。

服从。日耳曼人军事氏族时期形成的服从头领的意识，在普鲁士时期得到强化并扩散到统一后的德国。条顿骑士三誓言——"安贫，守贞，服从"在日耳曼人精神世界中具有最广泛和深刻的影响，并根深蒂固地成为现代德意志人精神气质的基本要素。路德维希在《德国人》中指出"德国人习惯于服从，他们甚至对征服者冷酷无情，对严厉苛刻感到钦佩"。第二次世界大战期间对于希特勒进攻波兰，攻击法国，建立纳粹集中营，屠杀犹太人的反人类做法，很多士兵即便知道这有违人性，却狂热而坚决地执行，这无不反映了他们内心强大的服从性。保护会员利益的城市行会文化也强化了德国人的依附意识和服从意识。行会给年轻人提供了上升的空间，只要努力学习通过考评后成为师傅就可以收徒授业。城市行会文化衍生出了一种新的公共道德，社会中每一分子无论是什么出身、地位、族群和信仰，都必须遵守这种道德，这就与贵族文化的精神大相径庭。在乡村，统治者是贵族，他们享受着特权，许多法律只是针对"仆人"的，"主人"则"逍遥法外"。工作、勤勉、遵守纪律、讲究效率、质量意识，都是"仆人"的事，至于服从，更是与"主子"无关。而在城市中的行会里，评价一个人的标准，不在于他的血统、宗教信仰，而在于他是否满足市民阶层的普遍道德，在于他对于一个团体的贡献。

反抗。从那维亚和波罗的海迁移到莱茵河与多瑙河地区，可以说古日耳曼人的迁徙史就是一部抗争史。无论是公元 9 年阿尔米纽斯领导的、在托伊托堡歼灭三个罗马军团的胜利，还是 16 世纪初德国发生的宗教改革，德意志民族在其漫长的历史中用反抗实现了一次又一次的民族崛起。

温柔。不可摧毁的民族亲和力。1848 年争取民族统一和自由的运动席卷了整个德国，即便革命失败，但统一的心声已经根深蒂固地种在了每一个德意志民众的心里。其充分体现了不断成长的德意志民族意识和亲和力。20 世纪下半叶，这种不可摧毁的民族亲和力又一次充分地体现出来。当时希特勒发动侵略战争，恶果落在了每一个德意志民族的头上。面对历史，德国人没有选择遮盖与逃避而是诚恳地接受。尤其在 1970 年的这个萧瑟冬日，刚刚上任的联邦德国总理勃兰特用自己伟大而带有亲和力的举动又一次让世人看到了德意志民族的特性，他来到了波兰华沙犹太人纪念碑前（第二次世界大战中，波兰有250万犹太人在集中营里饱经痛苦、绝望的折磨，最终无助地死去），在冰冷的风中，勃兰特一步步走到死难者的墓碑前，在全世界的注视下，这位第二次世界大战中反纳粹的英勇斗士，做出了一个令所有人震惊不已的动作：他跪倒在地。正是凭靠着这一份坚韧与努力，德意志民族才会长期屹立于世界而不倒下。

野心。德意志封建国家自创立时起，就没有停止过对外扩张。如奥托一世于962年在罗马加冕称帝后入侵意大利、20世纪的两次世界大战，威廉二世和希特勒称霸世界的野心，这些都使德意志国家蒙受灭顶之灾，现代事业遭到中断。

秩序。典型的德国人是墨守成规、钟爱秩序的，他们生活井井有条，遵纪守法，无论干什么他们总是十分认真，凡是有明文规定的，大都会自觉遵守；凡是明确禁止的，几乎没人碰触。流传的有关德国人的一个笑话说，在德国的马路上，如果红绿灯失灵了，行人可以在马路上一直等下去，等修好了再过马路。德意志民族从道德和法律两个层面打造了如今高效有序的社会秩序，其内容涵盖了整个社会生活，包括生产生活诸方面的行为准则，而这种有序的社会秩序是社会文明的高度保证，得到了人们的普遍认同。

严谨。德国人的严谨举世公认。在这个浮躁的世界，无论从哪个角度看，严谨都是一种优点。在这个地球上，无论哪个地区，找些作风严谨的人士并不难，难的是一个民族乃至一个国家全是这样风格的人。德国就是这样的地方。同样出书，德国书中很少出错，极为复杂的书可能一个错误都没有，连标点符号都包括在里面。这并不意味着德国人具有校对天分，质量好源于他们肯下笨功夫，一遍遍地认真看而已。同样造车，精美、可靠、耐用是德国造车的宗旨，也代表了德国人的风格。他们造车的理念就是追求领先的设计理念和技术水平、高成本的制造工艺，以及对材料的精心选择——无论是速度还是质量。这就是为什么德国车在世界影响力巨大、每当新一代的车型出来都会获得巨大成功的原因。一句德国谚语说："工作使生活愉快。"在一个由劳动者组成的社会中，"Arbeit"（工作、劳动、技艺、产品）

受到特别的重视与尊重是理所当然的。德国人经常说的还有："工作第一，享乐第二。"德国人对待工作的态度，即所谓职业道德，是很突出的。历史学家指出，中世纪的手工业者是历史上第一个把工作评价为最高德行的集团。而路德认为，任何职业都是为上帝服务的，任何工作都与传教士的工作一样高贵，这就彻底改变了基督徒对待工作、对待劳动的态度。所有基督徒受洗之后都是一个共同团体的成员；这个团体被认为是基督的身体，即基督教界团体。在这个团体中，信徒们的各种身份限制被破除了，各种世俗的和宗教的限制都不再起作用。既然基督团体是基督的身体，那么这个集体中的每一个部分都必须保持健康，运转正常；只有这样，基督的身体才能是健康的。首脑的作用自然是至关重要的，但是手脚的作用也不可或缺，头帮助手，眼睛帮助脚，脚帮助整个躯体，如此往复循环，各个部位都获得其意义。用这种观念来看待世俗的许多事物，可以得出一种全新的结论。路德继承德国神秘主义者的衣钵并发展之。他认为，在基督团体中，贩夫走卒的工作同教士的工作同样重要；每一种工作都是重要的，其中包含了一种使命，这就是维护基督身体的健康。工作同使命之间建立起了一种联系，职业不再只是谋生的手段，而是被赋予了神圣的意义。所以在德语中，表示职业的词汇不是"profession"，而是"Beruf"。在当时的德语中，"Beruf"往往与召唤、使命同义，所以马克斯·韦伯说，德语的"职业"一词含有宗教和经济的双重意义。既然职业不仅是一个工作、一种谋生的手段，而且也包含一种神圣的使命在其中，是上帝派给一个人的角色，那么从事这种职业的人就必须接受上帝的安排，完美地履行其职责，以维护基督团体的健康。他不可以玩忽职守、随便对待工作，因为他不可以以随便的态度对待上帝；每一个人，无论他从事什么职业，都必须恪尽职守。正是这种恪尽职守的工作态度形成了德国人做事精益求精的严谨态度。

六　杰出人物个案

　　德国古往今来涌现出的各类杰出人物灿若星辰，数不胜数，哲学家如马克思、康德、叔本华、黑格尔、尼采、莱布尼茨、雅斯培尔斯、维特根施坦、胡塞尔、哈贝马斯、马克斯·韦伯等；教育家与心理学家赫尔巴特、弗洛伊德、福禄贝尔、洪堡、第斯多惠、瓦根舍因等；政治家与军事家奥拓、腓特烈二世、克劳塞维茨、华伦斯坦、毛奇、伦斯泰德、李斯特、俾斯麦、威廉、希特勒、隆美尔、阿登纳、勃兰特等；文学家与艺术家歌德、席勒、荷尔德林、海涅、里尔克、托马斯·曼、莫扎特、巴赫、贝多芬、勃拉姆斯、舒曼、门德尔松、瓦格纳、斯特劳斯等；科学家欧姆、高斯、赫茨、开普勒、伦琴、科赫、普朗克、玻恩、菲尔绍。限于篇幅，这里只介绍德国民众近年来评选出的部分德国名人。

　　1. 康拉德·赫尔曼·约瑟夫·阿登纳——最伟大的德国人

　　康拉德·赫尔曼·约瑟夫·阿登纳（Konrad Hermann Joseph Adenauer，1876—1967），著名政治家、法学家。2005 年 11 月 28 日，德国电视二台投票评选最伟大的德国人，康拉德·阿登纳名列第一。这位前西德总理一生经历了德意志帝国、魏玛共和国、第三帝国和联邦德国四个重大历史时期。在他的领导下，德国从一个政治动荡的废墟国演变成为一个与西方平起平坐的经济强国。经济上他用市场经济抚平了战争留给德国的创伤，创造了一个"经济奇迹"。他创造的德国被人们誉为"第四帝国"，比之希特勒的第三帝国，它拥有无限的"生存空间"任其发展，并用数百万计的大众汽车、机床、机车、重型工业设备、机器、发动机和其他出口商品，在世界各地建立起了商业"桥头堡"，这远比希特勒用几百万军队对欧洲、俄国和非洲进行的失败战争征服所建立的"桥头堡"更加稳固和持久。今天，由于联邦德国优越的经济实力和先进的高科技技术，它已经成为欧洲大陆上居于支配地位的国家。饮水思源，人们把联邦德国取得的成就归功于阿登纳，并把他称作是"联邦德国之父"。

这个给德国现代史打上阿登纳印记的伟大领袖，于1876年1月5日生于德意志帝国科隆一个小资产阶级职员家庭中，童年时代的阿登纳家庭虽不富裕但父母相处和睦，生活美满，小时候阿登纳性格内向，非常害羞，遇到熟人跟他讲话总会遮着脸，后来当他意识到这个弱点时，经过几年的强烈克制，才逐渐恢复言语自如。小阿登纳的启蒙教育是在父亲勤俭节约、热爱真理的教导下完成的，父亲让他学会了忍耐与担当，阿登纳跟父亲学习了一年级的课程，这样他一进入小学就连跳了两级。父亲也发给他学习证明书，这些证明书他一直都保存得很好。父亲为人很严厉，经常告诫孩子们要忠于职守。有一次，一个哥哥因听到火警而撂下功课不做跑去看时，遭到了父亲的严厉谴责。父亲说："哪怕有人在向你开炮，你也得继续工作！"这件事在小阿登纳的心里打下深深的烙印。当时他们几兄弟都非常尊重和理解父亲。父亲用过的象牙柄手杖，是全家引以为荣的骄傲。小学时期的阿登纳成绩优异，进入中学后他对文学、历史、自然科学等都产生了浓厚兴趣，家里的简单机械无一幸免地被他拆修过，他会向任何一个可以告诉他知识的人不断追问宇宙终极的问题。中学毕业以后，由于家庭无力负担他上大学的费用，他不得不在银行任职，看到工作两周后沮丧的阿登纳，他的父亲最终于心不忍，决定压缩家庭开支，供他上完大学。阿登纳知道家里为他提供的这次就学机会来之不易，所以他异常珍惜，为了刻苦学习，增加学习时间，他有时在夜间把脚放在冷水桶里以保持头脑清醒。在弗莱堡大学、慕尼黑大学和波恩大学他先后学习过法律和国民经济，第二次世界大战前曾以天主教中央党员身份担任科隆市长十几年，并在一张列着科隆清白公民的名单上排名第一。

1949 年他以 73 岁之高龄当选为德意志联邦共和国的第一位联邦总理。在管理国内经济时他把权力交给了经济部长艾哈德教授。而自己全力发展外交事务。在阿登纳的带领下西德由主权被外占领，一步一步发展成为拥有独立主权的国家并于 1951 年 5 月 2 日作为正式成员国加入英法等国在 1949 年成立的欧洲委员会，于 1955 年 5 月加入北约。作为一个务实的政治家，阿登纳同时具有审时度势、纵横捭阖的前瞻眼界，面对积怨多年的宿敌法国，当他意识到和解是德国走出困境的重要途径和实现欧洲一体化的基础时，他殚精竭虑去谋求法德和解，在十几年的和解之路上，虽然国际形势的发展为和解提供了契机和条件，但是，阿登纳所起的重要作用不容小觑。他对国际局势的敏锐眼光和抓住机遇的能力，他立足于欧洲联合的正确的政策，他灵活多变的既妥协又斗争的策略，他一贯具有的坚定的信念和不达目标不罢休的意志，这些无疑都是法德和解进程中的重要因素。事实证明，正是在他强有力的领导和顽强毅力使其成为稳定 50 年代德国的领导核心，带领西德人民走向了幸福之路。91 岁的阿登纳去世后，很多西德民间团体表示：感谢他"为德国人民所做的一切"和他"勤奋、刚直"的品格和求实态度，他的政敌也赞赏他的"真正领导者的素质"。2005 年 11 月 28 日德国电视二台投票评选最伟大的德国人：阿登纳当选第一，宗教改革家马丁·路德第二，卡尔·马克思第三……

西方评论界曾这样赞誉他"以他的铁肩支撑危局，使一个战败的、几乎气息奄奄的民族经受住了考验"。尼克松在他所著的《领导人》里曾写道："提出一种主张是一回事。在合适的时机提出这种主张是另一回事。而能够成为把这种主张付诸行动的人，又是另一回事。恰恰是这三者构成了阿登纳的伟大之处。"①

2. 马丁·路德——宗教改革家

马丁·路德（Martin Luther，1483—1546）是德国中世纪晚期最伟大的宗教改革家和社会改革家，他促使基督新教的产生，对西方文化乃至世界文化做出了重大贡献。路德对历史做出的最大贡献不在政治方面，而是宗教上。他就像是一个起点，一道曙光！从他开始，基督教的信仰的根基开始回到圣经当中，不再是教会的公会议。他对"人如何得救""宗教权威性何在""何为教会""基督徒生活的真谛是什么"这四个基本问题，给予了鼓舞人心的崭新答案。而这些具有深远意义的答案均是他从圣经中所找到的。因此，他的勇敢，为后世新教的发展，以及对圣经原则正确阐释和坚持都起到了十分重要的作用。直至今日，新教的任何经典描述都必定是这些核心真理的回声。

他毕生潜心的圣经翻译及其近百卷论著，为奠定德意志民族的共同语——新高德语做出了伟大的历史贡献。为此，著名哲学家赫德尔称他"唤醒并解放了德语这一巨人"。恩格斯也赞扬："路德不但扫清了教会这个奥古亚斯的牛圈，而且也扫清了德语这个奥古亚斯的牛圈。"这些绝妙的评价，不仅揭示了中世纪德语纷繁芜杂的非统一状

---

① 杨寿国：《阿登纳传》，上海外语教育出版社 1992 年版。

态，也客观地对路德在德语发展史中的业绩和地位作了定论。①

马丁·路德于 1483 年 11 月 10 日生于罗马帝国（今德国）艾斯莱本一个农民家庭，随着当时商业经济的发展，马丁·路德的父亲由务农转为矿工而后在曼斯费尔德拥有了一处铜矿，家庭条件的好转使马丁·路德接受了良好的启蒙教育，而马丁·路德后来却将这一时期所受的严格教育称为炼狱，正是在这样的早期教育下使他在拉丁文、修辞学、逻辑学、神学、音乐的知识学习上，获得了扎实的基础。1501 年，年仅 17 岁的路德进入图林根有名的大学——埃尔福特学习哲学，这时他的成绩并不算优异，但后来凭着勤奋努力，他渐渐名列前茅。这一时期的路德是一个敏感而情绪化的少年，他将埃尔福特大学称之为酒吧和妓院。路德毕业后在父亲的支持及栽培之下，进入法学院继续攻读博士学位，而天生善于思考的路德并未在学习法律的过程中获得人生的快乐，他渴求贴近上帝保有内心的平安，在一次夏季返校路过艾福附近斯坦黑的乡村时，突遇暴风雨，电光闪射，火球就落在他脚前不远处，他受惊扑倒，跪在地上，自念死期将到，永远死亡的审判正在严肃地呼唤他。正被这样的忧急和恐怖围绕之时，他听到一个呼唤，无法再抗拒，便立誓说："神若拯救我脱离这个危险，我就撇下世界，专心侍奉神。"从地上爬起来之后，死亡的恐怖还是充塞在他的心里，知道这日早晚终要来临，他慎重自省究竟该做什么？过去的思想又开始更加有力地攻击他——他是如此不洁的人，怎能站在神面前受审判呢？因着这些深刻的感觉，在他早期所写的诗歌中，每首都能触摸到他对神的尊重和忠诚，对审判灭亡的战兢和恐惧，对救恩的饥渴和感激，使他诗歌有那样深切感人的力量。暴风雪之后，他毅然放弃了法律转投神学。

作为一个从事宗教事业的知识分子，路德一生功绩卓越。他凭借自身认真谨慎的工作态度创造了德意志早期的语言统一，他通晓拉丁文、古希伯来文、希腊文，以及德意志许多方言，即便这样博学，为保持语言的权威、词汇的准确及保证翻译过程中文章的本色化和信仰

① 李文哲：《论马丁·路德对德语的历史贡献》，《外语教学》1994 年第 4 期。

的精辟，他也会经常虚心请教他人。在当时可以说没有哪一种译文可
以与路德的译本相媲美。到 1546 年逝世前他的德文《圣经》可谓无
与伦比。路德主张政教分离，又提倡相互扶持希望二者都进行有利于
人民的改革。他号召尊师重教、寓教于乐、工读并进，是第一个提出
政府实行强迫义务教育的学者。在做人的伦理道德上他强调每个人的
自身职责，把人们所从事的工作，看成是上帝的"召命"，他认为
"产生信仰的基础是人的理性、人的意志和自由"，因此他创立了
"三唯"理论，把《圣经》的解释权交给了普通群众；他否认教士阶
层在人与上帝间的"中介"地位及种种特权，在他的改革之下，中世
纪罗马公教教会在欧洲的独一地位被终止了。一位修道僧，能够反戈
一击，站到了时代的前列，并且终生奋斗不息，历史上的确是少有
的，而路德就是其中一位，路德曾这样评价过自己："我是一个好修
士，严守纪律，我可以宣称，若有修士能因着遵守纪律就能到达天
堂，那应该就是我。在这屋的伙伴，只要是知道我的，都能够为此做
证。我若是拖延着礼拜，祈祷，阅读和其他这类的工作，我想我可能
会痛苦而死。"是的，他的确做到了，这位文艺复兴时期的"巨人"
的确是具备了一个修士该具有的所有优良品质。①

3. 奥拓·冯·俾斯麦——铁血宰相

———————

① 马丁·路德小传，http://cclw.net/other/sbc/srysg2/htm/chapter03.html，2017 – 10 – 12。

奥拓·冯·俾斯麦（Otto Eduard Leopold Von Bismarck，1815—1898）是德国著名的容克政治家和外交家，"自上而下"统一德国的代表人物，被后人称为"铁血宰相"。俾斯麦担任普鲁士王国首相期间，在1866年发动了普奥战争并取得胜利。1870年又进行普法战争，打败了法军。年底南德四邦加入了德意志联邦，成立了德意志帝国，俾斯麦任德意志帝国宰相兼普鲁士首相。俾斯麦靠"铁血政策"自上而下地统一了德国，还帮助法国凡尔赛政府镇压巴黎公社。他对内颁布《反社会党人非常法》，残酷镇压工人运动；对外力图运用联盟政策，确立德国在欧洲的霸权。1890年3月被德皇威廉二世解职。俾斯麦下台时被封为劳恩堡公爵。此后他长住汉堡附近的弗里德里希斯鲁庄园，1898年病逝。

俾斯麦是保守派，维护专制主义；但他通过立法，建立了世界上最早的工人养老金、健康医疗保险制度、社会保险。俾斯麦在外交上纵横捭阖，成为19世纪下半叶欧洲政治舞台上的风云人物。著有回忆录《思考与回忆》。

1815年4月1日，俾斯麦出生在勃兰登堡阿尔特马克雪恩豪森庄园的容克世家。他的父亲费迪南德·冯·俾斯麦是来自普鲁士容克家族的一位思想保守的退休军官，相比于容克的粗野、专横，缺乏应有的贵族气息，俾斯麦的母亲威廉明妮因为出生于上流社会的门肯家族（俾斯麦的外祖父路德维希·门肯在腓特烈大王和腓特烈·威廉二世的朝中任过普鲁士驻瑞典大使，任过内务大臣。门肯家族是书香门第，一百多年来，他们在大学当法律和历史教授或当律师），有着与父亲截然不同的出生环境，思想则显得更为开放、富有远见和善于交际。正是这位有着对自己娘家门肯家族无限荣誉感和略带虚荣的母亲，为了促使自己的儿子长大后能进入上流社会，从小极其重视小俾斯麦所受的教育。童年时代的俾斯麦并不理解母亲的一片苦心，他更喜欢带他四处闲逛和打猎的父亲，幼年时期俾斯麦对自己的母亲有着反感乃至憎恶的态度，直至后来他成为伟人后才明白母亲将他送往柏林对他一生产生了深远而积极的影响。

19世纪初，德意志还是个农业国，有3/4的居民生活在乡村。随着英国工业革命的影响和 1815 年对拿破仑的战争取得胜利，德意志的近代工业有了长足的发展。柏林因工商而致富的人希望自己的孩子进入名牌学校接受教育，柏林贵族们讲究门第，大多不愿让自己的孩子与平民子弟为伍，他们不是另择贵族学校就是在家延聘教师。

　　8 岁时俾斯麦在柏林的预备学校受到了严格的教育，这所学校是由基督教新教中历史较为悠久的福音派牧师于 1805 年创建的。俾斯麦在学校里很快就学会了游泳和击剑，体操训练使他的身体更加结实强健。学校还按照裴斯泰洛齐的设计，让每个孩子在校园里耕种一小块土地。开始他和哥哥对突然离开家庭过独立生活不适应。但毕竟是孩子，整日有一群年龄相差无几的玩伴肯定开心。第一学年结束，俾斯麦的评语单上说：“该生性格开朗、热情奔放，受老师同学们喜爱。”俾斯麦 11 岁时，第四个学年后，学校评语说：“该生今后必须克制好发怒的习气，在学校的娱乐活动中应注意适度，不能放纵自己，更不能对作业敷衍塞责。”最后一学年时，普鲁士宫廷画师弗朗茨·克雷格尔曾给他画了一张肖像。它是一张半身的 3/4 侧面像，头微微向前倾，下巴微微收缩，一个结实的胖乎乎的小男孩，一头乱蓬蓬的硬扎头发，鼻子微翘，嘴宽，双下巴，招风耳，挺括的校服上翻出白衬衫领子，眼睛从右向左正视前方，一脸玩世不恭的微笑。由于身边大多数同学出身于资产阶级家庭，他们总是排挤这个容克之子，这使俾斯麦的童年承受了极大的痛苦和压力，但容克家族天生具有的勇敢与倔强使他并不感到灰心，反而促使了他更加勤奋学习，最终他学会了英语、法语、俄语、波兰语、荷兰语，这使其成为一个多语言天才，并为他随后的外交生涯打下了坚实的基础。1832 年俾斯麦进入哥廷根大学，一年半后转入柏林大学，主要攻读法律，这时候的俾斯麦对历史和外语也感兴趣，在学习古希腊文和拉丁文时，古希腊史和古罗马史文献就是他的范文、教材；学习德意志史时他觉得轻松愉快，他觉得很多历史人物和事件就是儿时在克尼普霍夫庄园听老牛倌布朗德讲过的有趣故事；英国历史是一些和德国历史不同的有趣故事。大学期间，他曾与同学发生过 27 次格斗，劣名远扬。

　　1835 年于柏林大学毕业后，俾斯麦回到老家管理自己的两处领地。强壮的体格，粗野的个性，对待农民的残忍，追求目标的毅力和不择手段，以及现实主义的态度，构成俾斯麦鲜明的性格特点。1835年后，由于不甘于现实的庄园生活，俾斯麦进入政坛。这一次步入政坛，使俾斯麦一生的命运彻底改变了。他首先是当上了河堤监督官，这份差事很适合俾斯麦好胜的性格。2月中旬的易北河是凌汛期，排山倒海的浮冰从上游堆移下来，若不及时疏导，就有可能在有河坝桥梁的地段拥塞堆积，大块的冰凌和不断累积的水压有可能冲决河堤而吞没易北河两岸的田庄牧场。每年凌汛都有一个月左右。俾斯麦倒是很愿意接受这个挑战，他心中还有一个榜样，就是歌德在魏玛当大臣时在易北河上流耶那也身体力行斗过凌汛浮冰。因此他很称职，很快树立了正面的形象。1847年5月，俾斯麦33岁时便成功当选为柏林州的正式议员。

1851年他进入外交界任普鲁士驻法兰克福联邦代表会的公使后，他的政治态度发生了明显的变化。由保守的"宫廷党"变为维护德国统一的革命党。建立在普鲁士领导下的德国民族统一，是俾斯麦的信念和利益所在。1862年9月下旬，俾斯麦应召出任普鲁士宰相兼外交大臣，随即提出："当代的重大问题不是用说空话和多数派决议所能解决的，而必须用铁和血来解决。"统一德国依靠"铁和血"，即凭借暴力。这是俾斯麦的纲领和信条。因此，他在历史上被称为"铁血宰相"。俾斯麦不理采议会中资产阶级多数派否决政府拨款，也不理会他们的"违宪"指责，擅自支付经费，进行了大规模的军事改革。

20世纪60年代初，俾斯麦依靠暴力，煽起民族主义情绪，利用有利的国际环境和纠纷，采取行动。在这场所谓"为德意志民族利益"的口号下发起的战争，兼并了德国北部属丹麦王国的领地什列斯维希－霍尔施坦两州并使俾斯麦晋封为伯爵。1866年俾斯麦挑起对奥地利王朝的战争，随后奥地利退出德意志联邦。莱茵河线以北的整个德国北部和中部建立起普鲁士领导的北德意志联邦，俾斯麦任宰相，并拟定了一个对资产阶级也有一定好处的宪法，由此获得了资产阶级拨出的大笔奖赏酬劳。1870年俾斯麦策动对法战争，1871年俾斯麦在法国的凡尔赛镜厅宣布统一的德意志帝国成立。列宁曾说过："俾斯麦依照自己的方式，依照容克的方式完成了历史上进步的事业。"①

4. 路德维希·凡·贝多芬——艺术天才

路德维希·凡·贝多芬（Ludwig van Beethoven，1770—1827），德国著名的作曲家、钢琴演奏家、指挥家，维也纳古典乐派代表人物之一。被尊称为"乐圣"的贝多芬于1770年12月16日出生在德国波恩一个贫困家庭，自幼跟从宫廷唱诗班的男高音歌手父亲学习音乐，4岁时贝多芬被父亲逼着学习钢琴、小提琴，其父愚蠢地想用强制性手段将他培养成莫扎特式的神童，父亲专横而粗暴的教育态度让年幼的贝多芬受尽苦楚，随后几年当父亲约翰发现自己的知识不足以给贝多芬上课时，便找上了同是"酒鬼"的古怪音乐家普法伊费尔，于是会看到两个经常喝得烂醉的人，晚上十一点或十二点从小酒馆回到家，就会把躺在床上的小贝多芬叫起来练习钢琴。在这样痛苦的早期教育下，最初十年贝多芬都将自己包裹在沉默之中。家庭环境、行动和态度这些原本容易导致无尽无休的失望和绝望，它们对贝多芬的影响巨大，一方面它使贝多芬放弃了建立真诚、充满爱的人际关系的所有希望，另一方面也锻炼了他的适应能力和对苦难的承受能力。学

① 奥拓·冯·俾斯麦. 百度百科［引用日期2017－11－10］。

校教育并不能使贝多芬取得学业上的进步，这个拥有潜在能力的天才在同学心中被认为是孤独的，但在老师和资助人的帮助下，贝多芬逐渐认识到了自己的创作能力，这将他从人生第二个孤独的十年里逐渐解放了出来，尤其是当他遇到生命里的"贵人"内弗时，他的出现为贝多芬的成长搭建了一块稳固的跳板，他认识到了贝多芬的才华并给予了他鼓励与关怀，并且内弗的才能和道德品性，成为处于人生转折的贝多芬时刻仰望和竭力效仿的对象。

贝多芬一生坎坷，直到而立之年才开始写下第一部交响曲，而莫扎特在这个年纪已经完成了四十部左右的交响乐了，正直此时他的听力也已经逐渐衰退了。到 1801 年当他确信自己的耳疾无法医治时，才把这件事情告诉他的朋友。凭借着对艺术的热忱和对生活的热爱，他最终战胜了肉体的苦痛和绝望，在那个封建复辟的年代里始终坚守着"自由、平等、博爱"的政治信念。孤寂的生活并没有使他沉默和隐退，在一切进步思想都遭禁止年代，他通过作品为共和理想而呐喊，为反对封建统治、争取民主革命，他写下不朽名作《第九交响曲》。

在维也纳的后一阶段欧洲正经历着严重的政治反动时期，他的创作也暂时停止（1813—1817）。但从 1818 年起，在他一生的最后十年当中（1818—1827）即使耳朵全聋、身体恶化和生活贫困饱受身体和精神双重折磨的他仍以巨人般的毅力创作了《第九交响曲》，这是最后一部代表他理想世界的作品。这位古典音乐的集大成者，不仅是一位具有创造性的作曲家，更是浪漫时期音乐的奠基人。在维也纳古典乐派中，他与海顿、莫扎特一起被后人称为"维也纳三杰"。这位用巨人般毅力战胜苦难的艺术天才后人在他的墓志铭上是这样写的："当你站在他的灵柩跟前的时候，笼罩着你的并不是志颓气丧，而是一种崇高的感情。我们只有对他这样一个人才可以说他完成了伟大的事业……"①

贝多芬的一生经历了法国大革命前后欧洲社会的激烈变革，他的

① 阿斯特·奥尔加：《贝多芬的一生》，人民音乐出版社 1989 年版。

作品是时代和个性结合的产物。他极大地拓展了交响音乐的思想内容，使之成为直接反映社会变革的体裁，钢琴的表现幅度也大大增强。

最集中体现了贝多芬的思想发展和艺术追求的是他的九部交响曲。贝多芬的交响曲内容丰富多样，规模宏大，比起海顿、莫扎特的交响曲来要复杂得多，最突出的是它尖锐的矛盾冲突，英雄气概和积极因素，音乐形象总是在矛盾的冲突和对比中展示。在手法上，发展了奏鸣曲式和交响套曲，他使奏鸣曲式各个部分规模扩大了，增强了对比性和戏剧性，展开部作为中心部分更是激烈的冲突，比如《第三交响曲》的展开部。贝多芬的交响曲从内容上可以分为以下几类：第一，英雄性、戏剧性的，这是他创作的最基本的一方面，比如第三、第五、第九交响曲；第二，生活风俗性、抒情性的，如第一、第四、第八交响曲；第三，群众性、舞蹈性的，比如第七交响曲。

除交响曲之外，在贝多芬的创作中钢琴作品也占重要地位。可以说，他一生都在写钢琴作品。最重要的是五部钢琴协奏曲和五首钢琴奏鸣曲（悲怆、月光、暴风雨、黎明、热情）。钢琴奏鸣曲和他的交响曲相近，有深刻的思想、丰富的内容、形式宽广，而且还加强了奏鸣曲式结构内部的对比因素，扩大了展开部的矛盾冲突和发展的动力，使得他的钢琴奏鸣曲远远地超过了海顿与莫扎特。①

贝多芬的一生创作体裁广泛，数量众多。在器乐领域，包括 9 部交响曲、11 首管弦乐曲和戏剧配乐、5 首钢琴协奏曲、1 首小提琴协奏曲、16 首弦乐四重奏和其他形式的重奏曲、32 首钢琴奏鸣曲以及小提琴、大提琴奏鸣曲、变奏曲等；在声乐领域，涉及歌剧、清唱剧、弥撒、康塔塔、合唱幻想曲和大量的艺术歌曲，声乐领域的代表作品包括歌剧《费德里奥》《D 大调弥撒》、声乐套曲《致远方的爱人》等。

作为维也纳古典乐派的代表之一，贝多芬是找到通向古典主义

---

① 叶松荣：《西方音乐史略》，文化艺术出版社 1990 年版。

的最后境界之路的音乐家，并且从美的境界进入崇高的境界。贝多芬进入 19 世纪的早期浪漫主义，就变成古典主义者，他像雅努斯神一样有两张脸，一张脸面朝后，向古典主义做最后的顶礼膜拜；一张脸面朝前，向未来召唤，是 19 世纪浪漫主义音乐的领路人和导师。

5. 马克斯·玻恩——物理天才

　　马克斯·玻恩（Max Born，1882—1970），德国犹太裔物理学家，量子力学的创始人之一。马克斯·玻恩 1882 年出生于德国布雷斯劳（今波兰城市弗罗茨瓦夫）的一个德国犹太人家庭，父亲是布雷斯劳大学的解剖学和胚胎学教授。玻恩很小时就常和姐姐到父亲的实验室里去，后来还被允许去听父亲和朋友们的讨论。这些无疑为玻恩的成长提供了良好的科学氛围。玻恩刚 4 岁时他的母亲就因胆结石去世了，从此父亲理所当然地承担起抚养儿子的全部责任。尽管外祖母、继母和保姆等也在玻恩的生活中起了一定的作用，但真正对玻恩的成长起决定性作用的是他的父亲。

　　玻恩的父亲是布雷斯劳大学解剖学院的教授，是一位工作努力，积极求上进的人。他的工作虽然很忙，但在工作之余，他总是尽量和孩子们待在一起，用他特有的幽默给孩子们讲述神奇的生命科学的故事；给孩子们在显微镜下展示一滴脏水中的微生物，使小玻恩领略到了生命世界的神奇。最难能可贵的是父亲晚上从不出门，他在家里和孩子们聊天，用饱满的感情给孩子们背诵《浮士德》等。父亲内心对儿子女儿温厚而深沉的爱，给年幼的波恩提供了优良的成长环境。

父亲非常注重孩子的全面发展，相较于学习成绩，玻恩的父亲更加重视素质教育，中小学时期的玻恩学习成绩处于中游，有时候甚至到下游。父亲从来没有为此责怪玻恩，他只是在玻恩对机械的兴趣过分浓厚以致影响了其他方面的发展时给予了适当引导，使玻恩"分出"一部分兴趣和精力来关心其他科目。另外，由于玻恩的小姑姑有精神病，作为生理学教授的父亲很害怕这种灾难会遗传到自己的孩子身上。因此他非常注意营造一个宽松愉快的环境，以避免孩子不必要的精神紧张，也因此格外讲究教育方法。有一次，父亲外出回来给玻恩带回一条小小的高山蝾螈，他嘱咐儿子一定要尽心照料这条小生命，每天晚上都要给它喂食物和清水。玻恩非常喜欢父亲送给他的这份稀罕的礼物，他高兴地承担起了抚养蝾螈的责任。在玻恩的精心照料之下，蝾螈平平安安地度过了十多天。可是有一天晚上玻恩参加了一个儿童聚会，小孩子在玩得兴奋起来的时候是会把一切事情都统统忘到脑后的，不幸的是玻恩当时正是这么一个小孩子，结果第二天悲剧就发生了，那条饿了一夜的蝾螈死了！玻恩非常伤心，但父亲没有责怪儿子，而是适时给儿子讲了一番有关生死的道理。此后玻恩开始明白了责任与担当。

玻恩16岁那年，父亲病倒了。知道时日不多的父亲将玻恩叫到了跟前，问儿子有什么打算。玻恩说他想当工程师，已经询问了好几所学院设置工程学的情况了，并问父亲有什么看法。父亲建议儿子不必急着确定今后的学习方向，那样对一个人的发展局限性太大了，不如在大学头一年选修自己喜欢的所有课程，等对科学的概貌有了一个大致的了解之后再确定方向也不迟。1900年7月，父亲因心脏病突发去世了，在继母的开导下玻恩渐渐走出伤痛，开始把他的全部精力投入学习。当时，玻恩正在上中学的最后半年，由于他的努力，半年后，玻恩顺利地通过了中学毕业考试，进入海德堡大学学习。遵从父亲的教导，玻恩在大学头两个学期选修了许多课：有数学、天文学、实验物理学、化学、动物学、普通哲学、逻辑学和艺术史等。当时德国的大学允许学生自由流动，为了扩大自己在科学和生活上的眼界，玻恩曾在好几所大学听过课。在广泛的涉猎之后，玻恩得出一个结论：自己最感兴趣的是数学、物理学和天文学。在父亲以前的助手拉赫曼博士的建议之下，玻恩立下了要献身于科学研究的决心。而他后来进行的一系列科学研究都或多或少得益于他大学时对知识的广泛涉猎，他扎实的数学功底更是直接导致他获取重大成就的原因之一。①

　　玻恩在量子力学、矩阵力学甚至化学等领域都有卓越的贡献，他一生中最大的科学贡献是在哥廷根工作的 12 年间作出的。在那里，他同他的学生和助手一起创建了一个人数众多的理论物理学派。1925年前后，该学派介入量子物理学的发展。而玻恩本人则于 1924 年率先提出"量子力学"这一专业术语。随后的两年间，哥廷根的理论物理学家制定了统计原子力学原理，玻恩深入思考并奠定了量子力学的概率诠释，建立了"关于自然现象的新的思维方式"，确立了非决定论的思想。虽然矩阵力学的主导思想是海森堡的，但这种天才思想的数学形式使它发展成为完整的理论，却是玻恩的功劳。但 1932 年瑞典皇家科学院在把该年的诺贝尔物理学奖授予海森堡的同时，却没把同样的荣誉授予海森堡的老师和合作者、矩阵力学和波函数统计解释的创始人玻恩，这使很多人包括海森堡都大为吃惊。好在瑞典皇家科学院终于在 1954 年弥补了这一缺憾，只是这一年，玻恩都已经 72 岁了。

　　在量子理论的发展历程中，玻恩属于量子的革命派，他是旧量子理论的摧毁者，他认为旧量子论本身内在矛盾是根本性的，为公理化的方法所不容，构造特性架设的办法只是权宜之计，新量子论必须另起炉灶，用公理化方法从根本上解决问题。玻恩先后培养了两位诺贝

① 厚宇德、陶培培：《〈对玻恩及其学派的系列研究〉连载（16）——玻恩对自己科学生涯的特殊总结》，《大学物理》2016 年第 12 期。

尔物理学奖获得者：海森堡（1932 年获诺贝尔物理学奖）；泡利
（因为提出不相容原理获 1945 年的诺贝尔物理学奖）。不过，玻恩
似乎没有他的学生幸运，他对量子力学的概率解释受到了包括爱因
斯坦、普朗克等很多伟大的科学家的反对，直到 1954 年才获诺贝
尔物理学奖。

　　这位伟大的科学家在临终前曾嘱咐友人，把曾被称为"海森堡
非对易关系"的公式：$pq - qp = (h/2\pi i)I$ 永远铭刻在自己的墓
碑上。①

6. 约翰·沃尔夫冈·冯·歌德——文学家

　　如果说但丁是欧洲中世纪最后的一位诗人，同时又是新时代的最
初一位诗人，而莎士比亚则是欧洲文艺复兴时期的代表作家，那么歌
德是继承了前两个时期欧洲人文主义传统的启蒙运动时期的杰出诗人
和思想家，他的诗歌和思想（以《浮士德》为代表）开辟并宣示了
西方近、现代文明的到来。他还是一个科学研究者，而且涉猎的学科
很多：动植物形态学、解剖学、颜色学、光学、矿物学、地质学等，
并在个别领域里取得了令人称道的成就。1784 年歌德在人类的颅骨旁
发现了颌间骨。虽然法国科学家魏克·达苏在此之前四年就已经发

———————

① 玻恩：迟到的诺贝尔奖。百度百科［引用日期 2017 - 11 - 14］。

现，但歌德是在自己不知情的情况下独立完成的。歌德还是一位有相当造诣的画家。歌德的天性极其活跃，他的求知欲非常强盛。在绘画艺术上，几乎一直热情地进行实践，画了 2700 幅之多，这其中绝大多数是风景画，也包括他进行科学研究时所绘下的画图以及他对人体进行的临摹等。

约翰·沃尔夫冈·冯·歌德（Johann Wolfgang Von Goethe，1749—1832）作为戏剧、诗歌和散文作品的集大成者，他不仅是伟大的德国作家，更是世界文学领域最出类拔萃的文学巨人。作为他贡献了一生的诗剧《浮士德》与《荷马史诗》《神曲》和《哈姆雷特》并列为欧洲文学的四大古典名著。歌德对世界文学影响巨大，他的作品被翻译成 48 种语言，是各国经典的重要组成部分。歌德不仅善绘画，对自然科学有广泛研究，其创作囊括抒情诗、无韵体自由诗、组诗、长篇叙事诗、牧童诗、历史诗、历史剧、悲剧、诗剧、长篇小说、短篇小说、教育小说、书信体小说和自传体诗歌、散文等各种体裁的文学作品。最著名的是书信体小说《少年维特之烦恼》（1774）、诗体哲理悲剧《浮士德》（1774—1831）和长篇小说《威廉·麦斯特》（1775—1828）。《少年维特之烦恼》因反映了一代青年反封建的心声，受到群众热烈的欢迎，使歌德从此享誉世界。《浮士德》取材于德国 16 世纪关于浮士德博士的传说，给予加工改造，是欧洲资产阶级上升时期资产阶级先进人士不断探索、追求的艺术概括。悲剧不但结构宏伟，色彩斑斓，融现实主义、浪漫主义和象征手法为一体，且让主要人物浮士德和魔鬼靡菲斯特的整个思想言行都形成善与恶、行与情、成与败的辩证发展关系。

被称为"浪游者在法兰克"的歌德于 1749 年 8 月 28 日出生于法兰克福镇一个富裕家庭。相对于父亲的严厉，歌德的母亲显得更加温婉与慈爱，在母亲的爱抚与激励下，歌德在幼年已经可以对学习怀有始终如一的兴趣，母亲极强的语言表达和丰富的词汇也对歌德的人生产生了极大的影响。从母亲那歌德不仅继承了她乐观积极的生活态度，更加掌握了对文学的正确理解与判断。良好的家庭氛围和快乐的学习经历使年仅 14 岁的歌德在父亲和家庭教师的指导下，就已掌握了德语、法语、意大利语、英语、拉丁语、希腊语七种语言。歌德早期深受家庭教师恩斯特·沃尔夫冈·贝里施的影响，从创作伊始就秉承严于律己的写作态度，这种态度对歌德后期的创作影响深远。他曾这样说过："于是我开始了一种我一生都摆脱不开的爱好，这就是说，把那些使我快乐和痛苦或者其他使我感兴趣的东西转化为一幅画，一首诗，同时借此来总结自己，纠正我对外界事物的观念，并使我的内心得到平静。"在这种写作态度的要求下，1773 年他以一部《葛兹·冯·伯利欣根》蜚声德国文坛，1774 年仅用六周时间完成的十万字小说《少年维特之烦恼》，让年仅 25 岁的歌德在全欧一夜间家喻户晓。

一生横跨两个时代的歌德，在欧洲社会大动荡和大变革时代凭借自身非凡的才能和意志超脱了制度的枷锁最终成为一代文豪。有人说，歌德是个"百科全书"式的人物，因为他身上体现出了广博深厚的人类文化积淀和人生睿智，恩格斯曾这样称赞过歌德，说他是文艺领域里"真正的奥林匹亚神山上的宙斯"。对于文学，歌德崇尚文学的想象力，他认为文学应尊重历史，应该从个别具体的事物出发，而不是从抽象观念出发。他在《浮士德》里这样说过："总之，作为诗人，我的方式并不是企图要体现某种抽象的东西。我把一些印象接受到内心里，而这些印象是感性的、生动的、可喜爱的、丰富多彩的，正如我的活跃的想象力所提供我的那样。"他始终认为艺术不能离开自然，但又必须高于自然。当然作为一个划时代的伟大诗人，歌德也有他自身的不足之处，由于受传统道德信条的局限，他要求文艺仅表现出健全、光明、有益的东西，反对消极、阴暗、丑恶现实描写。这在当时充满剥削的黑暗社会是一位伟大文人的极大局限。1832 年 3 月 22 日，歌德病逝。他的临终遗言是："给我更多的灯吧！"这体现了他作为大文豪的乐观精神。3 月 26 日葬于诸侯墓地。①

---

① 侯文学：《歌德》，北方妇女儿童出版社 2001 年版。

7. 卡尔·海因里希·马克思——哲学巨人

卡尔·海因里希·马克思（Karl Heinrich Marx，1818—1883）是马克思主义创始人，犹太裔德国人，政治学家、哲学家、经济学家、社会学家、革命理论家、记者、历史学者、革命社会主义者。主要著作有《资本论》《共产党宣言》等。马克思创立的广为人知的哲学思想为历史唯物主义，其最大的愿望是对于个人的全面而自由的发展；马克思创立了伟大的经济理论，马克思确立他的阐述原则是"政治经济学批判"。

1818 年 5 月 5 日卡尔·马克思诞生于普鲁士莱茵省特利尔城的一个富裕文明的家庭。父亲是一位深受法国资产阶级启蒙思想熏陶的犹太法律学家，同时也是一个思想开明的资产阶级自由主义人士，父亲丰富的思维、严密的逻辑和雄辩的演说对马克思的影响很大。幼年深受民主主义思想熏染的马克思勤奋努力，善于思考。中学毕业后，父亲把他送到了当时著名的波恩大学去学习法律，希望将他培养成为律师。进入波恩大学后的马克思生活惬意，除喝酒、决斗之外，就是写诗，并欠下一笔账。后来，父亲对他进行了严厉批评，并将其转学到柏林大学。

在柏林大学的学习生活中，马克思加入了"青年黑格尔派"并通过吸收该派的民主思想成分，加强了他对世界的认识和改造世界的信心，为他以后的思想发展、理论建树奠定了基础。在波恩大学的学习不仅使马克思思想上有了进一步的发展和丰富，他的学习积极性得到了很大提高，学习兴趣非常广泛，这时哲学对他来说是十分重要的，但除哲学外，历史学、文学、数学以及外语等，马克思都以加倍的努力认真地学习，并取得了可喜成绩。这一时期的学习使马克思开阔了眼界、增长了知识、丰富了思想、奠定了理论基础，为以后进行革命工作打下了牢固的基础。从柏林大学获得哲学博士证书以后，马克思逐渐认识到仅仅对宗教的批判是不够的，必须将其转化为对现存制度的批判，自此马克思逐渐从唯心主义转向唯物主义，从革命民主主义转向共产主义。

1844 年 4 月马克思完成《1844 年经济学—哲学手稿》，在批判了资产阶级政治经济学、资本主义社会制度和黑格尔唯心主义的同时，阐述了辩证唯物主义和历史唯物主义世界观的一些基本原理，并把异化问题跟政治经济学的研究结合起来，这是马克思思想发展上的一次飞跃。1848 年 2 月标志着马克思主义诞生的《共产党宣言》在伦敦面世。1867 年《资本论》第一卷出版，这标志着马克思主义理论经济学的创立。他用剩余价值理论揭示了资本主义的原始积累，剖析了劳动力成为商品，货币转化为基本及剩余价值的真相，在经济科学发展史上创造了一次划时代的大事件。1871 年 9 月马克思、恩格斯领导国际伦敦第一次秘密代表会议的工作，并通过了关于工人阶级的政治斗争的重要决议。着重指出了在每个国家建立独立的无产阶级政党的必要性。1880 年 5 月马克思、恩格斯制定了法国工人党纲领，于是法国产生了工人运动。毫无疑问马克思主义是近代最复杂和精深的学说之一，它包括了政治、哲学、经济、社会等广泛的领域，是任何其他主义所不能及的。马克思曾说过："哲学家们总是在解释世界，而重要的是改造这个世界。人只有为自己同时代的人完善，为他们的幸福而工作，他才能达到自身的完善。体力劳动是防止一切社会病毒的伟大的消毒剂。良心是由人的知识和全部生活方式来决定的。科学决不是一种自私自利的享乐。有幸能够致力于科学研究的人，首先应该拿自己的学识为人类服务。自暴自弃，这是一条永远腐蚀和吞噬着心灵的毒蛇，它吸走心灵的新鲜血液，并在其中注入厌世和绝望的毒汁。"
这位伟大的共产主义领袖于 1883 年 3 月 14 日因积劳成疾，在安乐椅
上溘然长逝，享年 65 岁。[①]

8. 维利·勃兰特——杰出总理

　　维 利 · 勃 兰 特（Willy Brandt，1913—1992），德 国 政 治 家，
1969—1974 年任西德总理，以和苏联集团和解的新东方政策打开外交
僵局，尤其以 1970 年在华沙的华沙之跪引起全球瞩目。为此他在
1971 年成为诺贝尔和平奖获得者。

　　勃兰特 1913 年 12 月 18 日生于德国北部的海港城市吕贝克，幼
年作为私生子的他随着母亲的再嫁与信仰社会民主党人的外祖父相依
为命。他的外祖父路德维希·弗拉姆是位坚定的社会民主党人，勃兰
特经常听他讲社会民主党斗争的故事以及社会主义的光明前景。这一
切在勃兰特幼小的心灵里播下了社会民主主义思想的种子。由于家庭
贫困又是私生子，勃兰特的童年备受同学的冷眼，由此养成了他沉默
寡言、稳重内向的性格。中学时期的勃兰特尽管不合群但成绩优良，
既善于演讲又富有组织才能，因此在同学中已享有很高威望。在外祖
父政治信仰的影响下，勃兰特于 16 岁加入社会民主党。学生时代的

　　① 梁雪影：《马克思的故事》，《辽宁省哲学社会科学获奖成果汇编（2009—2010 年度）》，2013 年。

勃兰特经常向卢卑克社民党机关报《人民信使报》投稿。1931 年加入社会主义工人党，并出任该党吕贝克党组织主席。1933 年 4 月初，勃兰特被派往挪威，挪威工人党安排他负责政治流亡者协会的工作；稍后，又吸收他为党员；挪威工人党机关报《工人报》则特辟专栏，由他撰稿揭露希特勒统治下德国的真相，而稿酬则成为他的主要生活来源。1937 年他以战地记者的身份参加了西班牙内战，在马德里保卫战中采访报道。1940 年德国入侵挪威，勃兰特又辗转逃亡到瑞典并入了瑞典籍。在瑞典，他成了一名记者，积极报道了德国对挪威的入侵。后来为躲避希特勒的残害，流亡丹麦 12 年。1957 年在恢复德国国籍后，勃兰特被选为西柏林市市长。其后凭借自己杰出的才干与卓越的政绩被称为"世界上最著名的市长"。1958—1961 年"柏林危机"爆发，他以冷静、理智的态度对外坚定立场，对内呼吁国民承认现实，保持冷静，将柏林从绝望边缘挽救出来。自此勃兰特在德国声名远扬。

勃兰特惊讶世人、留名德国的莫过于他的新东方政策和著名的"华沙之跪"。1966 年 12 月，担任联邦德国外交部长的勃兰特极力主张改善与东欧国家的关系，并实现了与罗马尼亚的建交和同南斯拉夫复交。1969 年经历大选的勃兰特登上总理宝座，随后他访问了民主德国及苏联、波兰、捷克斯洛伐克并与之签订了和平条约，从此德国和苏联及东欧国家的关系得到了极大改善。1970 年 12 月 8 日，访问波兰的勃兰特在波兰犹太人纪念碑前献花圈并在众目睽睽之下双膝跪地以此向波兰死难者谢罪。这次华沙之跪引起全球瞩目，为此他在 1971 年成为诺贝尔和平奖获得者。

虽然在 1974 年 5 月 6 日他因为东德间谍入侵事件曝光被迫下台，随后又被爆料在就任总理时的性丑闻，但这些都没妨碍他在德国人心中的杰出总理形象。在 2005 年 11 月 28 日，德国电视二台投票评选最伟大的德国人中，勃兰特名列第 5 位。①

---

① 维利·勃兰特. 百度百科［引用日期 2017－11－20］。

9. 恩斯特·维尔纳·冯·西门子——发明巨匠、电子电器之父

恩斯特·维尔纳·冯·西门子（Ernst Werner Von Siemens，1816—1892）是德国发明家、企业家，电动机、发电机、有轨电车和指南针式电报机的发明人，改进并铺设从爱尔兰到美国的海底电缆，提出平炉炼钢法，革新了炼钢工艺，西门子公司创始人。

作为德国企业龙头西门子公司的创始人维尔纳·冯·西门子于1816年出生在德国汉诺威。他的父亲克里斯蒂安·斐迪南·西门子是一位受过高等教育的德国人，年轻时投身于政治运动，渴望争取德国统一，后来运动失败，转身变成农民。虽然生活并不富裕，但父亲对子女教育依然重视，孩子的启蒙老师是他们的外祖母，她教会了西门子兄弟姐妹们读书写字，并通过诗词的背诵锻炼他们的记忆力，其后西门子的父亲接替了祖母的位置，向他们传授知识，父亲勇于担当的性格和做事方式对西门子的影响较为深远，尤其是他童年时期在父亲指导下与鹅斗争的经历，更是他人生的一次重要事件。西门子5岁时，姐姐因为教士家门口一个凶猛的雄鹅总是扑她啄她而吓得号啕大哭，从此不敢再去学习刺绣，后来在母亲的劝说和弟弟西门子的陪伴下，才尝试再去教士家，出发前西门子的父亲找来了长长的棍子告诉儿子说："我希望你的胆子要比姐姐大，鹅来的时候，你要大胆地向它走去，并用棍子狠狠地打它，它就会跑掉。"当西门子和姐姐来到

教士家门口的时候，刚推开院子门，姐姐就被扑过来的雄鹅吓得哭着跑了，而西门子想起父亲的话，用颤抖的双手胡乱地向前挥去，终于把雄鹅吓退了。晚年时期的西门子回忆这次经历时认为这次斗争对他的性格和气质产生了持久的、积极的影响。他说道："在以后我遇到人生逆境的时候，对公鹅的胜利总是不知不觉地激励着我，不是逃避艰险，而是勇敢地与它斗争。"随后几年由于离校太远，他们的父亲便聘请了神学院的年轻大学生来担任孩子们的家庭教师，这位家庭教师懂得孩子们的心理，善于调动他们的积极性和责任感，因此很受孩子们的爱戴。在他的启发教育下，西门子及其兄弟姐妹感受到了学习的极大乐趣，因此他们不再需要人去督促，而是自觉地学习，有时，他们读书到很晚，大人不得不出来制止，以免劳累过度。这种自由快活、顺其天性的好时光持续了不到一年，那位家庭教师便因病去世了。不久，父亲又为孩子们聘来一位年迈的家庭教师。这位老教师为孩子们制定了许多规矩，要求他们认真做事，举止文明。但这位老教师体弱多病，在西门子家待了两年也病故。

青年时期的西门子偏爱数理化，但家庭的贫困无法供他读完大学，18岁时他以优异的成绩考入普鲁士炮兵队，进了柏林炮兵学校在职学习，这一时期的西门子学习非常刻苦，把一切空闲的时间都用于科学研究上，他也把这三年认作生平最幸福的时刻，也是这三年的学习为他以后的成功奠定了基础。三年后的一次意外成了西门子人生的一次重大转折，他因为帮助一个朋友决斗被判监禁5年，在马德堡监狱里他托人购买了大量的试验用品和工具，办起了一间小小的实验室并研究出一项金属镀金、镀银的技术成果，为改善监狱的实验条件，他决定以40路易金币卖给一个宝石商人，这件事被国王知道后，他被赶出了监狱，随后又被分派在为庆祝俄国皇后的生日而制造焰火的工作，因为其很快就研制出一些五颜六色的烟花，使他在当时名噪一时得到了许多荣誉和称赞。1847年秋，他和仪器制造专家哈尔斯合作，并网罗了一大批具有真才实学的工程师、专家以及精通业务的商人，共同创办西门子哈尔斯公司。作为工程学家，西门子对技术的喜爱直接影响到了西门子公司的发展。创建时西门子除了依靠电报业务外，就以发展和推广新技术支撑主要业务发展。除了管理公司外，西门子把更多的时间放在了工程研究上。1866年，西门子提出了发电机的工作原理，并由西门子公司的一名工程师完成了人类第一台发电机。同年，西门子还发明了第一台直流电动机。西门子研发的这些技术往往马上被产品化投入市场，或者将其应用到新的产品中。例如，有轨电车（1881）、无轨电车（1882）、电梯（1880）、电气火车（1879）等都是西门子公司利用其创始人的发明最先投入市场的。讽刺的是，直到20世纪末才开始有所发展的电动汽车也是西门子公司在1898年最先发明的。①

总部位于柏林和慕尼黑的西门子集团公司是世界上最大的电气工程和电子公司之一。其业务遍及全球190多个国家，在全世界拥有大约600家工厂、研发中心和销售办事处。公司的业务主要集中于6大领域：信息和通信、自动化和控制、电力、交通、医疗系统和照明。西门子的全球业务运营分别由13个业务集团负责，其中包括西门子财务服务有限公司和西门子房地资产管理集团。此外，西门子还拥有两家合资企业——博世西门子家用电器集团和富士通西门子计算机（控股）公司。2005年作为一家全球性公司，在全球拥有大约461000名雇员，销售额754.45亿欧元，净收入30.58亿欧元，其中80%的销售额来自德国境外。②

10. 马克斯·卡尔·恩斯特·路德维希·普朗克——量子力学的重要创始人之一

马克斯·卡尔·恩斯特·路德维希·普朗克（Max Karl Ernst Ludwig Planck，1858—1947），德国著名物理学家、量子力学的重要创始人之一。普朗克和爱因斯坦并称为20世纪最重要的两大物理学家。他因发现能量量子化而对物理学的又一次飞跃做出了重要贡献。1874

---

① 恩斯特·维尔纳·冯·西门子. 百度百科［引用日期2017 – 12 – 12］。
② 西门子公司. 互动百科［引用日期2017 – 12 – 12］。

年，普朗克进入慕尼黑大学攻读数学专业，后改读物理学专业。1877年转入柏林大学，曾聆听亥姆霍兹和基尔霍夫教授的讲课，1879年获得博士学位。从博士论文开始，普朗克一直关注并研究热力学第二定律，发表诸多论文。大约从1894年起开始研究黑体辐射问题，发现普朗克辐射定律，并在论证过程中提出能量子概念和常数 h（后称为普朗克常数），成为此后微观物理学中最基本的概念和极为重要的普适常量。1900年12月14日，普朗克在德国物理学会上报告这一结果，成为量子论诞生和新物理学革命宣告开始的伟大时刻。由于这一发现，普朗克获得了1918年诺贝尔物理学奖。

马克斯·普朗克出生于德国荷尔施泰因一个受到良好教育的传统家庭，他的曾祖父和祖父都是哥廷根的神学教授，他的父亲威廉·普朗克是基尔和慕尼黑的法学教授，他的叔叔是哥廷根的法学家和德国民法典的重要创立者之一。

马克斯·普朗克是父亲的第二任妻子埃玛·帕齐希所生。普朗克还有另外六个兄弟姐妹。普朗克在基尔度过了他童年最初的几年时光，直到1867年全家搬去了慕尼黑，普朗克在慕尼黑的马克西米利安文理中学读书，在那里他受到数学家奥斯卡·冯·米勒（后来成为了德意志博物馆创始人）的启发，使青年时期的普朗克发现自己对数理方面有兴趣。米勒也教他天文学、力学和数学，从米勒那里普朗克学到了生平第一个原理——能量守恒。之后普朗克在16岁时

就完成了中学学业。在此期间，普朗克第一次接触物理学这个
领域。

普朗克十分具有音乐天赋，他会钢琴、管风琴和大提琴，还上过
演唱课，曾在慕尼黑学生学者歌唱协会为多首歌曲和一部轻歌剧作
曲。但是普朗克并没有选择音乐作为他的大学专业，而是决定学习物
理。慕尼黑的物理学教授菲利普·冯·约利曾劝说普朗克不要学习物
理，他认为"这门科学中的一切都已经被研究了，只有一些不重要的
空白需要被填补"，这也是当时许多物理学家所坚持的观点，但是普
朗克回复道："我并不期望发现新大陆，只希望理解已经存在的物理
学基础，或许能将其加深。"普朗克 1874 年在慕尼黑开始了他的物理
学学业。普朗克整个科学事业中仅有的几次实验是在约利手下完成
的，研究氢气在加热后的铂中的扩散，但是普朗克很快就把研究转向
了理论物理学。

1877 年至 1878 年，普朗克转学到柏林，在著名物理学家赫尔
曼·冯·亥姆霍兹和古斯塔夫·罗伯特·基尔霍夫以及数学家卡尔·
魏尔施特拉斯手下学习。关于亥姆霍兹，普朗克曾这样写道："他
上课前从来不好好准备，讲课时断时续，经常出现计算错误，让学
生觉得他上课很无聊。"而关于基尔霍夫，普朗克写道："他讲课仔
细，但是单调乏味。"即便如此，普朗克还是很快与亥姆霍兹建立
了真挚的友谊。普朗克主要从鲁道夫·克劳修斯的讲义中自学，并
受到这位热力学奠基人的重要影响，热学理论成为普朗克的工作
领域。

1887 年 3 月，普朗克与一个慕尼黑中学同学的妹妹玛丽·梅尔克
结婚，婚后生活在基尔，共有 4 个孩子。在普朗克前往柏林工作后，
全家住在柏林的一栋别墅中，与不计其数的柏林大学教授们为邻，普
朗克的庄园发展成为一个社交和音乐中心，许多知名的科学家如阿尔
伯特·爱因斯坦、奥托·哈恩和莉泽·迈特纳等都是普朗克家的常
客，这种在家中演奏音乐的传统来自亥姆霍兹家。在度过了多年幸
福的生活后，普朗克遇到了接踵而至的不幸，妻子和四个孩子因各
种原因相继去世。1911 年 3 月普朗克与他的第二任妻子玛格丽

特·冯·赫斯林（1882—1948）结婚，12 月普朗克的第三个儿子赫尔曼降生。

普朗克成就的深远影响在经过多年以后才得到普遍公认，爱因斯坦对此起了最为重要的作用。自 20 世纪 20 年代以来，普朗克成为德国科学界的中心人物。他的公正、正直和学识，使他在德国受到普遍尊敬，具有决定性的权威。纳粹政权统治下，他反对种族灭绝政策，并坚持留在德国尽力保护各国科学家和德国的物理学家。为此，他承受了巨大的家庭悲剧和痛苦。他凭借坚忍的自制力一直活到 89 岁。

19 世纪末，人们用经典物理学解释黑体辐射实验的时候，出现了著名的所谓"紫外灾难"。虽然瑞利、金斯和维恩分别提出了两个公式，企图弄清黑体辐射的规律，但是和实验相比，瑞利－金斯公式只在低频范围符合，而维恩公式（维恩位移定律）只在高频范围符合。普朗克从 1896 年开始对热辐射进行了系统的研究，他经过几年艰苦努力，终于导出了一个和实验相符的公式。

他于 1900 年 10 月下旬在《德国物理学会通报》上发表一篇只有三页纸的论文，题目是《论维恩光谱方程的完善》，第一次提出了黑体辐射公式。12 月 14 日，在德国物理学会的例会上，普朗克作了《论正常光谱中的能量分布》的报告。在这个报告中，他激动地阐述了自己最惊人的发现。他说，为了从理论上得出正确的辐射公式，必须假定物质辐射（或吸收）的能量不是连续地，而是一份一份地进行的，只能取某个最小数值的整数倍。这个最小数值就叫能量子，辐射频率是 ν 的能量的最小数值 $\varepsilon = h\nu$。其中 h，普朗克当时把它叫作基本作用量子，后来被命名为普朗克常数，它标志着物理学从"经典幼虫"变成"现代蝴蝶"。

1906 年普朗克在《热辐射讲义》一书中，系统地总结了他的工作，为开辟探索微观物质运动规律新途径提供了重要的基础。1930 年，普朗克被德国科学研究的最高机构威廉皇家促进科学协会选为会长。普朗克的墓在哥廷根市公墓内，其标志是一块简单的矩形石碑，上面只刻着他的名字，下角写着：尔格·秒。他的墓志铭就是一行字：$h = 6.63 \times 10^{-34} J \cdot S$，这也是对他毕生最大贡献：提出量子假说的肯定。

量子假说主要内容是：黑体是由以不同频率作简谐振动的振子组成的，其中电磁波的吸收和发射不是连续的，而是以一种最小的能量单位 $\varepsilon = h\nu$，为最基本单位而变化着的，理论计算结果才能跟实验事实相符，这样的一份能量 ε，叫作能量子。其中 ν 是辐射电磁波的频率，$h = 6.63 \times 10^{-34} J \cdot S$，即普朗克常数。也就是说，振子的每一个可能的状态以及各个可能状态之间的能量差必定是 $h\nu$ 的整数倍。

受他的启发，爱因斯坦于 1905 年提出，在空间传播的光也不是连续的，而是一份一份的，每一份叫一个光量子，简称光子，光子的能量 E 跟光的频率 ν 成正比，即 $E = h\nu$。这个学说以后就叫光量子假说。光子说还认为每一个光子的能量只决定于光子的频率，例如蓝光的频率比红光高，所以蓝光的光子的能量比红光子的能量大，同样颜色的光，强弱的不同则反映了单位时间内射到单位面积的光子数的多少。

1938 年，第 1069 号小行星（1927 年 1 月 28 日由德国天文学家马克斯·沃夫在海德堡发现）以普朗克的名字命名为 Planckia，时年普朗克 80 岁。

1957 年至 1971 年德国官方 2 马克硬币使用普朗克的肖像；1983 年德意志民主共和国发行一枚 5 马克纪念硬币，纪念普朗克诞辰 125 周年；如今有很多学校和大学以普朗克的名字命名。

2009 年 5 月欧洲航天局两颗科学探测卫星"赫歇尔"和"普朗克"——世界最大远红外线望远镜，从法属圭亚那库鲁航天中心发射升空。随着"赫歇尔"和"普朗克"的发射成功，人类又向探索宇宙的起源迈进了一步。这两个探测卫星的观测结果将能颠覆人类对宇宙的认识。[1]

---

① 周光照等：《中国大百科全书：物理学》（第二版），中国大百科全书出版社 2009 年版。

11. 威廉·康拉德·伦琴——发现 X 射线、诺贝尔物理学奖第一人

威廉·康拉德·伦琴（Wilhelm Röntgen，1845—1923），德国物理学家。1895 年 11 月 8 日发现了 X 射线，为开创医疗影像技术铺平了道路，1901 年被授予首次诺贝尔物理学奖。这一发现不仅对医学诊断有重大影响，还直接影响了 20 世纪许多重大科学发现。例如安东尼·亨利·贝克勒尔就因发现天然放射性，与居里夫妇共同获得 1903 年的诺贝尔物理学奖。到今天，为了纪念伦琴的成就，X 射线在许多国家都被称为伦琴射线，另外第 111 号化学元素 Rg 也以伦琴命名。

1845 年 3 月 27 日，威廉·康拉德·伦琴出生于德国莱茵州伦内普。父亲是一个毛纺厂小企业主，母亲是一个心地非常善良的荷兰人，他是独生子。1848 年，当伦琴三岁时父亲把自己的企业搬到了荷兰的阿佩尔多恩，伦琴进入了当地的一家私立学校学习，在学校里他没有表现出任何特殊的才能，父母起初是希望他成为商人，然后作为独生子继承父亲的呢绒事业，但命运并没有按照父母的意愿去安排。1862 年年底，伦琴进入乌德勒支一所技术实科学校，在这里因被诬告画了一位教师的漫画而被不公正地开除学籍，事实上漫画是别人画的，这一事实使他最终失去参加中学毕业证书考试的机会，成为他顺利进入大学的一道障碍。

　　1865 年年初，在舅舅的帮助下，伦琴以旁听生的身份进入乌德勒支大学，选修了哲学和几门自然科学课程；其中有巴洛特讲授的数学分析，里斯讲授的物理学。为了能进入大学深造，他去了瑞士的苏黎世，那里不需要中学毕业证书，但对那些没有中学毕业证书的人规定要进行一次专门的入学考试，但当伦琴面试后免去了入学考试，并于 1865 年 11 月进入苏黎世工业大学学习机械工程。1869 年以论文《气体的特性》获苏黎世大学哲学博士学位。

　　苏黎世工业大学有许多著名的教授，对广义相对论的形成起了很大作用的克利斯托维尔和在热力学方面做出了卓越贡献的克劳修斯都在这里任教，伦琴跟随克劳修斯学习热力学课程，接着是孔特。孔特 1866 年因发明用粉尘图形测量声速的方法而名声大振，他那敏锐的洞察力和非凡超群的实验才能，使他很快进入了 19 世纪德国第一流的实验物理学家的行列，孔特教授在课堂上总是板着面孔，严肃认真；讲课条理清晰，深入浅出，富有吸引力，实验讲究程序，注重方法，追求精确性，他在学生中以毫不留情，严格要求而著称。伦琴开始听孔特主讲的光的理论课程，并在孔特的实验室里做关于气体的种种不同属性的实验，伦琴对孔特老师特别尊重，把孔特老师奉为自己的人生楷模。

　　1870 年，伦琴随同恩师孔特一同前往波恩大学从事光和电的关系研究。1894 年伦琴被选任威茨堡麦米伦大学校长。这时欧洲的物理学家们和伦琴都在研究真空放电现象和阴极射线。伦琴在克鲁克斯高度真空管通高压电流时看到阴极射线，电子碰在管壁上发生蓝白色的荧光，还发现玻璃管外也有荧光。于是便产生疑问，或许这是一种肉眼看不见的未知射线。只有真正工作细心、认真踏实的人才能注意并进一步去探索这种细微的变化。

　　1895 年 11 月 8 日夜晚，伦琴发现了一个意外的现象：他在继续实验时为防止紫外线和可见光的影响，不使管内的可见光漏出管外，用黑色硬纸板把放电管严密封好，在接上高压电流进行实验时，他发现 1 米以外的一个涂有氰化铂酸钡的荧光屏发出微弱的浅绿色闪光，一切断电源，闪光就立即消失。这一发现使他十分惊奇，他全神贯注地重复实验，把荧光屏一步步移远，即使在 2 米左右，屏上仍有较强的荧光出现，当他带着这张涂料纸走进隔壁房间，关上门，拉下窗帘，荧光屏在管子工作时仍继续闪光。这时，伦琴确信这一新奇的现象是迄今为止尚未观察过的。在随后的七个星期之内，这位科学家独自在自己的实验室里研究新的射线及其特性；为了排除视力的错觉，他利用感光板把他在光屏上观察到的现象记录下来，他甚至吩咐给他把饮食带到研究所去，并在那里安放了一张床铺，以便无须中断利用仪器特别是利用水银空气泵进行的研究工作。1895 年 12 月 22 日晚上，他说服他的夫人充当实验对象，当他夫人的手放在荧光屏后时，她简直不敢相信，荧光屏上这只有戒指和骨骼毕露的造影就是她自己的手。

　　1896 年年初，伦琴把他的新发现公之于众，立即引起了巨大的轰动，其反应之强烈，影响之迅速，实为科学史上罕见。所有研究机构的物理学家都开始仿造伦琴的实验设备，抓紧时间重复他的实验，伦琴陆续收到了威廉·汤姆生、斯托克斯、彭加勒、寇尔劳士、玻尔兹曼等著名科学家的来信，这些热情洋溢的信都赞扬他为科学做出了极大的贡献。伦琴曾是科学"普及"的反对者，他担心科学成就将庸俗化；由于这个原因，他自己从未向广大听众作出通俗普及的报道或报告；1896 年 1 月 23 日，伦琴在他的研究所举行了第一次也是唯一的一次公开报告会，在这次的报告会上，伦琴请求用 X 射线拍摄维尔茨堡大学著名解剖学家克利克尔的一只手，克利克尔欣然地同意了这个请求，过了片刻，拍好的干板经过显影以后显示出一位八十岁老人形状优美的手骨，这时全场响起了暴风雨般的掌声，克利克尔立即建议把这种射线命名为"伦琴射线"。后来人们把"伦琴射线"和"X 射线"的名称并用，同时把 X 射线（或 γ 辐射）的照射剂量的单位称为"伦琴"。

　　1901 年他成为第一位诺贝尔奖物理学奖金获得者，他立即将此项奖金转赠威茨堡大学物理研究所为添置设备之用。此后根据不完全统计，他生前和逝世后所获得的各种荣誉不下于 150 项，若对伦琴的成就作出估价是很困难的。

伦琴的工作是在简陋的环境中完成的。一个不大的工作室，窗下是张大桌子，左旁是个木架子放着日常用品，前面是个火炉，右旁放着高压放电仪器，这就是人类第一次进行 X 射线试验的地方。伦琴一生谦虚谨慎，从不居功自傲，他以一个普通成员的身份进行教学和科研工作。他的 X 射线研究工作从当前的水平来看，已非常完整。他谢绝了贵族的称号，不申请专利，不谋求赞助，使 X 线的应用得到迅速发展和普及。在 1895 年到 1897 年他一共发表了 3 篇关于 X 射线的论文。伦琴治学十分严谨，到如今为止还没有发现他的学术论文里面存在错误。

自 1540—1895 年对 X 射线的发现有关的科学家有 25 位，其中有波尔、牛顿、富兰克林、安培、欧姆、法拉第、赫兹、克鲁克斯、雷纳德等，伦琴在他们的基础上加上自己的努力探索终于取得了成功。在伦琴的祖国，德国有许多以伦琴命名的学校、街道和广场。由于伦琴在物理学的杰出成就，在德国的吉森市、柏林市和伦琴的出生地伦内普（Lennep）都建有伦琴纪念碑。

X 射线诊断开创医疗影像技术的先河。世界各国科学家孜孜不倦地对医疗影像技术进行着研究和改进。20 世纪 70 年代中期，电子计算机的应用为医疗影像带来了第一次革命性的创新，结合了电子计算机技术的第一台医疗影像设备——CT 扫描仪诞生了！利用电子计算机 X 射线断层成像（CT），可以更好地分辨人体内部结构图像，大幅提高了疾病诊断的准确性，成为 20 世纪医学诊断领域所取得的最重大的突破之一。此后，医疗影像技术迅猛发展，核磁共振成像（MRI）、计算机放射成像（CR）、数字放射成像（DR）、发射式计算机断层成像（ECT）等各种数字化医疗影像新技术不断涌现，组成了功能强大的放射成像信息系统（RIS），成为医疗诊断必不可少的重要基石。在这股汹涌而来的数字化医疗浪潮中，柯达公司在 1976 年开发出了数字相机技术，并将数字影像技术应用于航天领域，在数字影像领域积累了雄厚的技术实力。X 射线的发现给现代物理学提供了一种新的研究手段，在光电效应研究、晶体结构分析、金相组织检验、材料无损探伤、人体疾病的透视与治疗方面都具有广泛的用途。①

七　杰出人物成才环境与规律分析

德国是世界上最早提出义务教育的国家。无论是处于战乱还是和平，无论是普鲁士时代的"精英教育"还是联邦德国的"多样化教育"，任何一届德国领导者从未忽视过教育在德国崛起中的作用。法律保障，资金支持，教育改革，每一次教育的投入和调整都是德国人才发展的一次契机，这也是为什么一个仅仅拥有 8500 万人口的国家却贡献出了众多的诺贝尔奖获得者。在德国有法律明文规定，学生必须实行 12 年制义务教育，公立学校学费全免；教师为终身公职人员，必须受过高等教育。目前，德国儿童入学率达到 100%，大学入学率达 42.7%。为大力推进科技，给学者提供一个宽松的创造环境，2006年在德国联邦政府预算中，联邦教研部获得了 80.26 亿欧元，比上年增长 4.3 亿欧元，增长率为 5.6%。其中，仅项目资助就达到 23.3 亿欧元，占预算总额的 14%。在 2006 年首次发布的《德国高科技战略》报告中就提出，到 2010 年，德国的科技研发投入将达到 GDP 的3%，并明确确定了 17 个现代技术创新范围，包括安全研究、健康与医学、环境技术、光学技术、信息与通信、航空航天、车辆与交通技术、微系统技术、纳米技术、生物技术和材料技术等。

除上述现实因素外，德国杰出人物的涌现还受益于这些因素：马丁·路德的宗教改革与语言优化活动对日耳曼民族的影响与贡献怎么形容都不过分；强制服兵役和受教育的制度构建为德意志后来的发展奠定了基础；日耳曼人甘为上帝的子民，虔诚为上帝工作、严谨到刻板所体现的宗教影响；日耳曼早先的野蛮、盲从与好斗传统、对为德国做出巨大贡献的犹太人的排斥所体现的日耳曼劣根性与盲从性；犹

---

① 杨庆余、周荣生：《威廉·康拉德·伦琴——卓尔不凡的实验物理学大师》，《自然辩证法通讯》2001 年第 6 期。

太人的聪明才智绝对是德国智慧的重要组成部分；城市行会与容克地主传统对日耳曼人服从、纪律与互相依赖特性的形成；邦国林立的局面使得思想家们呼吁和鼓动德意志一体化、李斯特的经济一体化思想、俾斯麦的外交与铁血统一意志，形成了德国分权中的集权，集权中的分权特点；皇室对教育的一贯重视提升了整个德意志的民族文化素质等；这既构成了德国今日强盛繁荣的基础，也有利于创造性人才的成长和成才。

杰出人物幼时的磨难和成年时的遭遇，使他们越挫越勇，贝多芬酒鬼父亲"揠苗助长"式的专横与粗暴、普朗克的中年危机和伦琴遭遇的不公正就是很好的例子。杰出人物独特的个性（坚强信念、倔强叛逆、多才多艺与兴趣爱好、勇敢顽强、对真理的追求、谦虚谨慎、勤奋刻苦、克服困难的意志甚至玩世不恭等）也是他们成才的重要原因，比如，马丁·路德对宗教的坚定信念；俾斯麦成长期的聪慧、霸道甚至野蛮；西门子幼时勇斗公鹅的经历；伦琴的谦虚谨慎等。良好的家庭环境与家人的引导和鞭策，比如，阿登纳父亲要求其服从真理的严格要求、玻恩父亲和继母的悉心引导、歌德母亲的文学才华与积极乐观的生活态度以及勃兰特外祖父的影响等。教师和朋友的指点和帮助也是成长为杰出人物的关键，比如，马克思除了父亲的严厉还得到恩格斯的全力资助、普朗克和伦琴遇到的恩师等。

第五章　俄罗斯杰出人物成才环境与规律研究

概　述

俄罗斯民族虽然是一个伟大的民族，却不是一个早慧的民族。俄罗斯历史上第一个统一国家基辅罗斯出现时已是公元 882 年，这一年正是唐玄宗天宝二年，中国早已建成成熟的封建社会，西南方邻国是赫赫有名的拜占庭帝国。即使是北方小邻国波兰、瑞典、立陶宛，也比俄罗斯人的社会发展程度高得多。与这些邻居相比，俄罗斯人更像一个野蛮民族。就当时各民族的发展程度而言，它无疑是一个落后者。在相当长的一段历史时期中，初出茅庐的俄罗斯人国际境遇并不好。拜占庭帝国欺侮过它，瑞典、波兰、立陶宛、条顿人侵略过它，成吉思汗的后代臣服它达 250 年之久。正是因为长时期被异族分割占领，斯拉夫三兄弟俄罗斯、白俄罗斯、乌克兰变成了三个民族。600 多年后，斯大林总结说，俄罗斯这一段历史是它在技术上、军事上比它先进的民族手中不断失败的历史。落后就要挨打，为了不挨打必须强国，求存图强成了俄罗斯全民族的决心和意志。

在彼得之前，俄国是一个落后的欧洲边缘国家。历史上，俄罗斯的前身基辅罗斯曾是欧洲文明的一部分。在中世纪早期，基辅凭借其与君士坦丁堡帝国的关系，而在黑海贸易中起过举足轻重的作用。但古罗斯的衰落使其与近代俄罗斯之间出现了断裂。这其中，又尤以 13 世纪蒙古的征服对俄罗斯的影响最为巨大。一方面，金帐汗国的统治实际上促使了以莫斯科为中心的俄罗斯新势力的兴起与走向统一。另一方面，蒙古统治切断了俄罗斯与欧洲的传统联系，使其错过了欧洲早期现代化的第一波发展，而且从此以后游离于欧洲主流之外。后来俄国虽然摆脱了蒙古统治，但她从此也成了一个同时兼有欧洲性格和亚洲特征的国家。

基辅罗斯时期（862—1240 年）与基督教（东正教）文化影响。在基辅罗斯时期，对俄国历史文化发展有着最为重要意义的事件是接受东正教为国教。罗斯大公弗拉基米尔一世（980—1015 年）于公元 988 年受洗入教，并命令所有罗斯人在第聂伯河受洗，史称"罗斯受洗"。从基辅罗斯接受东正教的过程、特点、意义和影响等方面，可以看到早期俄罗斯历史在东西方文化边缘徘徊的特点以及对未来的影响。

蒙古统治时期（1240—1480 年）与亚洲文化影响。1206 年，铁木真统一蒙古，称"成吉思汗"，开始大规模对外征服。1223 年，蒙古军队越过高加索山进入罗斯；1242 年，蒙古军队直抵亚得里亚海北岸的波黑、克罗地亚地区，后退守伏尔加河下游地区，建立金帐汗国。蒙古人以加强中央集权的方法实行对罗斯的统治，一是在罗斯各个王公中选择一位王公，册封为"弗拉基米尔及全罗斯大公"，授予统治全罗斯的权力，负责征收贡赋；二是金帐汗直接派出官员，清理户籍，丈量土地，确定税额；三是在全国建立"八思哈"（镇守官）制度，居民按百户、千户、万户组织起来，从政治到经济，对罗斯各公国实行监视。

近代俄罗斯（1480—1917 年）与西方化历程。1480 年，当俄罗斯从蒙古人那里解放出来时，西部欧洲已开始了资本主义时代。面对两种文化的落差，俄罗斯西欧近邻的西方化也就成为一种必然。带领俄国踏上西方化进程的是彼得大帝（1672—1725 年）和叶卡捷琳娜二世（1729—1796）。俄国学者认为，前者创造了俄罗斯人的躯体，后者为俄罗斯人注入了灵魂①。

一　政治环境

十月革命后建立的苏维埃联盟被当作是带有首创性的崭新的国别，是各民族自由结合的典范，结盟目标是实现共产主义，走向一个没有阶级、没有民族差别的新世界。30 年代中的苏联以《国际歌》为自己的国歌，强调以国际主义代替民族主义的新思维。1980 年版的苏联百科词典中对"苏联人民"的概念作如下解释：苏联人民，即"由拥有共同领土、共同经济和社会主义的共同文化、有联盟性质的全民国家，和以建设共产主义为共同目标的人们所组成的国际主义的新的历史共同体。由于苏联各族人民在法律上和事实上平等的基础上进行了社会主义改造，有史以来第一次产生了这种共性"。很明显，这里所强调的"共性"和"历史共同体"实际上代表了一个新的认同，其基础已不再是民族属性，而是一个政治和意识形态的"共同目标"。

卫国战争期间，斯大林在国内政策上作了一些调整，重新肯定了俄罗斯民族的历史传统和文化成就，并把俄罗斯族确立为苏联的核心力量。1943 年批准通过的新国歌，第一句话是："伟大的俄罗斯把各个自由共和国团结成牢不可破的联盟"，大有以俄罗斯为"盟主"之意。然而，也许正是因为这个原因，俄罗斯与苏联之间画出等号，"俄罗斯"的概念依然被融化在"苏联"的概念之中，构成苏联民族一体化政策内在的矛盾性。

苏联解体后的十年中，俄罗斯民族经历了痛苦的自我审视过程，对俄罗斯的历史道路、俄罗斯民族精神和民族性格等问题都有了新的领会和认识。

---

① 戚文海：《基于转轨视角的俄罗斯国家创新战略的演进与趋势》，《俄罗斯研究》2007 年第 5 期。

1993 年 12 月 12 日，俄罗斯联邦举行全体公民投票，通过了俄独立后的第一部宪法。同年 12 月 25 日，新宪法正式生效。这部宪法确立了俄实行法国式的半总统制的联邦国家体制。

俄罗斯联邦实行的是联邦民主制。以俄罗斯联邦宪法和法律为基础，根据资产阶级立法、司法、行政三权分立又相互制约、相互平衡的原则行使职能。

总统是国家元首，任期 4 年。2008 年修宪改为 6 年，由人民直选产生。总统拥有相当大的行政权力，有权任命包括总理在内的高级官员，但必须经议会批准。总统同时也是武装部队的首领以及国家安全会议的主席，并可以不经议会通过直接颁布法令。总统不可以连任超过两届。

俄议会正式名称为俄罗斯联邦议会。根据俄宪法，俄罗斯联邦议会是俄罗斯联邦的代表与立法机关。联邦会议采用两院制，上议院称联邦委员会（Federal Council），下议院称国家杜马（State Duma）。

联邦委员会（上议院）由俄罗斯联邦诸联邦主体各派两名代表组成：一名来自国家代表权力机关，另一名来自国家执行权力机关，主要的职能是批准联邦法律、联邦主体边界变更、总统关于战争状态和紧急状态的命令，决定境外驻军、总统选举及弹劾，中央同地方的关系问题等。

国家杜马（下议院）的职权是同意总统对总理的任命；决定对总统的信任问题；任免审计院主席及半数检查员；实行大赦；提出罢免俄罗斯联邦总统的指控；通过联邦法律。

俄罗斯联邦政府是国家权力最高执行机关。联邦政府由联邦政府总理、副总理和联邦部长组成。宪法还规定，各联邦主体（共和国、边疆区、州、自治州和自治区）的权利、地位平等。俄罗斯各联邦主体的地位只有在俄罗斯联邦和俄罗斯联邦主体根据联邦宪法进行相互协商后才能改变。

司法机关主要有联邦宪法法院、联邦最高法院、联邦最高仲裁法院及联邦总检察院。不允许设立特别法庭。

联邦宪法法院对联邦委员会和国家杜马的法律、决定，联邦总统的命令，其他联邦机构的文件，各共和国的宪法，联邦主体的法律、章程和其他法规，联邦内部条约和国际条约是否符合联邦宪法，以及社会团体的成立和活动是否符合宪法的案件作出裁决。联邦宪法法院还对联邦国家权力机关之间、联邦国家权力机关和联邦主体国家权力机关之间以及联邦各主体国家机关之间的权限纠纷作出裁决。

联邦最高法院是民事、刑事、行政和其他案件的最高司法机关。根据联邦法律规定的诉讼程序对法院的活动实行司法监督，并对审判实践问题作出解释。联邦最高仲裁法院是对经济纠纷和仲裁法院审理的其他案件进行裁决的最高司法机关。根据联邦法律规定的诉讼程序对仲裁法院的活动实行司法监督，并对审判实践问题作出解释。

联邦总检察院对犯罪案件侦查的合法性进行监督，支持在法院的公诉，为维护国家利益、公民的权利和自由而向法院提起诉讼，就国家机关、地方自治机关和公职人员的违法行为向法院提出异议。检察院系统实行集中统一领导体制。联邦委员会根据总统提名任命联邦宪法法院、联邦最高法院和联邦最高仲裁法院法官以及联邦总检察长。

二　经济与科技环境

俄罗斯是世界上唯一一个所有资源都能自给自足的国家，理论上讲，确实可以其独特的资源禀赋作为比较优势参与国际分工。据专家估算，俄所有自然资源的总价值为 300 万亿美元。其中，俄已经探明的资源储量价值约为 30 万亿美元，占世界资源总量的 21%，居世界首位。将俄 GDP 增长率与国际市场石油价格进行回归分析可以发现，二者同步性极强：国际油价每桶上涨 10 美元，俄 GDP 增长率上升 1%。[①] 但是，无论自然资源对于俄罗斯来说多么重要，它都不能自然而然地使其成为一个经济强国，进而增强国际竞争力。这是由于，俄罗斯的比较优势是其丰富的自然资源，但自然资源是静态的、稀缺的

---

① 冯玉军：《俄罗斯经济奇迹会出现吗》，《世界知识》2006 年第 11 期。

和不可再生的，而竞争优势则是动态的，它通常与创新、人力资本的发展和智力开发息息相关。如果能将比较优势转化为竞争优势，就会大大增强俄罗斯在国际分工中的地位，占领世界经济的制高点。值得注意的是，为保持能源大国的战略地位，俄罗斯已开始以能源作筹码在世界经济中讨价还价。这表明俄罗斯力图以能源为战略武器，将其功效发挥到极致。2006 年，俄罗斯在国际能源领域大显身手，无论是在圣彼得堡的八国峰会上提出"保证全球能源安全"的倡议，还是力主创建欧亚天然气同盟，或是倡议组建上海合作组织能源俱乐部，无一不显示出其争当世界能源超级大国的雄心。

俄罗斯拥有苏联 60%—70% 的科技潜力，素有科教兴国和专家治国历史传统。虽然近些年来俄科研总体实力有所下降，国民素质有所倒退，但国家的科研项目储备仍然位居世界前列。据俄科技评估材料，在当今世界 102 项尖端科学技术中，俄有 52 项保持世界领先地位，27 项具有世界一流水平；在当今世界决定发达国家实力的 100 项突破性技术中，俄有 20 项居于世界领先地位；在当今世界决定发达国家实力的 50 项重大技术中，俄有 12—17 项可以与发达国家一决雌雄。俄罗斯政府最近表示，俄罗斯选择创新经济发展模式的效应将会在 5—6 年后显现出来。可以预见，随着俄罗斯政府对科研领域重视程度的逐渐提高和资金投入力度的不断加大，俄罗斯的高科技产业会出现一个新的局面。

为了避免国际市场的不确定性给俄罗斯经济带来的潜在风险和改善经济结构，俄政府继续通过引导国内投资和消费来创造新的经济增长点。俄政府于 2005 年秋启动了国家重点项目：医疗保健、文化教育、住宅建设和农业的四大优先发展项目。2007 年俄联邦预算用于这四大项目的支出将达到 2060 亿卢布（约合 78 亿美元），比 2006 年增长 50% 以上。其中，用于医疗项目的支出超过 1000 亿卢布，同比增长近 70%；用于教育和住宅建设项目的支出分别增长 66% 和 30% 以上。这对于刺激国内投资和消费需求、创造新的经济增长点将发挥重要的作用。第一，带动国内消费需求。第二，刺激国内投资需求。[①]

俄罗斯今日之科技发展成就，不得不回溯到彼得一世时代。18世纪初彼得一世的改革促进了生产力的发展，自然科学也随之发展起来。1724年彼得一世签署了设立科学院的命令，在他死后不到一年，俄国科学院正式成立。科学院设数学、物理学和社会科学三大部，并附设中学和大学。18世纪40年代俄国有了首批科学家，罗蒙诺索夫是俄国第一位科学院院士，俄罗斯自然科学的奠基人。18—19世纪，俄国涌现出一大批科学家和社会活动家，如数学家劳巴切夫斯基、契比雪夫；物理学家雅科比、斯托列托夫、列别捷夫；化学家季宁、布特列洛夫、门捷列夫；生物学家季米利亚杰夫、米秋林；生物学家巴甫洛夫、谢切诺夫；胚胎学家梅契尼科夫等。十月革命前，俄国科研机构共约300个，科研人员1.2万人。十月革命后苏联重视科研工作，建立了科学技术管理局，主管科研工作，1925年确定俄国科学院为苏联最高科研机关，更名为苏联科学院。到1960年苏联科研机构已达4166个，科研人员35.4万人。随着世界科技革命深入发展，苏联重视并多次强调科技进步的重要性，后来在苏共十三大和二十四大都强调了这个问题。1985年戈尔巴乔夫执政后专门举行了加速科技进步的会议。1986年苏共二十七大不仅强调科技的重要性，还在财政资金和物质资源等方面采取了实际措施。到80年代末苏联的科研机构、科研人员和科技发明举世瞩目。

第二次世界大战后，苏联科研机构得到了较快的发展，形成了较为系统的科研网，80年代末苏联的科研单位有5300多个，主要有科学院、部门和高等院校等系统。

科学院系统：包括苏联科学院和各加盟共和国科学院。苏联科学院设有远东、乌拉尔和北高加索三个科研中心，后又陆续建立了15个分院。

部门系统：苏联部门系统的科研机构占全国科研机构的60%，工业部门的科研机构占全国科研机构的22%，农业部门的占了14%。

---

① 王子刚：《俄罗斯科技水平现状分析》，《黑龙江科技信息》2011年第11期。

苏联部门科研系统中还包括苏联的专业科学院：农业科学院（1929年建），城市公用事业科学院（1931年建），教育科学院（1934年建），医学科学院（1944年建），艺术研究院（1947年建）这些部门科研实力雄厚，科研规模大。

高等院校系统：许多高等院校都设有研究所。苏联还有国防科研系统，是个较为特殊的科研机构。

苏联时期的科研人员主要是有学位或者担任学科领导者、在高等院校从事科学教育者及其他具有高等教育水平的科研人员。苏联解体前全国拥有专职科技人员约110万人，占世界科研人员的1/4，可谓人才济济。到了20世纪80年代末，仅在物理学领域里就有5名科学家获得诺贝尔奖。

苏联成立后重视科研，国家拨给的科研经费不断增加。1950年为10亿卢布，占国民收入的1.3%，1970年为117亿卢布，占国民收入的4%，80年代占国民收入的5%以上，1989年科研经费为436亿卢布，占国民收入的6.6%。除国家拨给的科研经费外，各部门和企业也自筹部分科研资金。

苏联曾是世界上政治、军事大国，同时也是科技强国。俄罗斯作为苏联的继承者，保留了苏联的大部分科研机构和人员，在当今世界上俄罗斯联邦仍是世界科技大国。在国际上俄罗斯科学家享有很高的威望。俄罗斯有着很高的教育水平和众多的高水平的科研人员和科研机构。

俄罗斯的基础研究在世界上占有重要地位，到2000年为止俄罗斯在自然科学领域有12人获得9项诺贝尔奖，处于世界第九位。2003年又有2位科学家获得诺贝尔物理奖。除了物理科学外，俄罗斯在数学和化学等传统学科的基础研究方面也具有明显优势。

俄罗斯在基础研究方面从苏联继承了"世界一流的科学"，但由于独立后科技界经历了经费奇缺、物质匮乏、人才大量流失的数年动荡，目前俄罗斯基础研究水平已落后于美国，但仍居世界先进国家之列。尽管困难重重，俄罗斯仍基本保持了其整体科技的完整性，而且在基础研究方面取得了不少世界级科研成果。近年来俄罗斯科学院仍完成了约 5000 个研究课题，在基础研究方面几乎都有世界水平的科研成果出现。以美国为首的西方国家不遗余力地挖取俄罗斯的科技人才和成果这一事实本身就足以证明这一点。

事实上，尽管近十多年来俄罗斯的基础研究潜力有所下降，但俄罗斯是除美国以外在所有科学领域都进行科学基础研究的国家，研究范围大而宽，研究基础根基雄厚。

俄罗斯政府十分重视科学技术的进步，强调应把发展科学和技术放在首位，发掘国内的科学技术潜力，大力支持科技和创新活动，保护自然环境和人民身体健康。1995 年俄总统叶利钦做出了依靠高科技振兴俄罗斯经济的重大战略决策。俄罗斯政府明确提出，要利用科学工作者在科研工作中取得的大批科研成果，开发在国际市场上有竞争力的新技术产品，丰富国内市场，促进经济健康发展，为技术落后的企业注入活力。普京上台后积极推行新政，国家经济也逐渐走出困境，在普京的领导下，俄政府制定了一系列的促进科技发展的政策：

加强科技宏观管理。2001 年 7 月成立了联邦工业与科技部，同年 11 月又成立了直属总统的咨询机构——俄罗斯总统科学与高技术委员会，2004 年年初，俄罗斯教育部与科技部合并，成立了教育与科技部，首任部长富鲁先科在上任宣布的施政纲领中就指出了彻底改变观念、充分利用资源、组成浩大的创新兵团、迅速将科技成果转化的重要性和必要性。

制定中远期科技政策。在总结国内外科技发展的经验教训，分析世界及俄罗斯国内的科技发展现状和趋势的基础上，俄政府提出了《俄罗斯联邦国家科技政策中远期基本发展趋势》的政府报告，即至 2010 年的科技政策，同时还制订了一系列中长期科技发展规划。

俄罗斯科技创新的战略与实施。俄罗斯实施国家科技创新战略的具体做法是：加强对中小企业的创新管理，推动科研院所的创新活动，完善高等院校的技术创新中心，加速创新成果的商业化进程。通过观念更新、政策保障、体制保障和资源保障，俄罗斯蕴藏的巨大创新潜力将会在实施创新战略中充分发挥出来。

俄罗斯国家创新政策是国家社会经济政策的重要组成部分，目的是积极有效地利用各种智力、新知识的汲取和传播来保障国家经济的持续发展。俄罗斯在构筑国家创新体系时系统地制定了国家创新政策，即在国家总目标下，建构独立的地区创新体系，地区与联邦的一体化，优先发展基础科学、高等教育和高技术产业，将有限的财力集中到优先发展方向。

三　教育环境

俄罗斯在接受东正教（公元 988 年）之前，基本以家庭教育为主，培养农工、手工匠人、武士和术士。公元 9 世纪下半叶，来自保加利亚的传教士基里尔兄弟在希腊字母基础上创制斯拉夫字母，开始翻译希腊文圣经和其他宗教书籍。从 988 年到 13 世纪中叶，俄罗斯基本上创立了初级教育，政府与教会兴办了各类学校。此后，由于蒙古鞑靼人的入侵，教育活动几近中断。

1632 年，政府开始兴办学校。17 世纪下半叶，俄罗斯创办了一批希腊—拉丁文学校。1679 年创办了第一所大学：斯拉夫—希腊—拉丁文学院。1714 年彼得一世下令设立新式学校。1725 年设立圣彼得堡科学院，附设一所大学和一所中学。1755 年，学者米·罗蒙诺索夫（1711—1766）倡议设立莫斯科大学。18 世纪到 19 世纪中期，俄罗斯基本上建立了欧式教育体系。

彼得一世是俄罗斯具有非凡远见和胆略的沙皇。在强国精神的推动下，彼得一世改革俄罗斯的思维方式是全盘西化或全盘欧化，即不惜使用一切手段去仿效西方。俄罗斯帝国时期的高等教育正是在这样一种思维方式下发展的。其强国式的发展教育的措施主要有以下几方面：第一，重视发展实科高等教育。第二，重视专门人才的培养。第三，重视科学院的作用。第四，强迫所有贵族都必须学习。而深受欧洲启蒙思想影响的叶卡捷琳娜二世对俄罗斯教育的主要贡献在于：在全国各地开办小学、创办女子学校以及首创女子文学刊物。

与彼得一世发展教育的西化思维相反，列宁改革俄罗斯教育的思维是苏维埃化。这种苏维埃化同西化在思维朝向上虽然相反，但在思维的实质目的或精神上却是一致的，那就是强国。

从19世纪中叶到20世纪初，俄罗斯教育体系包括初等教育、妇女教育、职业教育和高等教育机构。20世纪初，俄国有16所综合大学（1916年）。教育基本面对贵族和神职人员的后代。沙皇政府教育部明令禁止招收车夫、仆人、厨师等"下等人"入学。全国约有70%的男子和90%的女子是文盲。许多少数民族没有受教育的权利和机会，48个民族没有自己的文字。

十月革命之后，苏维埃政权大力扫除文盲，兴办学校。到1934年，苏联实行4年制全民义务教育；1956年起实行7年制义务教育；1959年起实行8年制义务教育；从1976年起全面推行义务中等教育。苏联时期建成了全国统一、学科门类齐全、水平较高的国民教育体系，基本满足本国社会经济发展的需要。从80年代到现在，俄罗斯正在努力普及11年制义务教育。现在的俄罗斯，在9—49岁居民中识字率已达99.92%，10岁以上居民每千人中就有860人受过高等或中等教育。而英国目前尚有一百多万文盲，占其总人口的2.3%，美国目前也尚有10%左右（2100万）成年人基本没有阅读和写作能力。在俄罗斯，无论是公共汽车里，还是地铁里，随处可见手持读物阅读的俄罗斯人。

俄罗斯教育体系分为普通教育和职业教育。普通教育涵盖学前教育、普通初等教育、普通基础教育和普通中等（完全）教育四个层次。职业教育则涵盖初等职业教育、中等职业教育、高等职业教育和大学后续职业教育四个层次。

根据1992年《教育法》，所有公民受教育的机会均等，免费接受普通初等和中等教育，考试通过可免费接受高等以及大学后续职业教育。

1. 学前教育

苏联非常重视学前教育，认为它是教育体系中的重要组成部分，是教育体系的最初阶段，是国民教育的第一步。为了搞好学前教育，教育科学院于1960年成立了学前教育研究所，1976年颁布了第十次修订的《幼儿园教育大纲》，加强了幼儿和小学间的转接，保证教育的连贯性。学前教育涵盖2个月以上的婴幼儿到9岁的儿童，设有托儿所、幼儿园和保育院。除普通幼儿园之外，另有五类占总数35%的学前教育机构，分别是：①开发婴幼儿的智力、艺美和体育能力；②实施特殊教育，矫正身心发育缺陷儿童；③看护保健；④综合性幼儿园；⑤儿童发展中心。学前教育机构由国家、市、区、镇以及国家机关、企事业或社会团体等开办。

2. 基础教育

1986年起已将10年制改成11年制普通教育。读完8年级的学生可获得教育证书，升入普通9年级，也可升入中等专业学校或职业技术学校学习。

目前，普通教育的学校大致分为如下七种：①普通教育学校，相当于我国的中小学。②侧重某些学科的专门学校（数学、物理学校），为有特殊爱好和专长的学生开设。③一般重点中学（多数从4、5年级开始）。④高级重点中学（一般从8年级开始，学校或偏重文科，或偏重理科。所偏重的科目以及所学内容的深度和广度均高出普通学校很多）。⑤夜校。⑥特殊教育学校，为生理、心理发展有障碍的学生开设的专门学校。⑦补习学校（为有特殊爱好和专长的学生开设的学校）。

各类普通教育学校的主要任务是：为学生个体的智力、道德、情感和身体的发展创造良好的条件，培养科学的世界观，使学生掌握自然、社会、人和劳动的系统知识及从事独立活动的能力。俄罗斯联邦《教育法》规定，初级普通教育和基础普通教育为义务教育，学校免费为学生提供教科书和课间加餐。

3. 职业技术教育

其主要任务就是培养熟练的技术工人，同时也负有普及中等教育的任务。实施职业技术教育的学校有三种：①职业技术学校，招收不完全中学毕业生，修业1—2年，培养从事最简单工种的工人。②中等职业技术学校，招收不完全中学毕业生，修业3—4年，培养高度熟练技巧的工人，同时接受完全中学教育。近年来第一种学校逐渐被第二种学校所代替。③技术学校，招收完全中学毕业生，修业1—2年，培养掌握复杂技能的工人和初级技术员。此外，为提高在职工人的技能水平，还设有业余职业学校，修业3—4年。中等职业技术学校的课程设置大体是：普通教育的总时数占40%，专业教育占20%，生产技术训练占40%。所开设的专业达1100种，以适应国民经济生产的各个部门需要。毕业生中10%的优秀学生允许直接报考高等学校，其他学生则必须工作3年以上才能报考。

4. 中等专业教育

中等专业教育有中等技术学校、中等专科学校和其他学校实施，培养具有中等专业教育程度的专门人才，招收不完全中学毕业生（即8年制的毕业学生），修业3—4年。学生在接受专业教育的同时学习完普通中学教育课程。如果所招收的学生已受完中等教育（即10—11年制的毕业学生），则修业年限为2—3年。夜校和函授学校一般延长一年。按教育大纲共设有490多种专业，三种类型课程：公共课程、技术基础课程和专业课程。采取全日制、夜校和函授三种形式进行教学。

5. 俄罗斯的高等院校

按专业大致可分为以下几类：

（1）综合大学。综合大学在俄罗斯教育体系中占据突出的地位。莫斯科大学是俄罗斯最古老的一所综合大学，也是当今世界上最著名的几所大学之一，共开设有16个系，300多个教研室及各种教学研究所、科研所、计算中心、博物馆、图书馆、天文台、植物园、各种大型实验室等。

（2）高等技术学院。高等技术学院是俄罗斯数量最多的一类院校。它包括多科性的工学院和单科性的专业学院。

（3）高等农业技术院校。高等农业技术院校培养农业高级技师和专家。专业有农学、兽医、农业机械、农业经济等。农业院校开设专业30多种。

（4）医学院校。医学院校包括多科性的医学院和专门性的医学院（如儿科医学院、药学院等）。医学院校的学制一般为7年。

（5）文科专业院校（经济和法律学院）。多科性的经济院校设有很多经济专业，如管理学院、国民经济学院等。专门的经济学院只设有关或几个专业，如财政经济、工程经济、商业经济等。

（6）文化和艺术院校。

（7）体育院校。通常体育院校中设有两个主要系：体育师范系和体育运动系。

6. 俄罗斯大学学制、学位制度及高等教育特点

根据俄罗斯联邦制定的《教育法》，俄罗斯联邦的高等教育与其他国家相比有所不同。

（1）四年制高等教育计划包括人文科学、社会经济学、自然科学等学科以及一些专门课程和实践与培训，这些课程可以帮助学生取得职业经验。经过 4 年的学习，通过考核，合格者可获得所学专业的学士学位。

（2）五年制高等教育计划包括人文科学、社会经济学、自然科学和其他一些专门职业培训。经过 5 年的学习，学生需通过考核和评估，提交自己的毕业论文或毕业设计，通过者可获得所学专业的工作资格证书，如工程学工作资格、教师资格、农业（家）资格、经济（工作者）资格等。

（3）六年制高等教育计划包括本科 4 年的专业学习和两年专门的研究学习与实践，学生需要在 4 年的本科教育结束后接受深入研究教育和进行科学实践活动。最后对学生的学业成绩进行考核与测试，主要针对学生的毕业论文（设计），通过者可获得所学专业的硕士学位。

以前，俄罗斯本国大学毕业生不授学士学位，而且在研究生教育中也没有硕士这一级的学位。俄罗斯只有副博士和博士两级学位。1996 年起俄罗斯的教育体制也正向国际教育体系及西方教育模式并轨。部分大学也逐步改革学制，目前俄罗斯的部分高等院校改制为四年授学士学位，研究生二年授硕士学位，博士研究生 2—3 年授博士学位。

7. 俄罗斯教育的特征

（1）在整个社会政治上走向分权化，经济上向市场模式过渡的背

景下，教育行政逐步从中央集中管理模式转变为中央、自治共和国、地方三级管理模式。

（2）放弃苏联由执政党控制教育管理机关的做法，法律规定禁止在国家地方教育管理机关中组建正常和社会政治组织，同时也禁止宗教组织的活动。改变由国家包办教育的局面，实行办学主体的多元化。

（3）在将义务教育年限由原来的 11 年减为 9 年的基础上，实现了中等教育类型的多样化。普通中等教育不再承担中等职业技术教育，中等职业技术教育也不再承担完整的普通教育，二者分工较为明确。

（4）高等教育呈现以下特点：正在实现层次的多样化并形成完善的学位制度；仍然保持着偏重工科教育的状态；高等学校办学主体多元化，并获得较大的办学自主权。

8. 俄罗斯的教育立法和改革

1992 年 7 月经联邦总统批准发布实施《俄罗斯联邦教育法》。这是苏联解体后俄罗斯颁布的第一个教育法。该法分总则、教育体系、教育体系的管理、教育系统的经济、实现公民受教育权利的社会保证、教育系统的国际活动 6 章，共 58 条。包含国家制定教育政策的原则、教育组织形式、各级各类教育的实施、各级政府部门的教育权限、教育机构的权限和职责、教育机构的经营性活动等多方面内容。该法首次提出了新形势下教育政策的新内容：①重新构建国民教育体制的组成部分；②确立创办教育机构的程序和细则，使非国立教育的实施成为可能；③扩大教育机构的管理自由权和经营自主权。

俄罗斯教育在转型期经历了十多年的发展和改革，主要体现在以下几个方面：

第一，高等教育由单一机构转向多层机构。苏联高等教育只有一个层次，即大学本科，大学毕业生不授予学位。随着社会经济的发展，参照国际上高等教育人才培养模式，俄罗斯教育部 1992 年通过了《关于在俄罗斯联邦建立多层次的高等教育结构的决定》，使其高等教育逐步向三个层次过渡。第一个层次为不完全高等教育，学制 2

年，结业后授予不完全高等教育证书；第二个层次为基础高等教育，学制一般为 4 年，结业授予学士学位；第三个层次为专业化高等教育，学制 2—3 年，毕业后授予硕士学位。在第三层教育的基础上，将副博士和博士研究生归入大学后的教育。随着俄罗斯高等教育逐步向多层次发展，高等学校的专业方向也趋于多样化，按照专业层次和专业方向区分，高等学校分为综合大学、专业大学、专业学院和专科学校。第二，中等教育的学校类型、教学内容、教学计划由单一化向多元化转变。第三，教育管理由中央集权向分级管理转变。第四，教育全面对外开放。

1996 年，俄罗斯政府颁布《俄罗斯联邦高等和高等后职业教育法》，将本国的高等教育体系称为高等职业教育，并将其从结构上划分为高等职业教育和大学后职业教育，其中高等职业教育按教育对象的不同分为不完全高等职业教育、基础职业教育和完全高等职业教育，后高等职业教育则为副博士和博士教育。但迄今为止，在很多一部分高校中仍然实行旧的体制，或采用新旧并用的方式。

9. 俄罗斯教育改革新举措

俄罗斯教育现代化的改革步伐很大，实施教育现代化构想的目的就是将教育引入创新发展的轨道，发展学生的创造能力。创新教育不仅在于教学过程中教会学生运用新的科学知识，更重要的是创造性探究新知识的过程本身，二者共同作用才构成创新教育。目前俄罗斯教育体系里已经出现了一些创新性的改革举措，主要包括：

第一，通过"俄罗斯联邦国家教育学说"。2000 年 10 月 4 日俄罗斯联邦政府通过了"俄罗斯联邦国家教育学说"。充分肯定与赞扬了苏联时期的教育成果，对 20 世纪 90 年代俄罗斯的教育进行反思与总结。文件认为：过去的十年，国家教育失去了许多已有的优良成果，90 年代俄罗斯的教育是失去的 10 年；要求改变国家现有的教育政策与指导方针，要求全社会加强教育与科学对国家社会发展的决定性作用的认识；文件还制定了俄罗斯从 2000 年到 2015 年国家教育战略目标。第二，修改教育法。第三，改革基础教育。将基础教育由 11 年制改为 12 年制。在中学实行国家统一考试。第四，发展远程教育。

第五，加强高等教育与社会的结合，充分发挥高等院校科研力量的作用，促进科研成果社会化。第六，组建俄罗斯高等学校教学、科研和创新综合体。第七，注重人文教育与科学教育的互补和融合。第八，改革高等教育的经费投入、管理和评估方式。第九，教育部与其他部委、各联邦主体以及跨地区经济合作组织签订部门间科研、实验和人才培养协议；高校通过竞争的方式，培养联邦和地区两级预订的教育、科学、技术和生产领域优先方向的专业人才。

四　文化环境与民族性格

俄罗斯是一个地跨欧亚两大洲的世界大国，它的文化也是在欧亚两大洲文明的影响下形成的。基督教将西方文化带给了俄罗斯，蒙古人入侵将东方文化（高度集中统一的中央集权制，集体主义精神，社会服从于国家）强加于俄罗斯，沙皇彼得大帝的改革拉近了俄罗斯与西方文化的距离，形成了文明贵族与文盲贫民的对立。东西方文化的冲撞，是俄罗斯民族性格形成的文化因素。

俄罗斯是一个笃信宗教的国家，拥有深厚的宗教传统，宗教对俄罗斯国家的政治、经济、文化以及风俗、历史事件的形成都有着深刻的影响。在当代俄罗斯的诸多宗教派别中，东正教不论在规模上，还是在社会影响上，都属于全国第一大宗教。目前，俄国人口有 1.455 亿，其中东正教徒约 8000 万，占人口总数的 55% 左右。俄罗斯是一个具有悠久宗教传统的国家。从 10 世纪末到 20 世纪初近千年的时间里，东正教作为俄罗斯的国教，对俄罗斯国家社会生活和民族意识都曾产生过重大影响。这种影响沉淀于俄罗斯精神的核心，并在其民族性格中凸显出来。东正教又称为正教，是在东罗马帝国发展起来的基督教的一个分支。公元 330 年，君士坦丁一世因避乱迁都拜占庭（即君士坦丁堡），成立牧首区，视为东部教会中心，与西部教会对峙。东部教会自认为是传承正统教义的教会，是"正宗天主教"。东正教的名称即由此而来。东正教对俄罗斯民族性格的影响主要表现在以下几个方面：

第一，宗教性，东正教的社会历史地位决定了俄罗斯民族性格的宗教性（苏联以前的俄罗斯是政教合一的国家）。东正教以及对绝对善的追求是俄罗斯民族最深层的特点。具有西方文化色彩的东正教在俄罗斯民族个性的形成和发展中所起的作用非同小可，自古以来俄罗斯民族就广泛信教。

第二，异质性，东正教的异化决定了俄罗斯民族性格的异质性。就整个俄罗斯历史背景来看，东正教的引进使俄罗斯文化融入欧洲文化的整体进程之中，是一种先进文化取代落后文化的行为。但俄罗斯并未借此完全并入西方文化之中，而是形成了独特的多元文化形态。

第三，极端性，俄罗斯民族是一个极端化、情绪化的民族。俄罗斯民族有着巨大的自发力量，并且嗜爱形式。

第四，神秘性。俄罗斯民族性格的另一个突出特征是神秘性。这种神秘性也可以在宗教的语境中找到答案。东正教是基督教中相对保守的教派，它奉行基督教的原始教旨，强调神与人之间的神秘相通性。

第五，普世主义。俄罗斯人的心里充满了对全人类的担忧和对全世界命运的忧患，有一种全球性的自我意识，这就是俄罗斯人所具有的普世主义。这种强烈的忧患意识体现在方方面面，尤其体现在俄罗斯文学中。19 世纪的俄国知识分子提出了"怎么办""谁之罪"等问题，这种发人深省的提问不仅是对俄罗斯命运的担忧，也是对全人类命运的忧虑。俄罗斯人总是有一种使命感，那就是拯救斯拉夫世界，乃至整个人类。在俄罗斯的历史中，严酷的宗法专制、农奴制的长期存在使俄罗斯社会下层无法接受西方文明，而彼得大帝的改革使贵族知识分子有机会接受西方文明。彼得大帝的皇权强化进一步为俄国树立了专制主义的传统，使农奴制在俄国更加根深蒂固，不可动摇。彼得大帝的现代化改革终究是强加到俄国身上的，这就使他的西化政策在本质上是一种生硬的嫁接，也造成了俄国社会从经济到阶层再到文化的普遍的二元对立。社会上长期存在受奴役的农奴和受西方文明熏陶的贵族知识分子，双方差距很大。这种差距的存在对于俄罗斯文化双重性的形成也有着一定的影响，对俄罗斯民族个性的形成也影响极大。

　　在 21 世纪的今天，回首往昔，我们看到俄罗斯文化中的一些基本因素，在保持与发展俄罗斯人的精神风貌方面，过去、现在和将来都有着特殊的作用。短短的一千年，俄罗斯经历了外族的统治，数次革命和国内战争，两次世界大战，遭遇了不少悲剧，这些悲剧给民族带来无穷的苦难。尽管如此，俄罗斯终于坚强地挺过来了。这应当归功于它的精神文化，其中发人深省的是特殊的苦难价值观。苦难意识是许多世纪以来在民族土壤里逐渐形成的，它体现在俄罗斯的民间创作、东正教、哲学、文学、音乐和绘画当中。同时，我们也看到了苦难意识的双重性。一方面苦难意识将民族神圣化，有时会偏向于夸大俄罗斯苦难的世界意义，是造成民族盲目自我崇拜的原因之一；而另一方面更主要的是，它培养了人们对苦难祖国母亲的热爱之情，增强了民族承受灾难的能力。在灾难降临的时候，国家用以鼓舞民众士气的思想常常是：我们是神圣的民族，我们的使命在于拯救其他民族，因此我们一定要生存，因为这是拯救别人的先决条件，是完成上帝赋予神圣使命的基本保障。为了这个神圣使命，我们必须做出牺牲，承受苦难。

　　俄罗斯民族的历史使命感和救世观念源于东正教强调基督教教义正统性的思想。俄罗斯民族的苦难意识和自我牺牲精神源于东正教浓重的神秘主义色彩、普遍的修道生活和悠久的偶像崇拜传统。

　　俄罗斯民族主义是一个复杂的政治现象，具有自己的历史惯性和鲜明特点。苏联解体和俄罗斯社会转型所引发的强烈的民族主义倾向在普京执政期间成为俄罗斯的主流社会政治思潮，它表现为温和的民族主义、激进的民族主义和极端的民族主义三种形态。俄罗斯的民族认同与国家密不可分，人民与国家永远联结在一起。20 世纪初，俄国杜马中的民族党将俄罗斯民族主义的基础归结为三个要素：专制政体、东正教和统一的俄罗斯国家，这是从俄罗斯的历史经验中总结出来的。

　　俄罗斯虽然只有一小部分的国土囊括在欧洲版图之内，但是俄国人对烈性酒精饮料的偏爱，却远远胜过了居住在瑞典、奥地利等北部风格起源地的人们。俄罗斯人"酗酒"的原因：一是对大自然的敬畏；二是矛盾的文化双重性；三是爱走极端的性格。

图腾多多少少都能够反映出这个国家的个性。俄罗斯民族的图腾便是熊，俄罗斯人对熊有着非常特殊的感情，这不仅因为俄罗斯盛产熊，而且熊温厚、质朴，熊的一身都可以为人所用。熊在俄罗斯文化中多为一个正面形象，俄罗斯人喜欢熊"傻得可爱的"外表。从俄罗斯人的姓氏名称，俄语的俗语谚语、民间故事、文学名著到当代的影视作品，乃至整个国家民族的象征，熊这一形象都占据着至关重要的位置。熊给俄罗斯人的印象是力大无比、笨拙憨痴。

俄罗斯民族性格中充满着矛盾性：谦逊和睦又率性而为，叛逆与服从，集体主义与强烈的个人意识，专制主义与无政府主义，等等。共同性是俄罗斯精神的主要特点，是俄罗斯人性格特征中与个性自由直接矛盾的因素。托尔斯泰称这种共同性为"蜂群因素"。重感性轻理性是俄罗斯民族另一个显著的性格特征。俄罗斯人凡事好走极端，非此即彼，没有过渡，追求纯粹性。

俄罗斯民族个性中消极性的形成除社会政治的原因外，在一定程度上也受到其所处的地理环境的影响。在俄罗斯人的天性中包含着某种消极的成分。俄罗斯平原虽然一望无际，但它却充满了暴风雪的灾难；俄罗斯森林虽然辽阔宽广，但却是泥潭遍布，沼泽横生。俄罗斯民族个性的消极性与该民族个性中的另一弱点——惰性相联系。懒惰是一个非常复杂的现象，有着不同的表现形式。

在俄罗斯民间信仰中，忍耐被视为一种美德，一种自救的方式。俄罗斯人用这种美德激励逆境中的人相信一切艰辛困苦终将过去，坚持和忍耐必然得到丰厚的回报。忍耐是俄罗斯民族个性的一个重要特征，俄罗斯民族是有忍耐力的，顽强不屈、坚韧不拔的。他们善于忍受和承受痛苦，并在这个过程中等待和期盼美好的未来。

五　杰出人物个案

俄罗斯历史虽然不长，但经过与拜占庭和西欧的交往以及蒙古的统治，涌现出了众多的杰出人物，杰出的政治家和军事家就有涅夫斯基、伊凡大帝、彼得大帝、叶卡捷琳娜二世、列宁、斯大林、苏沃洛夫、朱可夫等；杰出的文学家和艺术家有普希金、契诃夫、赫尔岑、托尔斯泰、柴可夫斯基、列宾等；杰出的科学家有罗蒙诺索夫、巴甫洛夫、门捷列夫、切比雪夫、朗道、卡皮查、齐奥尔科夫斯基、加加林等。限于篇幅，以下仅对部分杰出人物作一介绍。

1. 彼得大帝——用野蛮制服了俄罗斯的野蛮

彼得大帝（1672—1725），原名彼得·阿列克谢耶维奇·罗曼诺夫（Пётр Алексеевич Романов），后世尊称其为"彼得大帝"（Peter the Great），1682 年即位，他制定的西方化政策是使俄罗斯变成一个强国的主要因素。彼得大帝一般被认为是俄罗斯最杰出的皇帝。他继位后积极兴办工场，发展贸易，发展文化、教育和科研事业，同时改革军事，建立正规的陆海军，加强封建专制的中央集权制。继而发动了战争，夺得波罗的海出海口，给俄罗斯帝国打下了坚实基础。可以说，近代俄国的政治、经济、文化、教育、科技等方面的发展史无不源于彼得大帝时代。①

---

① 彼得大帝 – 维基百科，自由的百科全书. wikipedia. 2016 – 05 – 26。

　　彼得于 1672 年生于莫斯科。他是沙皇亚历克西斯和他的第二个妻子维塔利尔·纳利什基娜的独生子。彼得不到 4 岁父亲就去世了。因为亚历克西斯的第一个妻子还为他生了 13 个孩子，所以就王位的继承人问题展开了一场漫长的殊死斗争。有一次他为了保全性命不得不逃亡。彼得同父异母的姐姐索菲娅公主做了几年摄政王，直到 1689 年才被免去摄政王位。从此彼得的地位才真正得到了稳固。彼得仪表非凡，高大魁梧（身高 2.04 米），精力充沛，潇洒欢快。但是他时常发脾气，饮酒过度时就大发雷霆。彼得除了政治和军事才能外，还对射击、印刷、航海、造船等做过研究。他遭到排挤时，跑到宫外与欧洲村的各类外国人接触，学会了造船，学会了军事，也发现了俄罗斯的落后。

　　的确，1689 年的俄国是一个落后的国家，几乎所有的方面都比西欧落后几百年。到处盛行着农奴制——实际上农奴的数目在增加，而其合法权利在减少。俄国错过文艺复兴和宗教改革的大好时机。神职人员愚昧无知，文学暗淡无光，数学和自然科学无人问津。同西欧相比，俄国几乎还在中世纪时期。在西欧，此时牛顿的《自然哲学原理》刚刚问世，文学和哲学事业繁荣昌盛。

　　1697 年至 1698 年，彼得到西欧作了一次长途旅行，一次为他随后的统治定下了基调的旅行。他以一个下士彼得·米哈伊洛夫的身份，率领了一个大约由 250 人组成的"庞大的使团"。由于彼得使用了一个假名，因而他看到了许多用真名就无法看到的事物。在这次旅行期间，他为荷兰的荷兰东印度公司当了一个时期的船长，还在英国造船厂工作过，在普鲁士学过射击。他走访工厂、学校、博物馆、军火库，甚至还参加了英国议会举行的一届会议。总之，他尽了最大的努力学习西方的文化、科学、工业及行政管理方法。俄罗斯学习使团访问了德国、法国、英国、荷兰等国，就政治制度、法律法规、组织构建、文化礼仪等方面进行深入研究调查。在英国，彼得多次参观了牛津大学、格林威治皇家天文台、造船厂和造币厂，会见了许多科学家，第一个就是名闻四海的大科学家牛顿，又力邀大数学家弗哈森移居俄国，并虚心地向钟表师傅学习修理技术。这可不是摆样子的学习，而是与工人一道，亲力亲为。在荷兰，沙皇与 11 名留学生在造船厂学习造船技术，在荷兰专家保罗的指导下，利用 3 个月造出了三桅巡洋舰"彼得—保罗号"，保罗为此为彼得颁发了毕业证书。

1698 年当几位大臣来问候远途归来的彼得大帝时，彼得突然操起手中的剪刀朝他们的胡子剪去，从而揭开了一系列改革的序幕。这些改革主要是在与瑞典进行北方战争的背景下施行的。

在军事方面，彼得实行义务兵役制，引进国外新式武器和战略技术，还建立了一支强大的海军。在经济方面，彼得大力鼓励工商业的发展，允许企业主买进整村的农奴到工厂做工，批准外国人在俄国开办工厂。为了鼓励西方工艺和技术的引进，他把许多西方技术人员带入俄国，还派遣许多年轻的俄国人到东欧去学习。

在政治上，改革的目的是建立完整的中央集权统治，加强工作效率。剥夺贵族领主杜马会议的职能，代之以参政院，下设 11 个委员会（实际上相当于西方国家的"部"）负责具体工作；罢黜大教长，代之以宗教院，使教会成为国家政权的一部分；划分行政区域，将全国分为 50 个省。彼得还颁布了一个"职能表"，将文武官员分成 14 个不同的等级，所有的官员不管门第出身，都要从最低一级做起，靠功绩晋升。

在社会问题上，彼得也主张实行西方化。他颁布法令，规定人人都不得蓄胡子（虽然他后来对此项法令做了修改），要求宫廷人员必须穿西装，鼓励吸烟和喝咖啡。虽然他制定的政策有许多在当时遭到了强烈的反对，但是这些政策带来了长期的影响：俄国这个由贵族阶级统治的国家最终在很多方面都实行了西方的风俗和文化。

可想而知，彼得认为俄国正教会是一股落后的、反动的势力。彼得成功地对正教会实行了部分改组，并在很大的程度上获得了对它的控制。彼得在俄国创办非宗教学校，鼓励发展科学。他还引进了儒略历，并使俄文字母现代化。在他统治期间，俄国创办了第一家报纸。

俄国国家现代化和西方化开展了一系列大规模的改革。彼得整个在位期间都鼓励工业和商业的发展。在他的统治下，城镇的规模扩大了，资产阶级在数量上有了增长，扩大了影响。

除所有这些内务改革外，彼得还对外交政策实行改革，这对未来产生了重要的影响。在他的领导下，俄国在南部与土耳其交战，在北部与瑞典交战。与土耳其初战告捷，于 1696 年攻克了亚速港，从而在某方面来说给俄国开辟了通往黑海之路。但是在他的统治晚期，土耳其在战斗中占了上风，1711 年他被迫把亚速港交还给土耳其。

同瑞典作战的整个局势几乎与同土耳其作战的情形正相反；俄国人初战失利，但赢得了最终的胜利。1700 年，俄国与丹麦和萨克森结盟同瑞典展开了一场战争，当时瑞典是一个主要的军事强国（波兰后来也对瑞典宣战）。1700 年俄军在纳尔瓦战役中失败。这次战役之后，瑞典国王就把注意力转向其他敌人。与此同时，彼得重建俄国军队。瑞典和俄国再次交战，1707 年瑞典军队在波尔塔瓦彻底失败。

俄国通过战争吞并的领土大体上包括爱沙尼亚、拉脱维亚和芬兰附近的一片重要领土。虽然征服的领土并不很大但却很重要，因为它给俄国提供了巴尔干海上的一个出口，因而提供了一个"瞭望欧洲的窗口"。彼得在涅瓦河两岸，即在征服瑞典所获的土地上建立了一座新城市——圣彼得堡。1721 年他把首都从莫斯科迁到圣彼得堡。从此，圣彼得堡就成了俄国与西欧交往的主要地点。

彼得推行的许多国内政策和多次展开的对外战争当然要付出很大的代价，不可避免地要强行增收赋税。高税收和改革本身激怒了许多俄国人，出现了几起叛乱事件，但是都被彼得无情地镇压下去了。虽然彼得在自己的鼎盛时期就有许多敌手，但是今天西方和共产党的史学家们都一致认为彼得是俄国最伟大的沙皇。

在 20 世纪的今天，大多数国家元首确实弄清了他们的国家特别是在科技方面走西方之路的重要性。但是在 1700 年欧洲以外的大多数人对实现西方化的好处还认识不清。彼得的意义就在于他能够先于时代两个世纪认识到使国家西方化和现代化的重要性。由于彼得的远见卓识，俄国虽然在他登基前还十分落后，但是却有能力远远地超过了世界上的大多数国家。由于在 18 世纪和 19 世纪西欧取得了非常迅速的发展，俄国则无法同西欧并驾齐驱。

欧洲东部疆域上的另一重要的国家土耳其与俄国形成了特别鲜明的对照。土耳其和俄国都是半欧洲国家。在彼得未登基以前的两个世纪当中，土耳其在军事、经济和文化上都比俄国先进。就此而论，土耳其在整个历史的大部分时期比俄国先进。但是在 1700 年前后，没有哪位土耳其君主认识到迅速西方化的重要性并把国家朝着那个方向推进。因此俄国自从彼得时期以来取得了迅猛的进展，而土耳其却只是以缓慢的步子向前。直到进入 20 世纪，凯末尔·埃塔特克才领导土耳其朝着迅速实现现代化的目标迈进。当时俄国对中亚的控制已相当稳固，俄国在工业和教育上都比土耳其先进。

彼得大帝并不单单是一个顺乎潮流的君主，而是一位站在时代前列的人。完全有理由认为是他的先见之明使历史发生了变化，改变了方向，沿着一条他制定的强国之路发展。

彼得大帝为建立从波罗的海到太平洋、从北冰洋到印度洋的大俄罗斯帝国，争夺霸权，多次发动对外侵略战争。为争夺黑海出海口，曾两次对土耳其发动战争。发动俄瑞北方战争，战胜瑞典，取得波罗的海出海口及其沿岸大部分领土；并把俄国首都从莫斯科迁往圣彼得堡（1713 年）。

彼得大帝认为东正教落后，不起作用，他成功地改组了教会，并在对教会加以控制上取得了某些成功。彼得大帝下令建立了宗教性的学校，鼓励发展科学，改善和发展了教育事业，并简化了俄文字母。在他统治期间，还出版了第一份俄国新闻报刊。此外，彼得还调整了外交政策，这对以后的国外事务产生了重大影响。

说起彼得大帝，有人这样评价："俄国的缔造是由于一个人的意志——彼得大帝的意志。生活在 19 世纪的革命导师马克思最为褒奖的 18 世纪的两个伟大帝王，一个是中国的康熙大帝，另一个是俄国的彼得大帝。"后世对彼得大帝有如此之高的评价，绝非虚言。

彼得大帝一生中，最使后世得益，也使他名垂青史的便是他推行的多方面的改革。17—18 世纪，西欧早已走上了资本主义发展的道路，而僻处欧洲最东部的俄国仍在落后的封建农奴制泥沼中蹒跚。1682 年，彼得大帝即位，1689 年开始执掌国家大权。在封建农奴制的盛行造成了俄国经济极端落后的背景下，为了巩固他的统治使俄国摆脱落后的状态，彼得大帝断然采取措施，学习西方，他毅然决然地推行和加强中央集权，扩大军事力量，发展经济和推行学校教育的改革。

政治上：削弱大贵族；收回军权，加强沙皇的专制权力。

军事上：改进军事设备；开办各类军事学校；建立和扩大海军。

经济上：鼓励兴办手工工场，准许工场主购买整个村庄的农奴。

文化教育上：简化斯拉夫字母；创办报纸；建立科学院；推行学校教育。

社会习俗上：提倡西欧的服饰礼仪和生活方式。

在政府的强力作用下，俄罗斯从野蛮、愚昧、落后蜕变成文明、进步的伟大民族。俄国从欧洲的穷乡僻壤变成了世界强国。正如马克思评价说，彼得一世用东方的方式执行了西方的文明，"用野蛮制服了俄罗斯的野蛮"。

《红色风暴的起源：彼得大帝和他的帝国》一书中作者写道：彼得大帝是俄国历史上乃至世界历史上声名赫赫的人物，他在自己任期内锐意改革和进取，使俄国由欧洲的穷乡僻壤变成了世界强国。彼得大帝的为政之道，他的个人性格、他的方方面面都为俄国历史留下了深深的印迹。彼得大帝为俄罗斯红色风暴的起源打下了坚实的基础。彼得大帝是一个神，他继往开来，鉴古托今，励精图治、霸业大成。他以自己的卓越奋斗和不懈精神造就了别人难以企及的伟业和神话。彼得大帝是一个人，他顶天立地，豪气盖世，敢作敢为，敢爱敢恨。他以自己独特的人格魅力和桀骜性格创造出传世佳话。彼得大帝不仅造就了一个时代，而且成就了一个欧亚大帝国。彼得大帝在政治、经济、军事、社会和文化等各个方面为后来者做出了深邃的明嘱和暗喻。

2. 叶卡捷琳娜二世·阿列克谢耶芙娜——彼得大帝的有力继任者

叶卡捷琳娜二世·阿列克谢耶芙娜（Екатерина II Алексеевна，1729—1796），俄罗斯帝国皇帝（1762—1796 年在位），也是俄罗斯历史上唯一一位被冠以"大帝"之名的女皇。

叶卡捷琳娜二世是德国安哈尔特－查尔布斯特亲王之女，同时也是俄罗斯留里克王朝特维尔大公后裔。出生名为索菲娅·弗雷德里卡·奥古斯塔·冯·安哈尔特－采尔布斯特－多恩堡。1744 年被俄罗斯女皇伊丽莎白·彼得罗芙娜挑选为皇位继承人彼得三世的未婚妻。1745 年与彼得结婚并皈依东正教，改名叶卡捷琳娜。在 1762 年率领禁卫军发动政变而即位。叶卡捷琳娜主张开明专制、严厉的法治主义、法律面前人人平等。在叶卡捷琳娜统治期间，俄罗斯帝国向南、向西扩张，从奥斯曼帝国和波兰—立陶宛联邦手中将包括新俄罗斯、克里米亚、北高加索、右岸乌克兰、白俄罗斯、立陶宛和库尔兰在内的大片领土纳入囊中。三次瓜分波兰，对土耳其作战取得黑海沿岸地区，并吞并了克里米亚汗国。1796 年 11 月，因中风结束辉煌的一生。

叶卡捷琳娜在位时期因治国有方、功绩显赫，使俄罗斯成为当时名副其实的欧洲最强大的国家。其才干与名气也闻名海内外，成为俄国人心目中仅次于彼得大帝的一代英主，被尊称为"叶卡捷琳娜女皇"。①

索菲娅自幼性格开朗，活泼好动，甚至有些淘气，胆子也很大，经常闯祸。索菲娅的父亲在军队服役，兢兢业业，不太顾家，所以她自小就在母亲管束下成长。可是母亲生性刻薄挑剔，做事情没有耐心，很难与人相处，又常年住在巴黎，这样索菲娅自幼就不太受父母限制，所以尽管身为公国公主，在没人管她的时候，也会跑到街上去找同龄的孩子们玩。

如果不是她13岁那年的一个偶然事件，索菲娅的命运可能与同年代的贵族小姐们没有什么两样。1742年，她的远房表哥，荷尔施泰因王子卡尔·彼得·乌尔里希，也就是俄国彼得大帝的外孙，被他的姨妈，俄罗斯女皇叶丽萨维塔选中，成为俄罗斯皇位继承人。这位荷尔施泰因王子顿时身价倍增，很多德国公国的适龄公主都梦想嫁给卡尔·彼得。安哈特公爵一家也不例外，而且因为父亲的关系，索菲娅公主与未来俄罗斯皇位继承人的联姻方案，竟得到了普鲁士国王腓特烈二世的支持。

鉴于二者之间的远亲关系，彼得自然对索菲娅有信任感，但是他对索菲娅没什么感情，他已经对伊丽莎白女皇的侍女情有独钟，迎娶索菲娅公主不过是执行伊丽莎白女皇的意志罢了。索菲娅对彼得的表白感到惊讶：一方面惊讶于彼得的坦率，另一方面感觉到彼得对很多事情的想象过于天真。索菲娅很快就明白了：她在俄罗斯站住脚的最主要条件就是要成为一个俄罗斯人。为此她请求伊丽莎白女皇为她找来了最好的老师，苦学俄语和东正教礼仪。索菲娅公主勤奋地学习俄语，甚至在夜深人静，周围侍从都已经睡下，索菲娅还在抱着书苦读。

虽是冬天，但房间里很热，索菲娅就光着脚在房间里走来走去。可是莫斯科的冬天比在德国要严酷得多，由此患肺炎而病倒。索菲娅

----

① 《俄国的武则天——叶卡捷琳娜》，国际在线，2006 – 08 – 11 ［引用日期2017 – 08 – 29］。

曾接连十几天处于高烧状态，昏迷不醒。众人以为她已处于弥留，已经开始安排后事。安哈尔特公爵夫人特意找来了一个路德宗牧师为她做临终祈祷，但索菲娅公主却请求把教她东正教礼仪的神父老师找来。这件事很快就流传开来，俄罗斯宫廷上下对索菲娅公主的好感倍增。过了一个月，索菲娅奇迹般地病愈，这样索菲娅公主与皇储彼得的婚姻就这样决定了下来。1744 年 6 月 28 日，索菲娅公主皈依了东正教，改名为叶卡捷琳娜·阿列克谢耶芙娜。受洗仪式是叶卡捷琳娜在俄罗斯的首次公开活动，她用俄语对答问话，谈吐得体，吐字清晰，再次博得了宫廷上下的好感。婚后的日子对于叶卡捷琳娜来说，是一段灰色的时光。丈夫彼得根本就不爱她，另寻新欢，两人结婚五年，实际处于分居状态，叶卡捷琳娜一直是处女。叶卡捷琳娜整日幽处深宫，只好靠读书排遣寂寞。起初她开始漫无目的地读小说，后来无意中读到了伏尔泰的作品，自此开始对政治哲学类书籍感兴趣。叶卡捷琳娜找来了厚厚的十卷本德国史，坚持每八天必须读完一卷，又通读了四卷本哲学史，还有大量的俄文书籍。一段时间以后，叶卡捷琳娜具备的知识深度，竟然让她读懂了孟德斯鸠艰深的《论法的精神》一书。

尽管叶卡捷琳娜没有耀眼美丽的外貌，但她处在妙龄，谈吐得体，秀外慧中，自然招人喜欢。很快她就有了自己的情人。

彼得和叶卡捷琳娜结婚五年之后，二人尚未生育，也就是说俄罗斯帝国仍然处在后继无人的状态，令伊丽莎白女皇大为恼火。有人私下里提示叶卡捷琳娜，要她无论如何要为伊丽莎白女皇生下一个帝国继承人，不然她的位子不会坐稳。叶卡捷琳娜幡然醒悟，终于在 1754 年生下一个男孩，取名为保罗。叶卡捷琳娜生下皇孙保罗之后，并没有母以子贵，相反处境更加艰难。他们对待叶卡捷琳娜的态度就像是对待一架完成任务的报废机器。

1758 年，叶卡捷琳娜再次怀孕，生下一个女儿，取名安娜。彼得公开对人讲：不知道叶卡捷琳娜是怎么怀孕的，不知道这个女儿是谁的。彼得对待叶卡捷琳娜的态度也日益蛮横无理。叶卡捷琳娜在日记里写道，她当时反复考虑，只看到了三条出路：一是继续当彼得的妻子，最后和彼得一起共存亡；二是逆来顺受，被彼得抓起来或者被废黜，送进修道院；三是主动采取行动，自己的命运，自己作主。

叶卡捷琳娜开始寻求支持，首先是得到了内阁总理大臣别斯图热夫的支持。别斯图热夫作为一个成熟有经验的政治家，马上就明确了行动目标：当女皇过世之后，必须让叶卡捷琳娜登基继位，否则彼得掌权，大家都不会有好结果。

1761 年 12 月 25 日，伊丽莎白女皇逝世，彼得继位，史称彼得三世。

1762 年 4 月，叶卡捷琳娜生下一个男孩，孩子的父亲是奥尔洛夫。叶卡捷琳娜和奥尔洛夫兄弟在得到了伊丽莎白女皇在世时的宠臣拉祖莫夫斯基、沃尔康斯基公爵和帝师潘宁的支持后，提前发动政变，推翻了彼得三世，登基称帝，成为俄罗斯帝国的第八位皇帝，也是帝国有史以来的第四位女皇。

叶卡捷琳娜的不流血政变是由近卫军和心腹近臣策划推动的，政变之际既未遭到阻力，登基之后更被广为认可，故而叶卡捷琳娜在掌握帝国大权之后就把全部精力放在了如何富国强兵上。叶卡捷琳娜接手时的俄罗斯虽不是千疮百孔，但也危机四伏。鉴于这种情况，叶卡捷琳娜提出了一系列施政目标，旨在强调恢复国家行政秩序，强化国家机器，促进商贸繁荣，增加国库收入等。更重要的是，在施政目标中，叶卡捷琳娜提出了一个新观点：如果俄罗斯想要获得自身民众和周围邻国的尊重，俄罗斯就必须成为一个令人生畏的强权国家。

叶卡捷琳娜在对内政策方面，力图加强贵族官僚的国家机器，扩大贵族特权，维护和发展农奴制。自诩"开明君主"，实行开明专制，同伏尔泰、狄德罗等西欧启蒙思想家保持通信联系。

颁布"全俄帝国各省管理体制敕令"，加强了贵族在各地的权力，赐给贵族以大批土地和农奴。在被征服的少数民族地区，实行强制的俄罗斯化政策。

她兴办各类学校，提倡文学创作，对资本主义工商业的发展采取鼓励的政策，取消对贸易的限制等，但在沙皇这个专制主义宝座上坐热之后，她的思想逐渐改变了。她进一步加强了中央集权，如改

"省，州，县"三级制为"省，县"二级制。

叶卡捷琳娜二世是个成功的政治家和外交家。她在位 34 年，是俄国农奴制度的黄金时代，此间俄罗斯国家的土地面积扩大了 67 万平方公里，打开了通向黑海和波罗的海的出海口，击败了俄国的老牌敌人土耳其和瑞典，从土耳其手中获得了克里米亚和黑海北岸广大地区的永久占有权，巩固了在黑海的势力范围，为深入巴尔干打下了基础，完成彼得大帝在位时期没能完成打通黑海出海口的愿望。[①] 还和普鲁士和奥地利一起瓜分了波兰，从而得到波兰 46% 以上的土地，还得到了白俄罗斯、拉脱维亚、乌克兰、白俄罗斯和立陶宛一部分。但这并不能说明女皇本人是个战争狂人。事实上，她赞助和支持俄国艺术的发展，反对愚昧和落后，比西欧任何一位君主都更慷慨地资助哲学家和艺术家。伏尔泰形容她是欧洲上空最耀眼的明星。另外，女皇还在狄德罗最需要帮助的时候对他施以援手。哲学家窘迫到不得不变卖自己的大量藏书来获得生活费的时候，女皇资助了他几十万卢布买下了他所有的藏书，只提出了一个要求，就是在狄德罗去世之前不要让他和他的书分开，因为"这是一件最痛苦不过的事"。

俄罗斯在欧洲事务上的影响力明显增强是在 1778—1779 年奥普战争之后，战后双方请俄罗斯做和解调停人，而叶卡捷琳娜二世也利用这次机会在国际舞台上公开提出了和解条件，并附加上俄罗斯的要求而且得到了冲突各方的认可。自此，俄罗斯频频以冲突调停人的身份插手欧洲事务。

望着大大扩张了的俄国版图，叶卡捷琳娜豪情万丈地说："假如我能够活到二百岁，全欧洲都将匍匐在我的脚下！"[②] 治理俄罗斯这样幅员辽阔的国家，只能用专制君主制，舍此皆为下策。从一个普鲁士贵族家的普通女儿，到远嫁到俄罗斯深宫的小媳妇，再到雄视欧洲大陆，引得无数启蒙运动思想家竞折腰的一代女皇。

---

① 《吞并克里米亚：叶卡捷琳娜女皇时代的两次俄土战争》，中华网，2017 - 09 - 19 [引用日期 2017 - 09 - 19]。

② 《俄国女皇叶卡捷琳娜二世逝世》历史上的今天［引用日期 2017 - 09 - 07］。

3. 伊凡·彼德罗维奇·巴甫洛夫——世界第一个诺贝尔生理学奖获得者

伊凡·彼德罗维奇·巴甫洛夫（Иван Петрович Павлов，1849—1936），苏联生理学家、心理学家、医师、高级神经活动学说的创始人、高级神经活动生理学的奠基人。条件反射理论的建构者，也是传统心理学领域之外而对心理学发展影响最大的人物之一，1904 年荣获诺贝尔生理学奖，是第一个在生理学领域获诺贝尔奖的科学家。主要作品为：《消化腺机能讲义》《消化腺作用》《大脑两半球机能讲义》《心脏的传出神经》。

巴甫洛夫出生在俄国中部小城梁赞，他的父亲是位乡村牧师，母亲是一位牧师的女儿，有时在富人家做女佣以贴补家用。巴甫洛夫是父母 5 个子女中的长子，自幼养成负责的个性。从小学习勤奋，兴趣广泛。当时，沙皇亚历山大二世颁布法令，允许家庭贫困但有天赋的孩子免费上学。由于他父亲喜欢看书，家中有许多像赫尔岑、车尼尔雪夫斯基等人的进步著作，在父亲的影响下，他一有空就爬到阁楼上，读父亲的藏书。1860 年进入梁赞教会中学，1864 年毕业后进入梁赞教会神学院，准备将来做传教士。他从皮萨列夫的文章《动植物世界的进步》中，知道了达尔文的进化论，并受到当时著名生理学家谢切诺夫《脑的反射》一书影响，对自然科学产生兴趣，逐渐放弃神学。革命先驱的思想深深影响了巴甫洛夫，尽管巴甫洛夫出身于宗教家庭，但他本人既不想像父亲终身当个牧师，也不相信上帝的存在。

1870 年 21 岁的他和弟弟一起考入圣彼得堡大学，先入法律系，后转到物理数学系自然科学专业。谢切诺夫当时正是这里的生理学教授，而年轻的门捷列夫则是化学教授。巴甫洛夫在大学的前两年表现平凡，在大学三年级时上了齐昂教授所开授的生理学，对生理学和实验产生了浓厚兴趣，找到了所要主修的学科从此投入生理学的研究。虽然清贫，但学习十分刻苦，不懂就问。为了使实验做得得心应手，他不断练习用双手操作，渐渐地相当精细的手术他也能迅速完成，齐昂老师很欣赏他的才学，常常叫他做自己的助手。在齐昂的指导下，1874 年，他和同学阿法纳西耶夫完成了第一篇科学论文《论支配胰腺的神经》，获得研究金质奖章。

因为在生理学上投入时间太多，大学最后一年，他主动要求留级，1875 年，巴甫洛夫获得了生理学学士学位。之后进外科医学学院攻读医学博士学位，以便将来有资格去主持生理学讲座。在此期间成为了自己老师的助教。1878 年，他应俄国著名临床医师波特金教授的邀请，到他的医院主持生理实验工作，实验室虽是一间破屋子，巴甫洛夫却在这里工作了十余年。在这里，他主要研究血液循环、消化生理、药理学方面的有关问题。1879 年从医学院毕业并获四年的奖学金，31 岁的他和教育系的女学生谢拉菲玛结婚，婚后妻子把他们的生活料理得井然有序，巴甫洛夫不仅能安心工作也能好好地休息。

十月革命的初期，俄国人民生活极端贫困，但巴甫洛夫并未停止研究。巴甫洛夫是专心投入学术研究的典型学者，只专心研究，不注意衣食住行生活细节。他结婚时即同他妻子约定，妻子不干涉他的研究，他不负责家庭事务，并向妻子承诺，不饮酒、不打牌、不应酬，每年 9 月至次年 5 月，每周工作 7 天，只有暑假陪妻子到乡下度假。70 岁以后，巴甫洛夫每天仍乘电车上班，有次电车尚未停稳，就从车上跳下来，跌倒在地，路旁一位老妇人惊叫说："天啊！看这位天才科学家连电车都不会搭！"巴甫洛夫的工作热忱一直维持到逝世为止，最后他在病中挣扎起床穿衣时，因体力不支倒在床上逝世。①

　　"巴甫洛夫很忙……"这话不是别人说的，是巴甫洛夫对别人说的。在生命的最后一刻，巴甫洛夫一直密切注视着越来越糟糕的身体情况，不断地向坐在身边的助手口授生命衰变的感觉，他要为一生至爱的科学事业留下更多的感性材料。对于人们的关心、探望，他只好不近人情地加以拒绝："巴甫洛夫很忙……巴甫洛夫正在死亡。"来人被拒之门外，只好心情复杂地走了。巴甫洛夫在生与死的较量濒临高潮时所表现出来的勤奋、豁达、超然、镇静、无私、无畏，令人深深折服。对一切生命有机体来说，生与死是一对矛盾，有生必有死，有死必有生。在巴甫洛夫的眼里，死不是生命的终结，而是生命的升华。一句"巴甫洛夫很忙……巴甫洛夫正在死亡"，不是诗篇，胜似诗篇。巴甫洛夫逝世后，苏联政府在他的故乡梁赞建造了巴甫洛夫纪念馆和纪念碑。

　　1878 年至 1890 年，巴甫洛夫重点研究血液循环和神经系统作用的问题，当时，神经系统对于许多器官的支配作用和调节作用还没有被人们清楚地认识。在极为恶劣的工作条件下，巴甫洛夫坚持研究。他发现了胰腺的分泌神经。不久，他又发现了温血动物的心脏有一种特殊的营养性神经，这种神经只能控制心跳的强弱，而不影响心跳的快慢。科学界人士把这种神经称为"巴甫洛夫神经"。巴甫洛夫自此开辟了生理学的一个新分支——神经营养学。1883 年写成"心脏的传出神经支配"的博士论文，获得帝国医学科学院医学博士学位，讲师职务和金质奖章。

　　1884—1886 年，赴德国莱比锡大学路德维希研究室进修，继续研究心脏搏动的影响机制。此时，他提出心脏跳动节奏与加速是由两种不同的肌肉在进行，而且是由两种不同的神经在控制。1886 年，他自德国归来后重回大学实验室，继续进行狗的"心脏分离手术"。1887 年，他逐渐将研究的方向转向人体的消化系统。从 1888 年开始，巴

----

① 1936 年 2 月 27 日俄国杰出生理学家巴甫洛夫逝世，凤凰网，2014 年 2 月 27 日 [引用日期 2015 – 07 – 6]。

甫洛夫对消化生理进行研究。他发明了新的实验方法，不是用被麻醉的动物做急性实验（每次实验完了，动物也就死掉了），而是用健康的动物做慢性实验，从而能够长期观察动物的正常生理过程。他还创造了多种外科手术，把外科手术引向整个消化系统，彻底搞清了神经系统在调节整个消化过程中的主导作用。他还发现分布在胃壁上的第十对脑神经迷走神经与胃液的分泌有关。用同样的方法分泌胃液，迷走神经切断，就不再分泌。而且如果不假饲，只刺激迷走神经，也能分泌胃液。是什么东西对迷走神经产生了刺激？原来味觉器官感受到了食物刺激，便会通过神经传给大脑，通过大脑传给迷走神经让胃液分泌。这就是条件反射学说。为此他获得了诺贝尔生理学医学奖。从1903 年起，巴甫洛夫连续 30 多年致力于高级神经活动的研究。通过长时间的研究，他发现了大脑皮层机能的活动规律。巴甫洛夫创立的动物和人类高级神经活动的学说，给唯心主义心理学以致命的打击，为创立科学的唯物主义心理学奠定了基础。晚年的巴甫洛夫转向精神病学的研究，认为人除了第一信号系统（即对外部世界直接影响的反应）外，还有第二信号系统，即引起了人的高级神经活动发生重大变化的语言。巴甫洛夫的第二信号系统学说解释了人类所特有的思维生理基础。

　　巴甫洛夫关于消化道的研究是首先把狗的食道经过手术切断，把切断的食道两端缝在狗脖子的皮肤上，然后让狗饿上一天以后，把这只饥饿的狗拉到了实验室，在狗的面前放一盘鲜肉，狗一见鲜肉，便贪馋地吞了起来，咀嚼了几下就咽下去了。可是不一会儿，咽下去的肉又掉到了食盘里，这是因为食道已被切断，肉根本进不了胃里，狗依然贪婪地吃着，盘子里的肉始终是那么多。这只狗徒劳地吃了四五分钟后，奇怪的现象出现了，在通向狗胃的一根橡皮管里流出了大量的胃液。胃液不断分泌，是狗的第十对脑神经——迷走神经的冲动引起的。巴甫洛夫对这只狗的迷走神经也动过手术，已在上面引出一根丝线。现只要他稍微提动一下丝线，就切断了脑与胃之间的联系。结果狗尽管还是在不断地吞咽鲜肉，但胃液却停止分泌了。这就是著名的"假饲"实验，它可以使人们观察到狗的消化腺的分泌情况。

在他的研究实验中，出现了一种奇怪的现象，即随着时间的推移，他发现当狗只要一看见食物，唾液分泌量就增加，在实际吃到食物以前就已经分泌唾液了，他把这种现象叫作"心因性分泌"。同事们为此提出了在当时的心理学界比较通行的"内省法"来研究狗的唾液分泌现象（站在狗的立场思考），但这并没有真正解决疑问。这种现象同时引起了巴甫洛夫的兴趣，开始了他对条件作用的研究。他又给一条狗动了手术，在狗的腮帮子上开个小孔，用一根细细的导管安在它的一个唾液腺上。当狗吃东西流唾液的时候，一部分唾液就通过导管流到了外面。巴甫洛夫通过实验发现，只要食物落到狗的口中，它就会分泌出唾液，如果食物是湿的，分泌的唾液就少些；食物是干的，分泌的唾液就多些。这种反射活动是狗和其他一切动物生来就有的，巴甫洛夫称它为非条件反射。但后来的实验中，他又发现一个非常重要的事实，除了食物刺激口腔会引起狗的唾液分泌以外，其他的刺激，比如光、声音等的刺激，也能引起狗的唾液分泌。①

巴甫洛夫所做工作的重要性是不可估量的，他的条件反射原理为他赢得了国际声誉。他的研究公布以后不久，一些心理学家，如行为主义学派的创始人华生，开始主张一切行为都以经典性条件反射为基础。虽然在美国这一极端的看法后来并不普遍，但在俄国以经典性条件反射为基础的理论在心理学界相当长的时间内曾占统治地位。无论如何，人们一致认为，相当一部分的行为，用经典性条件反射的观点可以作出很好的解释。

巴甫洛夫的名言：首先要学会做科学的苦工。其次要谦虚。最后要有热情。记住，科学需要人的全部生命。争论是思想的最好触媒。无论什么时候也不要以为自己已经知道了一切，不管人家对你评价多么高，你总要有勇气地对自己说："我是个毫无所知的人。"科学没有国界，科学家却有国界。②

---

① 巴甫洛夫实验的真相. 搜狐网. 2012 年 8 月 6 日 14：50 ［引用日期 2015 – 07 – 6］。
② 巴甫洛夫名人名言系列，名人名言网 ［引用日期 2016 – 07 – 6］。

4. 德米特里·伊万诺维奇·门捷列夫——元素周期律的发现者

德米特里·伊万诺维奇·门捷列夫（Дмитрий Иванович Менделеев，1834—1907），科学家，发现化学元素的周期性，依照原子量，制作出世界上第一张元素周期表，并据此预见了一些尚未发现的元素。其名著《化学原理》伴随着元素周期律而诞生，在 19 世纪后期和 20 世纪初被国际化学界公认为标准著作，前后共出了八版，影响了一代又一代的化学家。[①]

（1）个性、家庭、教育与引路人。

门捷列夫的母亲玛丽雅出身于一个有名的西伯利亚家族，性格坚强严格，可惜生前没能看到自己心爱的 14 子门捷列夫成为世界闻名的化学家。小时候门捷列夫经常悄悄地溜进母亲的玻璃厂里，站在角落里观看。他一直很奇怪，为什么沙子经过化学处理，加热熔炼，变成透明液体，进而变成漂亮物品。看了一会儿，他轻轻地从仪器架上取出一支长管，准备趁工人们不注意的时候，伸进炉中，沾一些稠热浆，吹成漂亮的玻璃球。这样，他就可以在孩子们面前炫耀了。

"米佳，怎么又来了？这样很危险，会烧烂你的嘴。"一个工人眼

---

① 元素周期表发明者——德米特里·门捷列夫，俄罗斯旅游中文网［引用日期2016 - 12 - 29］。

尖，大声喊道。"快把他抱走，抱到厂长办公室。看她的儿子有多淘气！"一个年老的工人说道。他们一起把米佳送到玛丽雅·德米特里耶芙娜厂长的办公室。这位精明能干的女强人正在处理订单的事儿，看到低头的米佳，便立刻明白他准是又跑到车间里去了。"你们以后再发现他进车间，直接打屁股，让他长记性！"玛丽雅吩咐道。工人们离开后，她立刻说："米佳，你要像哥哥姐姐们一样，为我分忧。你看他们都进厂干活儿了。"玛丽雅说完，便让米佳坐在旁边看画报，自己倒杯水，对着窗口发愣。她当初嫁给伊凡·巴甫洛维奇，主要是看他长得高高大大，为人正直，且毕业于彼得堡师范学院，又任托波尔斯克的中学校长，是心目中的白马王子。结婚后，她一口气为他生了 17 个孩子，活下来的就有 14 个。玛丽雅最疼爱最小的儿子米佳，到哪里都带在身边。

丈夫正直过了头，因为不谙政治居然同情十二月党人。结果，被调往边远的小城镇托波尔斯克。船漏偏遭顶头风，1834 年，丈夫双目失明，不但要花钱治疗，还没法工作。生活像大山一样压向玛丽雅。这位不仅能生育，还颇有眼光的妇女很快就发现了一个机会：哥哥华西里·德米特里耶维奇有一个又破又小的玻璃厂，因经营不善即将倒闭。仅半年多时间，在她的努力经营下，工厂有了起色，开始专门生产当时市场上缺货的药瓶和药房用的玻璃器皿，并打开了销路。好事不断，丈夫的视力开始恢复，全家最困难的时期终于过去了。玛丽雅下步考虑的，便是为 7 岁的米佳找中学。

从小耳濡目染喜欢化学的米佳，原名德米特里·伊凡诺维奇·门捷列夫。在中学里，体质多病，经常请假的小门捷列夫不但没有落下功课；相反，由于记忆力强，会分析问题，数学、物理、化学成绩都居班级前茅。加之在家养病的父亲经常辅导，小门捷列夫几乎年年得奖学金。1849 年，门捷列夫八年级毕业，将进入大学深造。母亲这次又为难了。原来，这几年，丈夫和大女儿相继病逝，玻璃厂也毁于火灾，家庭再度陷入危机。门捷列夫本想说不念书，工作挣钱补贴家用；但一想到这定会让母亲伤心，便咬牙忍住了。

母亲带着小儿子先后到莫斯科、彼得堡等地。莫斯科大学、彼得堡大学连本地生都收不完，怎么可能会要这个边远山区来的穷学生？彼得堡医学院倒是看上这个聪明的学生，谁知门捷列夫一进外科解剖室，便被死人和鲜血吓晕过去。医学院老师当场下定论，这孩子不是做医生的料。母亲心力交瘁，决定让门捷列夫未来当老师。在朋友的帮助下，门捷列夫总算进了彼得堡师范学院，当了一名住读生。母亲则在学校附近租了一间小屋，和小女儿理查一起为小门捷列夫挣学费和生活费。1850 年 9 月 20 日，由于过度操劳，这位坚强的母亲因患伤风病逝。门捷列夫擦去悲伤的眼泪，决心用加倍的努力来告慰母亲的在天之灵。

1854 年夏天，门捷列夫生病住院躺在床上，手里捧着一本化学书看得入神。其实他生病的原因主要在心里。当时他的处境完全可以用四个字形容：贫病交加。自从母亲和姐姐逝世后，门捷列夫便独自留在圣彼得堡求学，入学后，困难像大山一样压了过来。一是自己得不到亲人的资助，全靠奖学金维持；二是中学基础太差，在人才济济的大学里学习非常吃力。第一学年考试仅得了班级第二十四名，倒数第四。屋漏偏遇连夜雨，心力交瘁的他由于晚上看书着凉，生了重病。受尽折磨的门捷列夫知道，这世界上能帮助他的人只有一个，那便是自己。于是，病床上的他发誓一定要追上其他同学。

不久，门捷列夫活蹦乱跳地回到教室，全身心投入到学习中。半年后，在一位教授的指导下，他写出了《芬兰褐帘石的化学分析》论文。对于他的第一篇学术著作，教授的评语是："分析做得非常出色，值得登载在俄罗斯矿物学会的刊物上。"接着，门捷列夫完成了毕业论文《论同晶现象与结晶形成及其组成的其它关系》，并在师范学院顺利毕业。他的毕业论文发表在《矿业杂志》上，并出版了单行本。最让他激动的是，他毕业时居然考了年级第一名。从倒数第四名到第一名，其间经历的辛酸和不易，或许只有门捷列夫自己知道。

好戏刚刚开场。1855 年年初，门捷列夫顺利留在圣彼得堡师范学院，一边进修一边教书。对于他的近期发展，校方有两种意见：一些教授建议这位优秀的毕业生留在彼得堡准备硕士学位论文；医生们认为他的体质太差了，继续耽在圣彼得堡不利于健康，建议他到南方去一段时间。门捷列夫接受了医生的建议，他先到克里米亚的辛菲罗波尔，后又转到敖德萨，在那里的中学里担任数学、物理和自然科学教师。他一边教书，一边准备硕士学位论文。不到一年的时间，门捷列夫完成了《论比容》的论文。比容即比热，即每 1 克物质升到 1 度所需的热量。这篇论文显示了他惊人的总结能力和广博的化学知识。

次年 5 月，门捷列夫重返圣彼得堡，报考著名的圣彼得堡大学。半年后，他出色地通过了论文答辩，并被校委会授予物理学和化学"双料硕士"学位。紧接着，他又写了一篇题为《论含硅化合物的结构》的论文。通过对这篇论文的审定，学校于 1857 年年初任命门捷列夫为副教授兼化学系秘书。23 岁的他成为圣彼得堡大学最年轻的副教授。

这位当时最年轻的副教授，紧接着完成了两件大事。第一件事是留学欧洲。圣彼得堡大学虽然是俄国第一流的大学，但是经费不足，实验室的条件很差，连一些常用的实验用品也没有，室内没有通风设备。1859 年年初，门捷列夫获准去欧洲深造，地点和单位自己选择。门捷列夫选定去德国海德堡深造。在那里，他奠定了研究元素周期表的基础。

门捷列夫找到著名的化学家本生。本生非常高兴，为门捷列夫提供了良好的实验条件。当时，本生正和一位物理学家合作，研究光谱分析。不久，在门捷列夫建议下，本生运用光谱分析方法发现了两种新的元素——铯（SE）和铷（RU）。这样的实验环境让门捷列夫获益匪浅。他计划先从定量测定化合物中的原子结合强度入手，测量物质的某些正常数，首先是测量液体的表面张力和测定毛细长数。在一年多的时间里，他利用实验成果，写出了《论液体的毛细管现象》等三篇文章。

门捷列夫做的第二件大事，是参加首届国际化学家会议。1860 年秋，门捷列夫得知首届国际化学家会议在德国卡尔斯卢市举行的消息后，便通过本生获得了参会名额。会议通过了两项重要决议。一是各国化学家制定和通过了世界统一的化学符号，规定以该元素的拉丁文开头字母来表示，如氧为 O、氢为 H 等；拉丁文开头字母相同的另写一个小写字母，如钛为 Ti、钽为 Ta 等。这些符号一直沿用到今天。

化学语言不统一的时代一去不复返。二是化学家们对原子、分子、原子价、原子量等化学概念进行了认真的讨论，取得了一致的认识。除聆听学术报告和讨论外，门捷列夫还结识了各国化学界的著名人士，大开眼界。这位圣彼得堡大学最年轻的副教授下定决心，一定要在化学方面有非常的建树！1859 年他再次到德国海德堡大学深造，1865年获化学博士学位，1866 年任彼得堡大学普通化学教授，1893 年起，任度量衡局局长。1890 年当选为英国皇家学会外国会员。为纪念这位伟大的科学家，1955 年，由美国的乔索（A. Gniorso）、哈维（B. G. Harvey）、肖邦（G. R. Choppin）等人，在加速器中用氦核轰击锿（253Es），锿与氦核相结合，发射出一个中子，而获得了新的元素，便以门捷列夫（Mendeleyev）的名字命名为钔（Mendelevium，Md）。门捷列夫除了发现元素周期律外，还研究过气体定律、气象学、石油工业、农业化学、无烟火药、度量衡，由于他的辛勤劳动，在这些领域都不同程度地做出了成绩。

　　1863 年，门捷列夫 31 岁时，他的姐姐哄骗他与菲欧兹瓦·尼吉特科纳·莱士纳结了婚；这是一个极其不幸的结合。有了两个孩子后，由于彼此都不能容忍住在同一屋檐下，二人便分居了。1876 年，在动身前往美国之前，门捷列夫邂逅了美丽的 17 岁少女安娜·伊万诺娃·波波夫，他下决心一定要娶她为妻，否则就跳海自杀。可是由于东正教的干涉他没能立刻离婚，然而门捷列夫还是找到了一个牧师愿意为他和安娜主持婚礼。因此，他一度成为一个重婚者。在沙皇的帮助下，他未被起诉。一个贵族就曾提及这个化学家的特权，以此要求亚历山大给予他同样的特许权，而沙皇却回答道："门捷列夫有两个妻子，没错，但我只有一个门捷列夫。"他的第二次婚姻非常幸福，夫妻俩有了四个孩子。安娜把门捷列夫带入了艺术的世界，成为一个收藏家和批评家。

　　（2）耕耘与收获。

　　门捷列夫对化学这一学科发展最大贡献在于发现了化学元素周期律。他在批判地继承前人工作的基础上，对大量实验事实进行了订正、分析和概括，总结出这样一条规律：元素（以及由它所形成的单质和化合物）的性质随着原子量（现根据国家标准称为相对原子质量）的递增而呈周期性的变化，即元素周期律。他根据元素周期律编制了第一个元素周期表，把已经发现的 63 种元素全部列入表里，从而初步完成了使元素系统化的任务。他还在表中留下空位，预言了类似硼、铝、硅的未知元素（门捷列夫叫它类硼、类铝和类硅，即以后发现的钪、镓、锗）的性质，并指出当时测定的某些元素原子量的数值有错误。而他在周期表中也没有机械地完全按照原子量数值的顺序排列。若干年后，他的预言都得到了证实。门捷列夫工作的成功，引起了科学界的震动。人们为了纪念他的功绩，就把元素周期律和周期表称为门捷列夫元素周期律和门捷列夫元素周期表。

攀登科学高峰的路，是一条艰苦而又曲折的路。门捷列夫在这条路上，也是吃尽了苦头。当他担任化学副教授以后，负责讲授《化学基础》课。在理论化学里应该指出自然界到底有多少元素？元素之间有什么异同和存在什么内部联系？新的元素应该怎样去发现？这些问题，当时的化学界正处在探索阶段。他不分昼夜地研究着，探求元素的化学特性和它们的一般的原子特性，然后将每个元素记在一张小纸卡上。他企图在元素全部的复杂的特性里，捕捉元素的共同性。但他的研究，一次又一次地失败了。可他不屈服，不灰心，坚持干下去。为了彻底解决这个问题，他又走出实验室，开始出外考察和整理收集资料。1859 年，他去德国海德尔堡进行科学深造。两年中，他集中精力研究了物理化学，使他探索元素间内在联系的基础更扎实了。1862年，他对巴库油田进行了考察，对液体进行了深入研究，重测了一些元素的原子量，使他对元素的特性有了深刻的了解。1867 年，他借应邀参加在法国举行的世界工业展览俄罗斯陈列馆工作的机会，参观和考察了法国、德国、比利时的许多化工厂、实验室，大开眼界，丰富了知识。这些实践活动，不仅增长了他认识自然的才干，而且为他发现元素周期律，奠定了雄厚的基础。门捷列夫又返回实验室，继续研究他的纸卡。他把重新测定过的原子量的元素，按照原子量的大小依次排列起来。他发现性质相似的元素，它们的原子量并不相近；相反，有些性质不同的元素，它们的原子量反而相近。他紧紧抓住元素的原子量与性质之间的相互关系，不停地研究着。他的脑子因过度紧张，而经常昏眩。但是，他的心血并没有白费，在 1869 年 2 月 19 日，他终于发现了元素周期律。他的周期律说明：简单物体的性质，以及元素化合物的形式和性质，都和元素原子量的大小有周期性的依赖关系。门捷列夫在排列元素表的过程中，又大胆指出，当时一些公认的原子量不准确。如那时金的原子量公认为 169.2，按此在元素表中，金应排在锇、铱、铂的前面，因为它们被公认的原子量分别为 198.6、196.7、196.7，而门捷列夫坚定地认为金应排列在这三种元素的后面，原子量都应重新测定。大家重测的结果，锇为 190.9、铱为 193.1、铂为 195.2，而金是 197.2。实践证实了门捷列夫的论断，也证明了周期律的正确性。[1]

（3）名人名言。

天才就是这样，终身劳动，便成天才！生活便是寻求新的知识。没有经过实践检验的理论，不管它多么漂亮，都会失去分量，不会为人所承认；没有以有分量的理论作基础的实践必须会遭到失败。[2]

5. 帕夫努季·利沃维奇·切比雪夫——俄罗斯数学家、发明家

①　门捷列夫简介. mybetter［引用日期 2015 – 10 – 15］。
②　门捷列夫名言. www. lc13. cn［引用日期 2016 – 05 – 01］。

帕夫努季·利沃维奇·切比雪夫（1821—1894），俄罗斯数学家、力学家。切比雪夫在概率论、数学分析等领域有重要贡献，是彼得堡数学学派的奠基人和领袖。在力学方面，他主要从事这些数学问题的应用研究。他在一系列专论中对最佳近似函数进行了解析研究，并把成果用来研究机构理论。他首次解决了直动机构（将旋转运动转化成直线运动的机构）的理论计算方法，并由此创立了机构和机器的理论，提出了有关传动机械的结构公式。他还发明了40余种机械，制造了有名的步行机（能精确模仿动物走路动作的机器）和计算器，切比雪夫关于机构的两篇著作是发表于1854年的《平行四边形机构的理论》和1869年的《论平行四边形》。①

（1）个性、家庭、教育与引路人。

帕夫努季·利沃维奇·切比雪夫出身于贵族家庭。他的祖辈中有许多人立过战功。父亲参加过抵抗拿破仑入侵的卫国战争，母亲也出身名门，他们共生育了五男四女，切比雪夫排行第二。他的一个弟弟弗拉季米尔·利沃维奇·切比雪夫后来成了炮兵将军和彼得堡炮兵科学院的教授，在机械制造与微震动理论方面颇有建树。

切比雪夫的左脚生来有残疾，因而童年时代的他经常独坐家中，养成了在孤寂中思索的习惯。他有一个富有同情心的表姐，当其余的孩子们在庄园里嬉戏时，表姐就教他唱歌、读法文和做算术。一直到临终，切比雪夫都把这位表姐的相片珍藏在身边。

1832年，切比雪夫全家迁往莫斯科。为了孩子们的教育，父母请了一位相当出色的家庭教师波戈列日斯基，他是当时莫斯科最有名的私人教师和几本流行的初等数学教科书的作者。切比雪夫从家庭教师那里学到了很多东西，并对数学产生了强烈的兴趣。他对欧几里得《几何原本》当中关于没有最大素数的证明留下了极其深刻的印象。

1837年，年方16岁的切比雪夫进入莫斯科大学，成为哲学系下

---

① 薄树人：《中国大百科全书》74卷（第一版），中国大百科全书出版社1985年版，第399页。

属的物理数学专业的学生。在大学阶段，摩拉维亚出生的数学家布拉什曼对他有较大的影响。1865 年 9 月 30 日切比雪夫曾在莫斯科数学会上宣读了一封信，信中把自己应用连分数理论于级数展开式的工作归因于布拉什曼的启发。在大学的最后一个学年，切比雪夫递交了一篇题为"方程根的计算"（1841）的论文，在其中提出了一种建立在反函数的级数展开式基础之上的方程近似解法，因此获得该年度系里颁发的银质奖章。

大学毕业之后，切比雪夫一面在莫斯科大学当助教，一面攻读硕士学位。大约与此同时，他们家在卡卢加省的庄园因为灾荒而破产了。切比雪夫不仅失去了父母方面的经济支持，而且还要负担两个未成年的弟弟的部分教育费用。1843 年，切比雪夫通过了硕士课程的考试，并在《纯粹与应用数学杂志》上发表了一篇关于多重积分的文章。1844 年，他又发表了一篇讨论泰勒级数收敛性的文章。1845 年，他完成了硕士论文"试论概率论的基础分析"，于次年夏天通过了答辩。

1846 年，切比雪夫接受了彼得堡大学的助教职务，从此开始了在这所大学教书与研究的生涯。他的数学才干很快就得到在这里工作的布尼亚科夫斯基和奥斯特罗格拉茨基这两位数学前辈的赏识。1847 年春天，在题为"关于用对数积分"的晋职报告中，切比雪夫彻底解决了奥斯特罗格拉茨基不久前才提出的一类代数无理函数的积分问题，他因此被提升为高等代数与数论讲师。他在文章中提出的一个关于二项微分式积分的方法，今天可以在任何一本微积分教程之中找到。1849 年 5 月 27 日，他的博士论文"论同余式"在彼得堡大学通过了答辩，数天之后，他被告知荣获彼得堡科学院的最高数学荣誉奖。切比雪夫于 1850 年升为副教授，1860 年升为教授。1872 年，在他到彼得堡大学任教 25 周年之际，学校授予他功勋教授的称号。1882 年，切比雪夫在彼得堡大学执教 35 年之后光荣退休。

35 年间，切比雪夫教过数论、高等代数、积分运算、椭圆函数、有限差分、概率论、分析力学、傅里叶级数、函数逼近论、工程机械学十余门课程。他的讲课深受学生们欢迎。李雅普诺夫评论道："他的课程是精练的，他不注重知识的数量，而是热衷于向学生阐明一些最重要的观念。他的讲解是生动的、富有吸引力的，总是充满了对问题和科学方法之重要意义的奇妙评论。"

理论联系实际是切比雪夫科学工作的一个鲜明特点。他自幼就对机械有浓厚的兴趣，在大学时曾选修过机械工程课。就在第一次出访西欧之前，他还担任着彼得堡大学应用知识系（准工程系）的讲师。这次出访归来不久，他就被选为科学院应用数学部主席，这个位置直到他去世后才由李雅普诺夫接任。应用函数逼近论的理论与算法于机器设计，切比雪夫得到了许多有用的结果，它们包括直动机的理论、连续运动变为脉冲运动的理论、最简平行四边形法则、绞链杠杆体系成为机械的条件、三绞链四环节连杆的运动定理、离心控制器原理等。他还亲自设计与制造机器。据统计，他一生共设计了40余种机器和80余种这些机器的变种，其中有可以模仿动物行走的步行机，有可以自动变换船桨入水和出水角度的划船机，有可以度量大圆弧曲率并实际绘出大圆弧的曲线规，还有压力机、筛分机、选种机、自动椅和不同类型的手摇计算机。他的许多新发明曾在1878年的巴黎博览会和1893年的芝加哥博览会上展出，一些展品至今仍被保存在俄罗斯科学院数学研究所、莫斯科历史博物馆和巴黎艺术学院里。

1856年，切比雪夫被任命为炮兵委员会的成员，积极地参与了革新炮兵装备和技术的工作。他于1867年提出的一个计算圆形炮弹射程的公式很快被弹道专家所采用，他关于插值理论的研究也部分地来源于分析弹着点数据的需要。他在彼得堡大学教授联席会上作的"论地图制法"的报告精辟地分析了数学理论与实践结合的意义，这份报告也详尽讨论了如何减少投影误差的问题。在法国科学院第七次年会上，切比雪夫提出了一篇名为"论服装裁剪"的论文，其中提出的"切比雪夫网"成了曲面论中的一个重要概念。

（2）耕耘与收获。

切比雪夫终身未娶，日常生活十分简朴，他的一点积蓄全部用来买书和制造机器。每逢假日，他也乐于同侄儿侄女们在一起轻松一下，但他最大的乐趣是与年轻人讨论数学问题。1894 年 11 月底，他的腿疾突然加重，随后思维也出现了障碍，但是病榻中的他仍然坚持要求研究生前来讨论问题，这个学生就是后来成为俄国在代数领域中的开拓者的 Д. А. 格拉韦。1894 年 12 月 8 日上午 9 时，这位令人尊敬的学者在自己的书桌前溘然长逝。他既无子女，又无金钱，但是他却给人类留下了一笔不可估价的遗产——一个光荣的学派。

19 世纪以前，俄国的数学是相当落后的。19 世纪上半叶，俄国才开始出现了像 Н. И. 罗巴切夫斯基、布尼亚科夫斯基和奥斯特罗格拉茨基这样优秀的数学家；但是除了罗巴切夫斯基之外，他们中的大多数人都是在外国（特别是法国）接受训练的，而且他们的成果在当时还不足以引起西欧同行们的充分重视。切比雪夫就是在这种历史背景下从事他的数学创造的。他不仅是土生土长的学者，而且以他自己的卓越才能和独特的魅力吸引了一批年轻的俄国数学家，形成了一个具有鲜明风格的数学学派，从而使俄罗斯数学摆脱了落后境地而开始走向世界前列。切比雪夫是彼得堡数学学派的奠基人和当之无愧的领袖。他在概率论、解析数论和函数逼近论领域的开创性工作从根本上改变了法国、德国等传统数学大国的数学家们对俄国数学的看法。

切比雪夫是在概率论门庭冷落的年代从事这门学问的。他一开始就抓住了古典概率论中具有基本意义的问题，即那些"几乎一定要发生的事件"的规律——大数定律。历史上的第一个大数定律是由雅格布·伯努利提出来的，后来泊松又提出了一个条件更宽的陈述，除此之外在这方面没有什么进展。相反，由于有些数学家过分强调概率论在伦理科学中的作用甚至企图以此来阐明"隐蔽着的神的秩序"，又加上理论工具的不充分和古典概率定义自身的缺陷，当时欧洲一些正统的数学家往往把它排除在精密科学之外。

1845 年，切比雪夫在其硕士论文中借助十分初等的工具——ln(1 + x) 的麦克劳林展开式，对雅格布·伯努利大数定律作了精细的分析和严格的证明。一年之后，他又在格列尔的杂志上发表了"概率论中基本定理的初步证明"一文，文中继而给出了泊松形式的大数定律的证明。1866 年，切比雪夫发表了"论平均数"，进一步讨论了作

为大数定律极限值的平均数问题。1887 年，他发表了更为重要的
"关于概率的两个定理"，开始对随机变量和收敛到正态分布的条件，
即中心极限定理进行讨论。

切比雪夫引出的一系列概念和研究题材为俄国以及后来苏联的数
学家继承和发展。马尔科夫对"矩方法"作了补充，圆满地解决了随
机变量的和按正态收敛的条件问题。李雅普诺夫则发展了特征函数方
法，从而引起中心极限定理研究向现代化方向上的转变。以 20 世纪
30 年代柯尔莫哥洛夫建立概率论的公理体系为标志，苏联在这一领域
取得了无可争辩的领先地位。近代极限理论——无穷可分分布律的研
究也经伯恩斯坦、辛钦等人之手而臻于完善，成为切比雪夫所开拓的
古典极限理论在 20 世纪抽枝发芽的繁茂大树。关于切比雪夫在概率
论中所引进的方法论变革的伟大意义，苏联著名数学家柯尔莫哥洛夫
在"俄罗斯概率科学的发展"一文中写道："从方法论的观点来看，
切比雪夫所带来的根本变革的主要意义不在于他是第一个在极限理论
中坚持绝对精确的数学家棣莫弗、拉普拉斯和泊松的证明与形式逻辑
的背景是不协调的，他们不同于雅格布·伯努利，后者用详尽的算术
精确性证明了他的极限定理，切比雪夫的工作的主要意义在于他总是
渴望从极限规律中精确地估计任何次试验中的可能偏差并以有效的不
等式表达出来。此外，切比雪夫是清楚地预见到诸如'随机变量'及
其'期望（平均）值'等概念的价值，并将它们加以应用的第一个
人。这些概念在他之前就有了，它们可以从'事件'和'概率'这
样的基本概念导出，但是随机变量及其期望值是能够带来更合适与更
灵活的算法的课题。"

切比雪夫对解析数论的研究集中在他初到彼得堡大学任教的头四
年内，当时他正担任着高等代数与数论的讲师，同时兼任欧拉选集数
论部分的编辑；后一任命是布尼亚科夫斯基向彼得堡科学院推荐的。
1849 年，欧拉选集的数论部分在彼得堡正式出版了。切比雪夫为此付
出了巨大的心血，同时他也从欧拉的著作中体会到了深邃的思想和灵
活的技巧结合在一起的魅力，特别是欧拉所引入的 ξ 函数及用它对素
数无穷这一古老命题所作的奇妙证明，吸引他进一步探索素数分布的

规律。

彼得堡数学学派是伴随着切比雪夫几十年的耕耘成长起来的。它深深地扎根在大学这块沃土里，它的成员们大都重视基础理论和实际应用，善于以经典问题为突破口，并擅长运用初等工具建立高深的结果。19世纪下半叶，俄国数学主要是在切比雪夫的领导下，首先在概率论、解析数论和函数逼近论这三个领域实现了突破。科尔金、佐洛塔廖夫、索霍茨基、波谢、马尔科夫、李雅普诺夫、格拉韦、伏罗诺伊、沙图诺夫斯基、克雷洛夫、茹科夫斯基、斯捷克洛夫等又在复变函数、微分方程、代数、群论、数的几何学、函数构造、数学物理等领域大显身手，使俄国数学在19世纪末大体跟上了世界先进的潮流，某些领域的优势则一直保持到今日。

时至今日，俄罗斯已经是一个数学发达的国家，俄罗斯数学界的领袖们仍以自己被称为切比雪夫和彼得堡学派的传人而自豪。①

6. 伊·梅契尼柯夫——噬菌细胞免疫学说奠基人

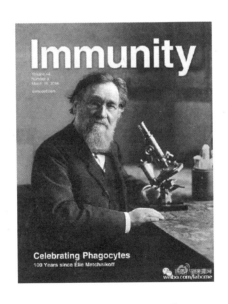

---

① 俄国数学家切比雪夫. 圣才网数学竞赛. 2013 - 03 - 04 ［引用日期2015 - 03 - 06］。

伊·梅契尼柯夫（1845—1916），著名生物学家与病理学家，比较病理学、进化胎生学、微生物和免疫学的奠基人之一，1888 年发现吞噬现象，在《传染病的免疫问题》著作中阐述了免疫的吞噬理论，创立了多细胞生物起源学说，1908 年与德国科学家 P. 欧利希共获诺贝尔生理和医学奖。

1845 年 5 月 16 日出生于俄国乌克兰哈尔科夫（现乌克兰哈尔科夫），父亲是个锦衣卫军官，母亲是犹太血统。1864 年用两年完成了四年学制，毕业于哈尔科夫大学获学士学位，后去德国学习海洋动物，1868 年在圣彼得堡大学获博士学位，1870—1882 年在敖德萨大学担任动物学和比较解剖学教授，1882—1887 年到意大利墨西拿成立私人实验室，呼吁为吞噬细胞命名，1888—1916 年在巴黎巴斯德研究所，曾任所长。

梅契尼柯夫自小对植物学，地质学感兴趣。大学毕业后研究微生物，尤其是免疫系统。由于帝俄沙皇的迫害，1882 年他乔装成商人逃到意大利西西里岛的墨西拿城，埋头于微生物以及各种细菌的本性和习惯研究。他在研究游走细胞即海星幼虫细胞的游走作用时，发现能吞噬外来的异物，并观察到水蚤的血液细胞能杀灭霉菌孢子，后来在兔和人体中用各种细胞进行实验，也发现白细胞有吞噬各种细菌的作用，因此认为机体的免疫机制，主要就是以增强了吞噬功能的白细胞所发挥的吞噬作用，即细胞免疫学说。1892 年形成梅契尼柯夫的免疫细胞（吞噬）理论。

他早期还进行无脊柱动物昆虫、海蜇的胚胎学研究，为达尔文的进化学说提供胚胎学证据。他还进行了人肠道菌群的研究，提出衰老是因为肠道菌产生物对人体的毒害作用。为了抑制这些生物的增殖，他建议人们喝酸奶，使酸奶迅速风行。

梅契尼柯夫第一位夫人因患严重的肺结核，于 1873 年 4 月 20 日去世，他为此吞下了大剂量的鸦片，想结束生命。1875 年再次结婚，第二任妻子在 1880 年患伤寒症，虽然她没有死，但加上政治上对他的打击迫害，梅契尼柯夫再次试图结束自己的生命，然后于 1882 年逃亡意大利。后来，帝俄驻巴黎钦使，奉命向他对多年前的误会致歉，并邀其回国。1888 年梅契尼柯夫在回国途中，听说老母亲被逼死，妹妹一家也受牵连吃苦头，他半路折回巴黎，在巴斯德研究所闭门研究，与世无闻。梅契尼柯夫从 1913 年起患心脏病，1916 年 7 月 16 日逝世于巴黎，终年 63 岁。

　　他的主要著作：《机体对细菌的斗争》（1884）、《发炎病症的比较病理学》（1892）、《二十年来对传染病的免疫性研究》（1900）、《传染病的免疫性教材》（1901）、《人之本性》（1903）。①

7. 尼·谢苗诺夫——化学动力学家

　　尼·谢苗诺夫（1896—1986），著名化学物理学家，开辟了有关燃烧、爆炸、火焰传播的独立研究领域，1934 年创建了链反应的数量通论，研究了混合气体的热爆炸理论，著有《化学反应速度与链锁反应》与《化学反应论》，1956 年与美国科学家 C. 欣谢乌德共获诺贝尔化学奖。

　　1896 年 4 月 15 日，谢苗诺夫出生于萨拉多夫。少年时代受过良好的教育，早在中小学阶段，他就对物理学和化学有着浓厚的兴趣，他学习认真，成绩优异。1917 年，年仅 21 岁的谢苗诺夫，以优异的

---

　　① 孙旭东：《伟大的发现艰难的历程——记梅契尼柯夫发现吞噬细胞的过程》，《医学与哲学》1984 年第 12 期。

成绩毕业于彼得格勒大学数学力学系，他是著名的苏联物理学家约飞的学生和助手。这段大学生活为他打下了良好的数学和物理学基础，也为他以后在理论化学方面的深入研究创造了条件，使他的知识结构优于一般化学家。

1920 年到 1930 年，谢苗诺夫在约飞创办的列宁格勒技术物理研究所工作，被任命为列宁格勒化学物理所所长，同时，在列宁格勒工学院兼职任教，并从 1928 年起担任该学院的教授。他的专著《链式反应》和《论化学动力学某些问题和反应能力》等被各国翻译出版。这位苏联学者在全世界享有极高的声望。1956 年，瑞典科学院和诺贝尔基金会，为了表彰谢苗诺夫和英国化学家欣谢乌德在化学反应动力学和反应历程研究中所取得的成就，让他两人分享了该年度的诺贝尔化学奖。谢苗诺夫是获得这种最高国际科学奖的第三位俄国学者，也是苏联建国后，第一位荣获这种奖的科学家。

谢苗诺夫很早就研究化学动力学问题，1916 年起他曾发表过这方面的多篇学术论文，论文中详尽地阐述了原子、分子的相互碰撞问题。此后，对化学反应动力学和化学反应历程的研究成了他科学活动的基础和中心。自从范霍夫 1901 年首次获得诺贝尔化学奖以后，经过了 5 年，这种科学的最高奖赏，重又颁发给研究化学反应动力学和化学反应历程的科学家，特别表彰了谢苗诺夫和欣谢乌德的科学贡献，说明化学反应动力学和化学反应历程一直是化学研究的重大课题。

谢苗诺夫的科研工作，几乎全部用来研究化学反应历程和化学动力学问题，他对链式反应历程做了深入而全面的研究。链式反应的发现，标志着理论化学的研究进入一个新的阶段。传统的化学，只注重反应物和产物的研究，对于反应物如何转变成产物，转变的复杂机制和过程则很少注意。德国化学家博登斯但在 1913 年曾提出链式反应的概念，用以解释氢和氯反应生成氯化氢的复杂过程，他认为，在这个反应过程中会生成某种"中间体"。但是，博登斯但提出的"链反应"和"中间体"说，还是一种假设和猜测。

　　谢苗诺夫用大量的实例证明，对化学反应过程和化学反应动力学的研究有重大的意义。他认为，化学反应过程是化学作为更复杂的科学区别于物理学的基础和标志。在化学过程中，物质要发生极为复杂的变化，而在物理过程中，物质的本性则没有发生或很少发生变化。因此，化学过程是比物理过程更复杂的过程。谢苗诺夫认为，在化学史上，在相当长的一段时间中，化学家只注重于化学的始态和终态的研究，而忽视了过程，使化学动力学和化学过程的研究，落后于其他领域的研究，例如，对化学过程的研究就不如对化学结构研究深入。他指出："研究化学历程的理论的发展，比研究化学结构的理论的发展要曲折、复杂、困难得多。"

　　谢苗诺夫在荣获诺贝尔奖时，发表了著名的演讲，他在演讲中十分强调地指出："在化学理论的研究方面，要大大加强对化学动力学和化学复杂过程的研究，从而进一步弄清化学反应历程，对化学反应逐步实现定量化。"他认为，"实现对各种化学反应速度和化学反应方向的精确定量的控制，这是化学理论研究的长远任务。可惜，到目前为止，在化学工艺的理论方面，还远远落后于无线电技术、电子学和原子物理学等其他方面的研究，在这些方面，工艺过程在相当大的程度上建立在理论预见和定量计算的基础上。为了使化学也和其他科学一样，实现严密的定量化，'链式反应理论'为解决这一问题，迈出了第一步"。

　　谢苗诺夫在创立链式分支反应理论时，曾经深入研究和采用了前人的研究成果，他认真考察和分析了历史上各位著名化学家提出链式反应的思想，同时，他还把这种研究和化学实验与化学工艺结合起来，成为理论联系实际的光辉范例。谢苗诺夫的链式分支反应理论，能够正确地说明、链式反应如何开始，如何进行以及反应过程中的复杂变化和可能的方向。同时，还能得出有关反应速度的许多有价值的绪论。在谢苗诺夫的链式分支反应理论的指导下，甚至还能做到调控反应过程，使化学反应在希望的方向上进行，所以，他的这一辉煌成果，不仅可用来指导完善现有的化学工艺，而且还可以指导研究新的化学工艺。因此，化学家们一致认为："谢苗诺夫的分支链式反应理论是理论化学研究的一个里程碑。"

作为一个世界著名的科学家，谢苗诺夫曾多次强调科学要为人类的幸福和社会的进步服务，主张防止把科学成果用于危害人类的安全。他在荣获诺贝尔奖时发表的演讲的最后，向全世界科学家们呼吁，"世界科学家共同努力，要使科学为世界的进步利益和人类的幸福，做出积极贡献"。

谢苗诺夫还是一位出色的教育家，他的教育思想和他的科学思想是一致的，主张理论联系实际。他要求他的学生和其他青年科技工作者，无论是做教学工作的还是做研究工作的，都不应把自己死死地限制在课堂上或者实验室里，要做到理论联系实际，要努力解决国家和民族最急需最紧迫的问题，要使科学成果迅速转化为直接生产力。①

8. 巴·切连科夫——切连科夫效应的发现者

巴·切连科夫（1904—1990），苏联物理学家，1934 年在苏联科学院物理研究所作研究生时发现了"切连科夫效应"。切连科夫效应指的是带电粒子在透明介质中以极高的速度穿过时，会发出一种特殊

---

① 王德胜：《著名苏联化学家 H. H. 谢苗诺夫》，《化学通报》1985 年第 3 期。

的光效应，即切连科夫效应。1958 年诺贝尔物理学奖授予苏联科学院物理研究所的切连科夫、弗兰克（1908—1990）和塔姆（1885—1971），以表彰他们发现和解释了切连科夫效应。

切连科夫 1904 年 7 月 28 日出生于沃罗涅兹地区的农民家庭里。为了生活，小时候就去做工，20 岁时才进入大学，1928 年毕业于沃罗涅兹大学数理系，1930 年进苏联科学院列别捷夫物理研究所工作，1932 年在苏联科学院院士瓦维洛夫领导下开始做研究工作，1940 年获得博士学位。

切连科夫曾参与研制最早的电子加速器——同步加速器，特别是 250 兆电子伏的同步加速器的设计和建造工作。为此，他在 1952 年获苏联国家奖。他对韧致辐射与核子和核的相互作用、光致核反应和光介子反应、利用在电子加速器的强束流中工作的威耳逊云室对高能 γ 量子所引起的轻核分裂等项目进行了一系列的研究，为此，1977 年再次荣获苏联国家奖。

1934 年切连科夫在《苏联科学院院报》上发表论文，宣布当把镭源发出的辐射穿透某些高折射率的介质，包括液体和固体，并被介质吸收时，从介质里就会发出一种特殊的辐射，是淡蓝色的微弱可见光。人们就把这种特殊的辐射称为切连科夫辐射。这种辐射应该在以前几十年中间早已被医生和 X 射线专家观察到过，因为用 X 射线和 γ 射线照射荧光物质，会发出强烈的荧光，在一定的条件下就应该会伴随有切连科夫辐射。但是，从来没有人注意到这件事。大家都把由此出现的发光现象归于荧光或磷光。切连科夫具有敏锐的观察力，他注意到了多年来普遍未曾注意的现象。他不相信这种光学现象真是荧光现象。从他第一次实验起就坚信自己的怀疑是正确的。例如，他发现这一辐射与液体的成分基本无关，这与荧光的特性不符。在用多次蒸馏过的水做实验之后，他又排除了是水中杂质引起荧光的可能性。

切连科夫对这种新的未知的辐射继续进行系统的研究。他又发现这种辐射沿入射镭辐射的方向是偏振的，正是镭辐射产生了二次电子，才会引起可见辐射。他把镭辐射挡住，只让电子穿过液体，证明正是电子引起了这种新型辐射。这样一来，切连科夫既排除了荧光辐射的可能性，也排除了镭辐射的直接作用，证实是高速带电粒子在介质中的一种相互作用。

然而，尽管这种新辐射的特性已经基本摸清，却仍然缺乏对这一效应进行严密的数学描述。这时，在莫斯科有两位切连科夫的同事，一位是弗兰克，另一位是塔姆，两人联名在 1937 年对切连科夫辐射作出了理论上的解释。他们证明，切连科夫辐射与加速带电粒子的辐射有本质上的不同。加速带电粒子的辐射是单个粒子的辐射效应，而切连科夫辐射是运动带电粒子与介质中的束缚电荷及诱导电流所产生的集体效应。

切连科夫辐射可看成是介质中的电磁冲击波，类似于超声速飞行物体，例如子弹或飞机，在空气中形成的冲击波。粒子在运动途中各点所激发介质中的电磁场有一个圆锥形的包络面，这个包络面就相当于冲击波。切连科夫辐射之所以总是呈现蓝色，是因为这种辐射的频谱是连续的，由于色散的作用，频谱会出现一上限，所以对于 X 射线来说，由 X 射线引发的切连科夫辐射，能量往往集中于可见光的范围，并侧重于蓝紫端，所以看上去是蓝色的。

利用切连科夫效应可以做成切连科夫计数器，用于记录带电粒子所发出的微弱切连科夫辐射。这是用玻璃、水或纯塑料作为介质制成的仪器，当粒子以大于光在该介质中的速度进入时，就发生切连科夫辐射，然后用光电学方法检测。这种计数器非常灵敏，精确可靠。它可以分辨辐射的传播方向，并确定带电粒子的速度。它具有计数率高、分辨时间短、能避免低速粒子的干扰等特点。1955 年西格雷等就是用切连科夫计数器发现反质子的。切连科夫、弗兰克和塔姆是首次获得诺贝尔物理学奖的苏联科学家，1958 年 10 月 29 日《纽约时报》评论说：这一荣誉是"对苏联所作实验和理论研究的高质量给予了确定的国际承认"。①

---

① 1958 年诺贝尔物理学奖——切连科夫效应的发现和解释，http：//wl. eywedu. net/Article/HTML/276. html。

9. 列夫·达维多维奇·朗道——全能的物理学家

列夫·达维多维奇·朗道（1908—1968），号称世界上最后一个全能的物理学家。在他 50 寿辰之际，苏联学界把他对物理学的十大贡献刻在石板上作为寿礼，以像先知一样的称谓称为"朗道十诫"。他因凝聚态特别是液氦的先驱性理论，被授予 1962 年诺贝尔物理学奖。

（1）个性、家庭、教育、引路人与坎坷人生。

1908 年 1 月 22 日朗道出生于里海之滨巴库的一个知识分子家庭里。朗道是犹太血统信奉犹太教的苏联科学家。他的家庭特别崇尚科学，这是一个在俄罗斯帝国时期少有的充满科学氛围的家庭。其父是一位石油工程师，在巴库油田工作。母亲曾在圣彼得堡接受过医学教育，当过教师和医生等职务。他的姐姐索菲娅后来成为一名化学工程师。朗道从小聪明过人，4 岁就能阅读书籍，被誉为"神童"。由于第一次世界大战和苏俄内战的影响，学校的正常教学秩序得不到保障，知识的获得在很大程度上要依靠自学。但是这对朗道来说，也许是一件幸运的事情。朗道在班上年龄最小、个子最矮小，很少与小伙伴嬉闹。数学读物上的数字和几何图形成了他最着迷的伙伴。朗道 7 岁学完了中学数学课程，12 岁就已经学会微分，13 岁学会了积分，可以说"数学思维几乎成了他的本能"。

　　朗道 13 岁就中学毕业，他的父母认为他上大学还太小，特别是父亲希望他选一个更为"实用"些的专业，于是他便遵从父亲的意愿，同他姐姐一起到经济技术学院学习财经，由于缺乏兴趣，在那里待了一年后，朗道终于在 1922 年转入巴库大学学习数学、物理学和化学，这时他才 14 岁，但他最终没有修完化学专业。1924 年，在巴库大学毕业后，朗道来到了圣彼得堡，此时正值列宁去世，圣彼得堡被易名为列宁格勒，而朗道就进入了同时易名的列宁格勒大学。在 20 年代，列宁格勒大学可以说是苏联科学，特别是物理学研究的中心，当时苏联一些很有名望的物理学家如约飞、福克、夫伦克耳等人都在此授课，从他们那里第一次接触到了物理学发展的浪潮，了解到当时尚处于形成阶段的量子理论。在列宁格勒物理系朗道把全部的热情倾注于学习。他有的时候累得脑子里不停地盘旋着各种公式而无法入睡。朗道后来说，在那段时间里，他完全被那些普遍联系的不可置信的美给迷住了。他入迷地演算海森堡、薛定谔、索末菲和狄拉克的量子力学。他之所以入迷不仅仅是因为它们的科学美，更因为它们凝聚着人类的智慧和创造力。他尤其热衷于"时空弯曲"和"测不准关系"。

　　朗道曾经酸溜溜地表示："漂亮姑娘都和别人结婚了，现在只能追求一些不太漂亮的姑娘了。"这里漂亮姑娘指的是量子力学，量子力学是现代物理学的基础，于 20 世纪 30 年代由海森堡、薛定谔、索末菲和狄拉克等幸运儿建立，朗道因为比他们小几岁所以没能赶上这次物理学史上关键的淘金行动。所以有的史家慨叹：朗道生不逢时。言外之意就是，他要是早生个一二十年，正赶上 20 世纪初物理学的革命时期，也就是相对论、量子论的草创阶段，以他的才情学识，对人类知识的贡献，当可以使他跻身于爱因斯坦、玻尔这样的世界级大师之列。朗道对自己也有"生不逢时"的感叹，对于自己没能赶上量子力学的创建，感到极度惋惜。

　　经过数次申请，1929 年 10 月，朗道被批准出国。除了费米之外，他见到了几乎所有的量子物理学家。在与这些著名科学家的交往中，朗道充分地展示了他的才能和个性。有一次，爱因斯坦演讲，当主持人请听众对演讲者提问时，一位年轻人从座位上站起来说道："爱因斯坦教授告诉我们的东西并不是那么愚蠢，但是第二个方程不能从第一个方程严格推出。它需要一个未经证明的假设，而且它也不是按照应有的方式为不变的。"与会者都惊讶地回过头来注视这位似乎不知天高地厚的年轻人。爱因斯坦用心地听着，对着黑板思索片刻后对大家说："后面那位年轻人说得完全正确，诸位可以把我今天讲的完全忘掉。"

在丹麦哥本哈根，玻尔和哥本哈根精神给朗道留下了难忘的印象，对他后来的发展起着重要的作用。玻尔和朗道虽然性格迥异，但是他们却成了好朋友。后来玻尔在谈到朗道时说："他一来就给了我们深刻的印象。他对物理课题的洞察力，以及对人类生活的强烈见解，使许多次讨论会的水平上升了。"虽然朗道一生中接触过不计其数的物理学家，而他在玻尔那里只待了四个月左右的时间，但他却对玻尔十分敬仰，终生只承认自己是玻尔的学生。

在欧洲的进修访问期间，朗道应用量子力学来处理金属中的简并理想电子气，提出理想电子气具有抗磁性的磁化率。这一性质现被称为朗道抗磁性。据说在瑞士苏黎世的一次讨论会上，当朗道做完了有关抗磁性的报告后，他的好友佩尔斯评论说："朋友们，让我们面对现实吧，现在咱们只能靠朗道吃剩的面包皮维持生活了。"在剑桥欧内斯特·卢瑟福主持的卡文迪什实验室，朗道结识了在卡文迪什实验室工作的自己的同胞——彼得·卡皮查，也就是他以后的救命恩人。

1931 年春天，朗道准备启程回国，虽然有人曾暗示他不要回去，但朗道自有主见，临行前，他对罗森菲尔德说："我必须为我的国家工作。这是一次长久的离别。也许是永久的离别，除非你来访问我们。"朗道在内心深处是赞成革命的，并按自己的理解而相信马克思主义。但他反对中世纪式的思想专制和愚昧残忍，于是与当权者有了矛盾。另外由于他在学术问题上与研究所的领导约飞有分歧，虽然朗道是正确的，但却冒犯了这位权威。在一次朗道作了学术报告后，约飞宣称朗道所讲的内容不得要领，而朗道则毫不客气地当众回敬道："理论物理学是一门复杂的科学，不是任何人都能理解的。"由于这样一些原因，朗道最后不得不离开了列宁格勒。

从 1932 年起，朗道在哈尔科夫的乌克兰科学院物理技术研究所工作，并担任了理论物理部的主任。1934 年，在没有经过论文答辩的情况下，朗道获得了博士学位，1935 年任哈尔科夫大学的教授，1937 年同孔克尔迪亚·德罗班特塞娃结婚。他们的独生子后来成为实验物理学家。在哈尔科夫期间，朗道的科学研究工作继续深入。他发展了普遍的二级相变理论，不但说明了许多当时认为很奇特的现象，而且为此后各种新型相变的研究开辟了道路。他就铁磁磁畴结构、铁磁共振理论和反铁磁态理论发表了一系列的重要文章。此外，他还对原子碰撞理论、原子核物理学、天体物理学、量子电动力学、气体分子运动论、化学反应理论和有关库仑相互作用下的运动方程等方面作了研究。

1937 年，又是在一次与理工学院的院长发生口角后，朗道断然离开了哈尔科夫，应莫斯科物理问题研究所所长卡皮查之邀，到该所主持理论物理方面的工作，彼得·卡皮查把研究所理论部主任的位子给了朗道。他在那里一直工作到逝世。他在哈尔科夫的一些最有才能的学生同事，也随他而去。

可惜政治自古以来都是疯狂的，1938 年 4 月 28 日，朗道被投进了监狱。他能够得到释放的确是非常幸运的，因为在那些疯狂的年月里，绝大部分人都没有那么幸运。原因是苏联最著名的实验物理学家皮卡查发现了超流，他直接写信告诉斯大林："我在对接近绝对零度时液氦的研究中发现了一些新的现象，将可对这个现代物理学中最奥秘的领域有所澄清。我准备在今后几个月内将部分工作予以发表。不过我需要理论家的帮助。在苏联，只有朗道一个人从事我所要求的这方面的理论研究，可惜，过去一年他一直在监狱里。"卡皮查以自己的人格担保，并且以辞职相要挟，朗道才得以于 1940 年释放。其实，介入营救朗道的远远不止卡皮查一个人，他自己的恩师玻尔曾经为此事给斯大林写了言辞恳切的求情信，恳求斯大林运用自己的权力和威望赦免朗道。正如朗道在卡皮查 70 寿辰时所说："在那些年月，卡皮查的举动需要大勇、大德和水晶般纯洁的人格。"他以后始终对卡皮查怀着感激之情。

（2）特殊的授奖仪式。

遗憾的是正当朗道步入科学的丰产期时，一场意外的车祸剥夺了他的工作能力。也许朗道的车祸让瑞典的诺贝尔委员会产生了"紧迫感"，这一年的年底，他们决定把当年的物理学奖授予朗道，表彰他在 24 年前提出的理论。由于朗道的健康不允许他远行，颁奖仪式专门为他破例在莫斯科举行，由瑞典驻苏联大使代表国王授奖。

朗道也许是 20 世纪最有个性的物理学家。作为一个物理学家他就像莫斯科物理问题研究所所长卡皮查所说："朗道在整个理论物理学领域中都做了工作，所有这些工作都可以用一个词来描述——卓越。"作为一个普通人，他是"简单化作风和民主作风，无限偏执和过分自信的奇妙混合体。"这种复杂或矛盾的性格处处体现在他的生活中。

（3）"朗道十诫"与其他杰出贡献。

朗道认为，费米是一位不可多得的"全能物理学家"，在费米逝世以后，他感叹地说："现在我就是最后一位全能物理学家了。"应该承认，他的这种看法并非自夸自赞，而是有着不容怀疑的真实根据的。朗道对理论物理学的许多方面，在国际物理学界享有很高的声望。1962 年授予他诺贝尔物理学奖中提到的凝聚态和液氦的理论工作，只是他工作的冰山一角。

1958 年，苏联原子能研究所在庆贺朗道 50 寿辰时，借用摩西十诫之名在送给他的大理石板上刻了朗道平生工作中的 10 项最重要的科学成果，称为"朗道十诫"：①引入了量子力学中的密度矩阵概念；②金属的电子抗磁性的量子理论；③二级相变理论；④铁磁体的磁畴结构和反铁磁性的解释；⑤超导电性混合态理论；⑥原子核的统计理论；⑦液态氦 II 超流动性的量子理论；⑧真空对电荷的屏蔽效应理论；⑨费米液体的量子理论；⑩弱相互作用的复合反演理论。尤其是在量子液体（液态氦）的理论方面，他的贡献更为突出。

他的另一些引人注目的贡献是：1937 年利用费米气体模型推测恒星坍缩的质量，1946 年在理论上预言等离子体静电振荡中不是由碰撞引起的耗散机制（称为朗道阻尼）的存在，等等。过了 18 年后这一预言才由一些美国物理学家在实验上予以证实。朗道是物理学界公认的具有天才头脑的人物。他发表的文章涉及很多出人意料的专题，例如低温物理学、磁性的不同类型、等离子区中粒子的运动、冲击波、湍流、炸药的爆炸、频谱线的分析以及量子场理论等。朗道对物理学的贡献几乎遍及各个领域，诸如核物理、固体物理、等离子体物理、宇宙线物理、高能物理等。在这些领域里，有许多术语都冠以他的姓氏，像朗道阻尼、朗道能级、朗道去磁等。他预言在超流性的氦中，声音将以两种不同的速度传播，也就是说声波有两种类型：一种是通常的压力波；另一种是温度波即所谓的"次声"。这一预见1944年得到了实验证实。他本人对超流性的工作特别满意，当有人问他"您一生中最得意的工作是什么"时，他回答："当然是超流性理论，因为至今还没有人能够真正懂得它。"

（4）朗道学派及其影响。

朗道对自己和学生们要求很高。他要求自己的论文每篇都有基本的重要性，从来不理会那些无关宏旨的烦琐题目。他鄙视那些为了世俗的名利而"作学问"的庸人，把那种人叫作"科学的吞食者"，即"靠科学吃饭的人"。他也看不起那种华而不实的学术"论文"，说那只是"废话"和"空气中的振动"。他重视思想交流（包括国际交流），把那些夜郎自大、故步自封的人物叫作"病态物理学家"。他热爱自己的工作，真正做到了锲而不舍。在监狱中，当生命和荣誉都受到无比严重的威胁时，他还经常沉浸在学术思维中而达到废寝忘食的地步。

在哈尔科夫，朗道创立了著名的理论物理学须知，后来被称为"朗道位垒"，这个考试纲目除了数学内容之外，几乎囊括了理论物理学所有的重要分支。在朗道逝世前，仅有43人冲过了这个"位垒"，其中许多人后来成为博士、教授和苏联科学院的院士。在朗道周围，也开始形成了一个独具特色的"朗道学派"。成为"朗道的学生"，则是苏联青年物理学家们既向往而又很有些望而生畏的目标。朗道出众的演说才能和他的才华所放射出的耀眼的光芒深深地吸引着学生们。真是名师出高徒，这些学生们后来都成为苏联物理学和空间科学领域的带头人，成为院士的就有十几位。2003年诺贝尔奖得主阿布里科索夫和金兹堡就是朗道的学生。

（5）傲慢的个性与"学阀"作风。

朗道虽然在科学上取得了空前的成功，但是他的声名则主要限制在学术圈内。即使在学术上朗道还多少有些"学阀"作风，有些被朗道枪毙掉的论文，后来被证明是极重要的。朗道的天才和才华成就使他过于自负，对自己的智慧和直觉产生了太大的自信，使他目空四海，在他眼里世界上没有几个物理学家。1956 年，苏联物理学家沙皮罗在对介子衰变的研究中，发现了介子衰变过程中宇称不守恒。他向朗道介绍了自己的发现，朗道过于相信自己的直觉，对此不以为然。所以当沙皮罗将自己的研究成果写成论文请他审阅时，他却连看也不看，若无其事地将它扔在一边。

几个月之后，中国旅美学者杨振宁和李政道提出了沙皮罗已经发现的弱相互作用下宇称不守恒的理论。不久，又由吴健雄用实验做出了证明。第二年，杨振宁和李政道获得了诺贝尔物理学奖。而沙皮罗因为朗道的随手一扔，虽然发现在先，最终与诺贝尔奖失之交臂。当杨振宁和李政道获得诺贝尔奖的消息传到朗道耳中，他才如梦方醒，认识到自己扔掉的是什么。[①]

10. 尼·巴索夫——量子电子学的奠基人之一

[①]　弗·杨诺赫、张保成：《朗道的生活和工作》，《自然辩证法通讯》1979 年第 4 期。

尼·巴索夫（1922—2001），苏联物理学家，量子电子学的奠基人之一，长期从事量子电子学方面的研究，为激光物理学的创立作出了不可磨灭的贡献。由于激光光束的振荡器和激光器的研制成功，1964 年与美国汤斯教授及苏联普罗霍罗夫教授共同获得诺贝尔物理学奖。

尼·巴索夫于 1922 年 12 月 14 日出生在沃罗涅日附近的小镇乌斯曼，他的父亲是沃罗涅日林学院的教授，一生致力于研究影响林带对地下水和地表排水。1941 年中学毕业后，巴索夫应征入伍，分配到古比雪夫军事医学院。1943 年获得军医助理资格离开学院到部队服役，在乌克兰最前线地区参加了第二次世界大战。1945 年 12 月，复员后进入莫斯科物理工程师学院学习理论与实验物理。

1950 年至 1953 年，他在莫斯科物理工程师学院读研究生，在里昂托维奇教授和普罗霍罗夫教授的指导下撰写毕业论文。1950 年巴索夫进入列别捷夫物理研究所，当上了量子放射物理实验室的副主任和主任，后来成为莫斯科物理工程师学院固体物理系的教授。[①]

1952 年，巴索夫开始了量子无线电物理学领域的研究工作。他做了各种尝试（先理论后实验），设计和建造振荡器（与普罗霍罗夫搭档）。1956 年他的"分子振荡器"博士论文通过了答辩，对利用氨分子束振荡器开展的理论和实验研究进行了总结。1955 年巴索夫组建了一个团队开展分子振荡器的频率稳定度研究。他带领弟子 Oraevsky、Nikitin、Strakhovsky、Zuev 以及其他合作者，研究了一系列氨谱线的振荡频率在不同参数之间的关系，通过减缓分子速度，提出了提高频率稳定度的方法，提出制造慢速分子的方法，研究了谐振器与振荡器的操作方法，通过分子振荡器实现了速调管频率相位稳定，研究了分子振荡器的过渡过程，并设计出氘氨束振荡器。经过一系列的研究最终在 1962 年制造出 1.0—1.1 的频率稳定振荡器。

1957 年巴索夫开始设计和建造直视距离内的量子振荡器。一个由理论家和研究人员组成的团队开始研究通过半导体实现量子振荡器的

---

① https：//www. nobelprize. org/nobel_ prizes/physics/laureates/1964/basov – bio. html.

可能性。根据 A. Javan 的建议，他们对在气体介质下实现的可能性也进行了研究。1958 年巴索夫与符尔和波波夫一起提出了一种有关制造半导体量子振荡器和半导体量子放大器的想法。由于巴索夫和普罗霍罗夫在研究量子振荡器方面作出了杰出的贡献，1959 年这两位物理学家荣获了列宁奖金。由于他们和汤斯在量子无线电物理学领域内都进行了具有重大价值的研究，并且制成了一种新型的振荡器和放大器——微波激射器和激光器，因此这三位物理学家在 1964 年共同获得了诺贝尔物理学奖。

1961 年巴索夫注意到将激光器应用于热核反应的可能性，因此后来他的科研工作就转向研究受控热核反应中的一个新问题，即研究激光热核反应的方法。1963 年巴索夫论证了一些有关激光系统中实现热激发的新方法。不久以后，他又开始对化学量子振荡器方面的问题以及应用激光辐射促使化学反应方面的问题进行了一系列的研究。1968 年巴索夫首先注意到应用热激光束和等离子体作用会产生中子的问题。1981 年巴索夫和其他苏联物理学家合作发表了《在金属结构中的电子过程—硅的亚硝酸盐—硅的二氧化物—半导体》和《在金属结构中自稳定的雪崩过程—电介质—半导体》等论文。

巴索夫除获得 1959 年的列宁奖金外，他还三次获得列宁勋章，并于 1969 年荣获苏联社会主义劳动英雄称号。[①]

11. 列·康托罗维奇——苏联第一个诺贝尔经济学奖获得者

列·康托罗维奇（Leonid Kantorovich，1912—1986），苏联著名数学家和经济学家，现代计算数学理论的创始人之一。康托罗维奇从 20 世纪 30 年代初从事函数构造和近似分析方法的研究，以后将泛函分析观点用于计算方法，创立了一种近似计算理论，即"牛顿—康托罗维奇方法"。1939 年发表《组织和计划生产的数学方法》，为线性规划理论奠定了基础。1975 年因资源配置理论研究与美国经济学家库普曼共获诺贝尔经济学奖。

---

① 徐载通：《介绍苏联物理学家巴索夫和普罗霍罗夫》，《物理》1988 年第 2 期。

　　列昂尼德·康托罗维奇，1912 年 1 月出生于俄国彼得堡一个犹太人家庭，父亲是一个外科医生，父亲在他 10 岁时去世，他由母亲带大。两个姐姐和两个哥哥继承父亲遗愿成为医生。康托罗维奇从小就有非同一般的好奇心，对诸如政治学、现代史等很多学科都感兴趣，成绩优异，8 岁时就发现自己最喜欢科学和数学。1926 年 14 岁的他考入列宁格勒（圣彼得堡）大学数学系，1930 年毕业，1934 年任列宁格勒大学教授，1935 年，23 岁时未经论文答辩就获得了博士学位，1938 年首次提出求解线性规划问题的方法——解乘数法，1939 年创立了享誉全球的线性规划要点，对资源最优分配理论做出了贡献，1949 年因在数学研究工作中的成就获斯大林奖，1965 年因其在经济分析和计划工作中应用数学方法的成绩而获列宁奖。康托罗维奇是苏联科学院院士，苏联国家科学技术委员会国民经济管理研究所经济问题研究主任。1975 年，由于创立线性规划要点，对资源最优分配理论做出了贡献，与美国经济学家库普曼共同获得诺贝尔经济学奖，成为第一个获此殊荣的苏联经济学家。1975 年，63 岁的康托罗维奇在领取该项奖金时发表了《数学在经济中的应用：成就、困难、前景》的演讲，他表示："数学方法在经济中的应用不会辜负我们对它所抱的希望，它会给经济理论和实际工作做出重大贡献。"

康托罗维奇的主要著作包括《生产组织与计划的数学方法》《求解某些极值问题的一种有效方法》《大宗货物的调运问题》《工业材料合理剪裁的计算》《资源最优利用的经济计算》《最优计划动态模型》《远景计划最优模型》《最优计划的数学问题》《经济最优决策》等。

（1）线性规划。

康托罗维奇在经济学领域的最大成就在于他把资源最优利用这一传统经济学问题，由定性研究和一般定量分析推进到现实计量阶段，对线性规划方法的建立和发展做出了开创性贡献。在对现实经济学的思考中，康托罗维奇于 1938 年首次提出求解线性规划问题的方法——解乘数法。这是对现代应用数学的一个首创性贡献，从此，打开了解决优化规划问题的大门。

（2）解乘数法。

康托罗维奇于 1938 年首次提出求解线性规划问题的方法——解乘数法。这对现代应用数学和经济学的发展，有着深远的影响，这时，康托罗维奇年仅 26 岁。现在我们常用的求解线性规划问题的方法——单纯形法，则是由美国数学家丹泽和豪尔维茨在 1947 年发明的，比康托罗维奇晚了近 10 年。利用解乘数法求解线性规划问题，具有广泛而重要的应用意义。康托罗维奇指出，提高企业的劳动效率有两条途径：一条是技术上的各种改进；另一条是生产组织和计划方面的改革。过去，由于没有必要的计算工具，后一条途径很少被利用。解乘数法的提出，为求解线性规划问题，为科学地组织和计划生产开辟了现实的前景。他把这一方法推广运用于一系列实践，诸如合理地分配机床机械的作业，最大限度地减少废料，最佳地利用原材料和燃料，有效地组织货物运输，最适当地安排农作物的布局等。解决这类问题的一般程序，概括起来就是，首先建立数学模型，即根据问题的条件，将生产的目标、资源的约束、所求的变量这三者之间的数量关系用线性方程式表达出来，然后求解计算。在一些国家的数学和经济学书刊中，常把这类模型称为"康托罗维奇问题数学模型"。

（3）对现实经济的关注。

上述研究的是在一个企业的范围内如何科学地组织和计划生产的问题，随后，他在研究企业之间以及整个国民经济范围内如何运用线性规划方法时，提出的客观制约估价，可以实现全社会范围的资源最优分配和利用。这时，在现有资源条件下，全社会能够以最小的劳动消耗，获得最大限度的生产量，由此得出的生产计划叫作最优计划。有时把客观制约估价称为最优计划价格，这是他革新、推广和发展资源最优利用理论的具体表现。①

12. 彼·卡皮查——低温物理之父

彼·卡皮查（1894—1984），物理学家，低温物理学和强磁场物理学奠基人之一，其科学成就主要集中在低温物理的基础研究方面，享有"低温物理之父"的美誉。1934 年在剑桥大学蒙德实验室工作时建立了第一台氦液化器。因在低温物理的基础研究方面的重大贡献，1978 年与美国科学家彭齐亚斯、威尔逊一起被授予诺贝尔物理学奖。

1978 年 10 月 17 日，瑞典皇家科学院给苏联莫斯科物理问题研究

---

① 《1975 年诺奖得主康托罗维奇和库普曼简介》，《国有经济评论》2012 年第 2 期。

所的电文中讲道："亲爱的卡皮查院士：瑞典皇家科学院今天决定将
1978 年的诺贝尔物理学奖分成两部分，其中一部分颁发给您，以表彰
您在低温物理学领域中根本性的发现和发明。"此时，卡皮查已 84 岁
的高龄了。而他为之获奖的工作，却是在 40 年前做出的。卡皮查一
生中最重要科学工作大多是对极端条件下物质性质的研究和发现。在
这些研究中，他将科学家的才能和工程师的天赋奇迹般地融为一体。
在生活中，他那时而一帆风顺、时而遭遇坎坷的经历更给他蒙上了一
层传奇色彩。

（1）非常的家庭与教育，识宝的引路人，惊人的创造力。

1894 年 7 月 9 日，彼得·利奥尼多维奇·卡皮查出生在俄国圣彼
得堡，继承了波兰贵族的血统和俄国知识分子的优秀素质。他父亲利
奥尼德·彼德罗维奇是一位才华出众的军事工程师，为发展俄罗斯武
装力量作出过重要贡献。他的外祖父是位杰出的数学家、天文学家和
享有国际声誉的地理学家，帝国科学院的通信院士。母亲奥尔加·伊
罗尼莫芙娜是一位儿童文学和民间文学方面的专家，在俄罗斯文化史
上也占有一席之地。但在对卡皮查的培养中，学习数学和科学的姨母
亚历山德拉所起的作用似乎大一些。正是她首先发现卡皮查很快就掌
握了几何学的知识。从中学时代起，卡皮查就养成了一种爱好，喜欢
修理钟表，将它们拆开，再自己组装上。这种工艺方面的技能在他以
后的科学生涯中发挥了很大的作用。但他在语言方面却不出众，甚至
有些迟钝，因此，1912 年他中学毕业无法进入当时最有名望的圣彼得
堡大学，只好选择了圣彼得堡工学院。他在圣彼得堡工学院很幸运地
遇到了苏联著名物理学家约飞。当时，约飞是俄国物理学界的带头
人，正致力于发展有别于俄国传统的现代物理学派，他将卡皮查吸收
到自己领导的物理实验室中。

1916 年，他采用了一种异常简单的方法来制造很细的石英纤维，
他用一张弓把蘸了熔化石英的箭射到一块天鹅绒上，拉出来的石英纤
维就随之在空气中凝固，表现出他在工艺方面的出众才华。1918 年，
卡皮查大学毕业，留在物理和力学系任讲师，同时也成了约飞物理技
术研究所的研究人员，他与约飞的关系也越发密切。此时，国内经

济日益困难，一些教授和讲师纷纷移居国外。在此情况下，约飞仍设法留住了包括皮查在内的一批优秀弟子，并组织了一个研讨班。在研讨班上，他们讨论了各种物理问题，大家毫无拘束地交流各种观点，经常持续到深夜。其中，弗伦克耳曾详尽地介绍了英国物理学家卢瑟福在原子核研究方面的惊人发现。但此时卡皮查却绝没有想到未来自己会与这个伟人结下不解之缘。

1919 年，卡皮查提出了一个设想，可以用弯曲的晶体来使 X 光光束聚焦。直到 10 多年后，才有人在似乎不知道卡皮查论文的情况下，描述了同样的想法，并使之实现。1920 年，卡皮查和他的同事谢苗诺夫（1956 年诺贝尔化学奖获得者）一道又提出了一个用实验方法来测量原子磁矩的设想：在原子束通过一个很强的非均匀磁场时，观察原子束的离散。这篇文章直到 1922 年才发表，但在从文章送交到发表的这段时间里，德国物理学家斯特恩和格拉赫也提出了本质基本相同的方法，并付诸实验。由于这一实验为空间的量子化提供了证明，1943 年，斯特恩获得了诺贝尔物理学奖。尽管卡皮查的这些想法是领先和独创性的，但由于当时俄国国内物资极度缺乏，不仅没有必要的工具和仪器，甚至连普通的裸线都很难弄到，因此，卡皮查未能及时地把这些想法变成现实确实很令人遗憾。

（2）跌宕起伏与传奇的一生。

就在此时，一场灾难落到了卡皮查头上。在内战的动乱中，传染病流行，先是他的儿子患猩红热去世，紧接着，他的妻子和女儿又双双死于正在彼得格勒肆虐的西班牙流感。大约与此同时，他的父亲也死于流感。这一串的打击使卡皮查悲痛得不知所措，无法再继续他的研究工作，也彻底地改变了他后来生活的道路。

1920 年 11 月，约飞成为俄国科学院院士。在他的努力下，成立了“苏联科学院恢复与其他国家联系委员会”。委员会的另一位要员是著名的航海工程师和应用数学家克里洛夫院士，他后来成了卡皮查的第二个岳父。这个机构可以自由地用外币在国外购买科学仪器，并得到列宁专门指示而拨出的专款。此机构另一项不公开的任务是向国外的学者们解释在新制度下苏联的科学政策。约飞和克里洛夫都相当了解和珍惜卡皮查的科学天赋，所以他们让卡皮查也加入进来，希望到海外旅行或许能帮助他摆脱痛苦。但是，当时德国、法国和荷兰等国都不愿冒险接受一个或许是共产主义鼓动者的年轻人。1921 年 5 月，经过一番疏通，约飞为卡皮查搞到了去英国的签证，卡皮查终于乘船到达了他的第二故乡英国。

1921 年 6 月初，卡皮查与约飞访问在剑桥工作的物理学家卢瑟福时，受到了热烈的欢迎。卢瑟福是一个名望卓著的物理学家。他所取得的重要成就是：提出放射性元素衰变理论、提出原子核结构模型，以及用粒子轰击某些元素而实现人工核嬗变。当时，卢瑟福领导的剑桥开文迪许实验室已成为世界上实验放射性研究、原子物理学和原子核物理学研究的中心。卡皮查自然希望能有机会在此深造，并一展身手。关于卡皮查向卢瑟福提出申请，有一段广泛流传、脍炙人心的故事。因为当时卢瑟福说，实验室已经过分拥挤，无法再接受卡皮查的申请了。让卢瑟福惊讶的是，卡皮查机智地问了一个似乎不相干的问题："在您的实验中误差通常是多少？"卢瑟福回答说："大约百分之二到百分之三。"卡皮查马上指出，开文迪许约有 30 个研究人员，再多一个也不会被注意到，因为这在误差范围之内！就这样，卡皮查终于留了下来。由于卡皮查的刻苦勤奋和技能超群，只用两个星期就通过了别人需要一两个月才能掌握的课程。

（3）α 粒子能量变化的研究。

卡皮查在卢瑟福的建议下，8 月初就开始研究 α 粒子能量变化，这典型地属于卢瑟本人感兴趣的研究课题。以前人们通过对 α 粒子穿过磁场时的偏转来进行测量，但无法测量低能粒子。卡皮查的办法是：采用灵敏的博伊斯辐射微热计，通过测量 α 粒子穿越物质时产生的热效应来研究其能量损耗。这个方案惊人迅速地获得了成功。在实验室中，由于辐射微热计极其灵敏，甚至可以探测到大约二公里外一支蜡烛的火焰，对百万分之一度的升温就有反应，所以它要求使用者有超乎寻常的技能。而卡皮查却巧妙地避免了任何会淹没实验结果的偏离效应。9 个月后，他就完成了一篇论文，发表在《皇家学会会刊》上。

　　紧接着他通过测量 α 粒子在磁场中轨迹曲率的变化来研究 α 粒子速度沿轨道各点的变化。由于 α 粒子质量较大，现有的磁场不足以使其轨道充分弯曲。在用螺线管产生强磁场时，由于电磁产生的热效应会将螺线管烧毁。卡皮查对解决这一困难的新奇想法是，在百之几秒时间内给螺线管通很大的电流，产生强脉冲磁场，由于通电时间短，电流所生的热不会破坏线圈。卡皮查用一个低容量的蓄电池作为电源，通过让其和一个螺线管短路来获得脉冲磁场。一张有三条曲线的照片摆在卢瑟福面前，这三条曲线就是 α 粒子在磁场中的轨迹，这使卢瑟福异常欣喜。1923 年 1 月，他被正式认可为攻读博士的研究生，时间从 1921 年 10 月算起，考虑到他在俄国的工作，又减免了一年的学习期限。1923 年 6 月 14 日，卡皮查以题为《α 粒子在物质中的穿越和产生磁场的方法》的论文获得博士学位。为此，卢瑟福还让他获得了为期三年的麦克斯韦奖学金，尽管他已取得了博士学位。后来，卡皮查用一台特殊设计的发电机代替了蓄电池，可以在 2 立方厘米的体积中获得高达 32 万奥斯特脉冲强磁场。回到莫斯科后，他又用这台设备将记录提高到 50 万奥斯特。虽然脉冲磁场只持续大约百分之一秒，但这段时间对于研究 α 粒子已绰绰有余了。卡皮查自己喜欢讲两个与此有关的小笑话。一个笑话是说，如果知道怎样利用，百分之一秒就是很长的时间。另一个笑话是说，他是科学界被付给最高薪水的人，因为他一年总共只工作几秒钟。

　　（4）低温技术研究：继续追求简单性。

　　卡皮查为了进一步研究金属在低温下的性质，在 30 年代初，他已把注意力转向了另一个极端的领域——低温技术。当时，世界上在液化氦的过程中都是采用液氢进行预冷。但氢气易于爆炸，很不安全，而且用这种方法液化氦程序复杂，很费时间。人们虽然早就知道，可以利用焦耳—汤姆逊效应，采用绝热膨胀的办法直接液化氦，但因为在很低的温度下，所有的润滑剂都将凝固，活塞的润滑问题一直无法解决。面对这一难题，卡皮查又一次别出心裁地从没有办法的地方想出了办法：既然润滑剂不行，干脆就不用润滑剂！他只是简单地让活塞周围留下百分之几毫米的缝隙，当压缩活塞时，从缝隙中逸出的氦气自身便起了润滑作用。在卡皮查的努力下，1934 年，第一台依据这种想法制造的氦液化器终于在剑桥诞生了。后来，人们称这种类型的液化器为卡皮查液化器。它为美国人柯林斯在 1947 年设计商用氦液化器奠定了重要的基础。从此，膨胀机在氦液化器中的应用得以开始。

在卡皮查自己的工作中，不论是在工程工艺方面，还是在纯科学方面，也同样体现了这种对简单性的追求。当然，在他每一项简单而又有独创性的想法中，都闪耀着智慧的火花。1924 年，他成为开文迪许实验室的磁学研究助理主任，1925 年成为剑桥大学三一学院的研究员。1929 年，卡皮查当选为英国皇家学会的会员，这在当时对一个外国人来说，是很少能获得的殊荣。1932 年卢瑟福为卡皮查建造了一个低温实验室，有趣的是实验室门口的墙上有一幅鳄鱼浮雕，这是卡皮查在以他独特的方式向卢瑟福表示敬意。他说："在俄国，鳄鱼是一家之父的象征，令人赞赏和敬畏，因为它有直挺挺的脖子，无法回头。它只是张着嘴，一往直前——就像科学、就像卢瑟福一样。"

在剑桥，卡皮查的讲座也是独具特色的。例如，他在黑板上写的内容往往与口中讲的不一样。有一次，休恩伯格在课后请他澄清一下自己听与笔记中的矛盾之处，卡皮查却说："如果我把一切都讲清楚，没有任何矛盾，那就没有留给你去思考的东西了。"在一次有关通俗性的演讲中，他曾这样讲："我将试图这样来表述，让 95% 的人听懂 5% 的内容，让 5% 的人听懂 95% 的内容！"卡皮查组织的"卡皮查俱乐部"对推动剑桥物理学的发展起了不小的作用。像玻尔、埃伦菲斯特、弗兰克、海森伯、考克罗夫特等，更是讨论班中作报告的主角。

也是在剑桥期间，卡皮查可以经常去法国、德国、比利时与荷兰等国参加各种物理学会议。1927 年 4 月，他在巴黎结识了克里洛夫的女儿安娜·阿列克谢耶芙娜，两人当即坠入情网，很快就回剑桥结了婚。1929 年，第一个儿子谢尔盖出生了，他后来成了一个出色的物理学家和苏联电视台通俗科学节目的主持人；1931 年，小儿子安德烈出生，他后来成为一个地理学家，曾数次参加南极考察工作，并当选为苏联科学院通讯院士，成了这个家族中的第四代院士。这是一个幸福的家庭，尤其是安娜，一位友人曾评价说："有些女人生来是妻子，有些女人生来是母亲，而安娜既是母亲，更是妻子。"

卡皮查在英国剑桥一待就是 13 年，因为其特殊性保留了双重国籍，也成了两国争夺的对象。1934 年 8 月，卡皮查回苏联讲学时，被强行留下发展苏联工业。卢瑟福得知消息后马上开始频繁的多方活动，试图帮助卡皮查重返剑桥。他们甚至试图发起一次联名请愿。但是在科学的国际主义与苏联本国利益的这场冲突中，这些方法都未能奏效。卡皮查留在苏联，相当长一段时间无事可做，情绪极度沮丧，甚至产生了放弃物理，和巴甫洛夫从事生理学研究的念头。卡皮查强调没有剑桥的设备他无法工作，经谈判，苏联政府最后同意以 3 万英镑向英国购买卡皮查在剑桥蒙德实验室的设备。在卢瑟福和考克罗夫特的大力帮助下，设备运抵苏联。在新的物理技术研究所中，卡皮查很快又完成了一系列出色的工作。但他很快就把主要的精力投入到低温的研究中去，其中最突出的是他对液氦性质的研究。1908 年荷兰物理学家成功液化氦气。液氦的极高导热性特点引起了许多物理学家的注意并不断有新发现。1937 年卡皮查只利用两块光滑的玻璃片，在期间留下极窄的缝隙，观察到了液氦的超流动性，并称为"液氦超流体"。实验结果发表在 1938 年的《自然》期刊上。他说过，评价一个初学者和成熟的科学家的能力，就看他是否具备用简单方法解决复杂问题的天性和能力。在此基础上，苏联理论物理学家朗道提出了他关于液氦二流体理论，并预言了在液氦中"第二声"（一种温度波）的存在。为此，朗道获得了 1962 年的诺贝尔物理学奖。

1939 年他设计并建成了第一台液化空气用的膨胀透平机，用这种机器可以生产大量的商用氧气，这给低温技术带来了重大的变革。他在战争期间研制出世界上功率最大的生产液氧用的透平机，为苏联的工业提供了急需的大量氧气。为此，他还获得了许多专利和许多大奖，其中，包括美国费城富兰克林学院授予的象征"民主和自由"的富兰克林奖章。他把这枚奖章看成苏美两国科学家在战时和即将到来的和平时期进一步努力合作的象征。

（5）正直无畏的个性。

当卡皮查刚到开文迪许实验室时，卢瑟福曾向他宣布了一条"禁令"：在任何情况下都不允许在实验室里进行共产主义宣传。后来当卡皮查的第一项研究成果发表时，他在送给卢瑟福的一份油印本上题词说，此文可证明他到实验室是来搞科学研究而不是进行共产主义宣传的。卢瑟福见到后大怒，卡皮查早已料到会这样，马上把另一份写上很得体题词的油印本送上。卢瑟福显然很赏识这种先见之明，于是争吵就平息了。此外，当蒙德实验室落成时，英国首相鲍德温前来祝贺。卡皮查向他介绍实验室的各种设施，以及为预防爆炸事故而特别设计的屋顶。鲍德温向卡皮查问道："是这样吗？"卡皮查回答道："噢，是的，你可以相信我。因为我不是政治家。"

在他一生中，多次在重大关头表现出他的正直与无畏。例如，1938 年，在苏联的大清洗中，物理学家朗道莫须有地被指控为"德国间谍"而遭到逮捕，卡皮查在几次拯救无效后，直接上书斯大林和莫洛托夫，说没有朗道他的工作就无法继续下去，要么无罪释放朗道，要么他自己辞职离开研究所。1940 年春，朗道在关押了近一年后终于被无罪释放。多年后，在卡皮查 70 寿辰时，朗道曾这样讲："我在狱中度过了一年，但显然无法再支持半年——我简直要死了。……用不着渲染什么，在那些年月，卡皮查的举动需要大勇、大德和水晶般纯洁的人格。"他曾公开站出来反对反犹太主义；曾为"持不同政见"的遗传学家麦德维杰夫辩护；当李森科在苏联科学界占统治地位，排斥摩尔根遗传学，对持不同观点的科学家横加迫害时，他曾在物理问题研究所的讨论班上公开抨击李森科的观点；1966 年在苏共第 23 次党代会之前，卡皮查与苏联物理学家萨哈罗夫、塔姆及其他各界 24 位知名人士签署了一份请愿书，呼吁党不要恢复斯大林的名誉。然而，在所有这些言行中，对卡皮查自身影响最大的还是他拒绝在贝利亚的领导下为苏联研制原子弹而工作。对此，赫鲁晓夫曾在他的回忆录《最后的遗言》中这样写道："我们要卡皮查真正去做资产阶级报纸说他曾做过的事：我们要他为我们的核弹计划工作。……他拒绝接触任何军事科研工作。他甚至要说服我，说他出于某种道德信念，不能从事军事科研工作。"

1946 年，卡皮查被解除了物理问题研究所所长的职务。在尼科山隐居生活中，卡皮查仍然没有停止科研工作。他在此期间一方面进行了一些纯理论性的研究，例如像"论风对海浪形成之作用的问题""悬挂点振动的摆的动态稳定性""贝塞尔函数根负偶次幂的和的估计值"等，这些工作显示出他在理论方面的素养，既抓住了问题的本质，又机智地简化了数学的分析。另一方面他开始了在另一个新方向——"大功率电子学"的研究。特别是，他设计并制成了一种线性的磁控管——"尼科管"，它可以产生和聚集几千瓦分米波段的电磁辐射，在几秒钟内就可以产生让石英熔化的温度。随后，卡皮查将尼科管用于研究热核过程，开始了在等离子体方面的实验。简陋的条件并没能完全将卡皮查束缚；相反，却在另一个极端的领域中激发了他的灵感。

1965 年赫鲁晓夫下台，卡皮查获得了出国的许可。他先后出访丹麦、英国、南斯拉夫、波兰、荷兰、印度、加拿大、美国、瑞士和意大利等国，接受各种荣誉称号和奖章、讲学和出席学术会议。卡皮查后来十分关注全球性问题。他明确指出："在我们这个世纪，对许多问题的解决已超出了任何单一国家的能力范围，而只有靠全球规模的努力才能达到。在原子弹和核战争的威胁面前，人们才首次觉醒，认识到人与自然之间的关系所具有的全球性特征。人们已普遍接受的看法是，在世界任何一处爆发这种战争，都会在几个小时内污染整个地球，并把人类推向末日。着眼于这种威胁，人类必须放弃使用核武器。"1980 年，著名的美国波士顿科学哲学研究丛书专为卡皮查出版了一本文集——《实验、理论、实践》。1984 年，当人们正准备卡皮查庆祝 90 大寿之际，卡皮查因患严重的中风住进了医院，4 月 8 日溘然与世长辞。他所走过如此奇特的生命旅程和为科学的发展做出如此众多的重要贡献将使他的名字在科学史册中永生。[①]

[①] 刘兵：《奇特的经历与杰出的成就——苏联物理学家卡皮查》，《自然辩证法通讯》1990 年第 3 期。

13. 维·金兹堡——著名理论物理学家和天体物理学家

维·金兹堡（1916—2009），苏联著名的理论物理学家，研究工作涉及超导体和超流体、无线电传播、天体物理学、宇宙射线的产生、等离子体、晶体光学等领域。年轻时曾参与苏联的氢弹研制，因提出锂氘化合物燃料为苏联氢弹成功爆炸作出重大贡献，1966 年获得苏联最高奖章——列宁勋章。1950 年，维·金兹堡与朗道提出了描述超导现象的理论公式。1957 年阿列克谢·阿布里科索夫在维·金兹堡提出的理论基础上，成功地解释了 II 型超导体特性的理论。2003 年他与阿列克谢·阿布里科索夫、美国科学家安东尼·莱格特一起获得诺贝尔物理学奖。

维塔利·拉扎列维奇·金兹堡 1916 年 10 月 4 日出生于莫斯科。父亲拉斯普丁是一个工程师，从事水净化工作，拥有许多专利，母亲窦唯尔是一位医生，在金兹堡 4 岁时因伤寒去世。1935 年金兹堡莫斯科大学毕业以后成为兰茨贝格的研究生，从事实验光学研究，同时从事理论物理学方面的研究。从 1940 年起他调往苏联科学院物理研究所理论室，师从著名苏联理论物理学家、诺贝尔物理学奖金获得者塔姆。1942 年他通过了博士论文答辩。他于 1953 年为苏联科学院通讯院士，1966 年为苏联科学院院士。1971 年塔姆逝世后，金兹堡担任该研究所理论室主任，同时负责由他创建的莫斯科物理技术研究所物理学与天体物理学研究室。他从 1945 年起任高尔基大学教授。他还是苏联和外国的许多科学杂志的编辑委员会委员。

（1）在辐射理论与扭聚态介质的光学性质方面。

金兹堡对这方面的研究，在他的科学活动中占有重要地位。自进入苏联科学院物理研究所后，他就开始研究超光速辐射源的电动力学问题，取得了卓著的成绩。1945 年金兹堡和弗朗克共同预言一种新的辐射类型即穿越辐射存在的可能性。这是一种当电荷（甚至在匀速运动时）通过两种不同介质边界时所产生的辐射。当实验上发现这种辐射以后，他用了十年时间研究，提出了解释这种现象的理论。人们可以根据穿越辐射的原理，制造一种新型的探测器即穿越辐射探测器，应用它鉴别高能粒子能量要比切连科夫计数器效果好。由于他在瓦维洛夫——切连科夫效应理论领域内的研究成绩卓著，1962 年苏联科学院主席团授予他罗蒙诺索夫奖金。

（2）在凝聚态理论（固体、超导电性和超流动性）方面。

1945 年他提出了铁电体唯象理论。他在这方面的研究，加快了钛酸钡的一些特殊性质的发现，有力地推动了有关工业的发展。他的许多预言均被实验证实，特别是在 1949 年他曾预言，在相变点时晶格振动的一些频率会消失。后来很多学者发现，在结构转变点附近具有声子谱特征的辐射就是在这种情况下产生的。由于在铁电体领域内卓有成效的研究，1947 年苏联科学院主席团向他颁发了曼德尔施塔姆奖金。

他在超导电性领域内最重大的科研成果是 1950 年与朗道共同创立了超导电性的半唯象理论，即金兹堡—朗道理论（GL 理论）。GL 理论是苏联物理学家对世界科学宝库最重大的贡献之一，它的应用非常广泛。从它的两个基本方程出发，金兹堡和朗道得出了一维（超导半空间和薄膜）情况下的解，计算了超导相和正常相之间的界面能，得出了薄膜情况下临界场和薄膜厚度的关系，发现在有外磁场情况下薄膜厚度小于某一临界值时由超导态向正常态的相变是二级的，仅当薄膜厚度大于该临界值时，在磁场中超导—正常相变才是一级的。GL 理论的巨大功绩在于正确地预言了薄膜随厚度减小时相变从一级到二级的变化。GL 理论的创立，为后来第二类超导体理论和超导合金理论（金兹堡—朗道—阿布里科索夫）——戈尔可夫理论的创立奠定了基础。

（3）在等离子体理论方面。

金兹堡在这方面的研究，对于电磁波在等离子体内、地球电离层内和日冕内传播理论的发展产生了巨大的影响。金兹堡深入地研究过大功率无线电波在电离层中的传播。1960 年，他与古列维奇一起发表了一篇著名的理论性论文《关于在等离子体中的非线性现象》。他的研究为后来发展非线性热效应理论奠定了基础，并对大功率无线电波在电离层传播的研究起了重大作用。在这篇论文中，他首先提出应用无线电波有可能对地球高空 170—400 千米的电离层 F 区域进行人工扰动，这个思想后来在理论上得到了进一步的发展，在实验上也得到证实，有着重大的科学和实际意义。

金兹堡是第一位研究太阳无线电辐射和无线电天文学的物理学家。他提出了许多重要的有关无线电天文学方面的研究方法，后来得到了广泛的发展。1946 年他提出关于日冕表面存在大功率无线电辐射的假设，次年亲自用实验证实；1946 年又提出关于太阳无线电韧致辐射机制的假设，后来在实验中也得到证实。他于 1952 年提出了关于太阳黑子上面无线电辐射源磁韧致辐射本身的假设，十分成功地阐明了太阳射电辐射的各种成分的本质。

1960 年，他运用了观察射电源辐射偏振面转变的方法以及退偏振（光通量之中光的偏振程度降低的现象）的方法，制定了一些研究外层空间的方案。他提出的在月球表面观察间断性射电源辐射衍射现象的方法，对于研究这种射电源的结构有着特殊意义，应用这个方法可以获得最佳的分辨率。[①]

---

① 徐载通：《维·拉·金兹堡》，《物理》1988 年第 11 期。

六 杰出人物成才环境与规律分析

20 世纪末，苏联的解体不仅改变了俄罗斯政治、经济、社会等各方面的基本情况，也震撼了俄罗斯人的民族意识，首当其冲的是民族认同感，原因是 20 世纪俄罗斯的民族认同与苏联的兴衰结下不解之缘。时至今日，俄罗斯民族认同处于什么状态呢？

社会调查表明，广大俄罗斯群众仍不愿接受苏联解体的现实，1995 年有一半以上的被调查者把苏联解体视为灾难，23% 的人依然期盼着恢复原苏联，只有 1/4 的人认为，"俄罗斯不应与任何国家联合，应该继续保持独立"。然而，1995 年已有 53% 的人感到自己是"俄罗斯公民"。

群体历史记忆不同于科学的历史评价，带有一定的民族主观性。例如，彼得大帝曾依靠中央集权，采用强制性手段，自上而下实现了俄罗斯的政治、军事、社会文化等全面变革，以加重劳动人民的痛苦为代价推进了俄罗斯的现代化。对彼得改革的正反双重意义与历史作用，史学界至今意见不一。然而，在俄罗斯民族历史记忆中，彼得作为暴君的一面被淡化，而其改革者的一面则得到肯定。

90 年代初，苏联卫国战争也曾一度遭到一些人的否定，被抨击为"保卫集权制度的非正义战争"，使苏军老战士感到沮丧和愤怒。但是，今天有 85% 以上的俄罗斯人坚持对卫国战争的胜利给予极高的评价，认为这是 20 世纪俄罗斯历史中最重大的事件。从 16 岁到 65 岁不同年龄段的人对卫国战争的正面评价与自豪感是完全一致的，说明这一事件是 20 世纪俄罗斯群体历史记忆的核心，是民族凝聚力的重要因素。

目前，使俄罗斯人感到自豪的是 1945 年卫国战争的胜利、战后经济建设成就、宇航事业的发展等苏联历史上的业绩，还有俄罗斯文化艺术成就等。这些业绩既是俄罗斯群体历史记忆中的亮点，也是俄罗斯民族自豪感的支撑点。

　　尽管转型时期的俄罗斯正经历着艰难困苦，目前有85%以上的俄罗斯人为自己的民族感到自豪。民族自豪感的普遍性远远超过个人成就所引起的自豪感。"国家""祖国"的概念依然是俄罗斯民族自豪感的核心内容。俄罗斯的社会调查所提供的资料有力地证明，俄罗斯民族意识经受了转型时期剧烈震荡的考验，目前正在恢复常态。俄罗斯民族凝聚力并未消失，可望在今后成为复兴俄罗斯的加速剂。

　　俄罗斯虽然大部分领土位于亚洲，但是很早以前就已经开始引进西方文明，向西方学习，西化现象严重，并且又带有东方传统的一些文化习俗，所以能够取东西方文化之精华。俄罗斯是个宗教大国，超过一半的人都信仰东正教，民族的宗教性给俄罗斯人民带来了富有历史使命感和救苦救难的精神，此外，俄罗斯民族十分具有团结精神，经济上继承了苏联60%—70%的科技基础，科技发展潜力巨大。在人才的培养方面，面向现代化，汲取了东西方人才培养制度精华，历经了一系列改革，给人才的成长提供了良好的环境。忍耐是俄罗斯民族个性的一个重要特征，俄罗斯民族是有忍耐力的，顽强不屈、坚韧不拔的。他们善于忍受和承受痛苦，并且在这个过程中等待和期盼美好的未来。俄罗斯从民族、经济、政治、文化等各个方面提供了有利的条件，为创新型人才的培养提供了良好的环境。

　　2008年，俄罗斯联邦政府批准了《2020年前俄罗斯联邦社会经济长期发展构想》，提出2012—2020年要逐步开始发展创新经济。向现代教育模式迈进，可以有效地聚合起国家的人力资源，保障经济的创新发展，保障俄罗斯在世界上的竞争力。为保障创新经济的增长，必须提高科研人员的地位，使创新人才资源成为创新经济增长的主要源泉；为创新型经济提供人力资源支撑，必须要保证教育的优先发展，构建与发展创新经济相匹配的教育模式。建设创新型大学，加强"科教一体化"创新型大学建设是创新型国家建设的客观要求。

　　纵观俄罗斯和苏联的发展历程，我们发现：彼得大帝和叶卡捷琳娜大帝，列宁和斯大林为苏联和俄罗斯留下的遗产和奠定坚实的物质文化和精神文化基础。由于地理上靠近欧洲以及全方位学习欧洲，使得俄罗斯在科技上和文化教育上取得快速进步和长足进步，也才有实力与德国法西斯在第二次世界大战时期的抗衡和最终取得胜利。到目前为止，在整个苏俄时期，获得诺贝尔奖最多的时期是苏联时期，苏联解体后的俄罗斯诺贝尔奖获得者也是受益于苏联时期的教育和培养，这是不争的事实。这也说明国际政治之间的竞争同样也可以促进科技的繁荣和进步，刺激和促使科学家和作家获得诺贝尔奖。

除了俄罗斯政府的重视，先辈们积累的物质文化基础、丰富的资源优势和地缘优势、寒冷的气候和广袤的土地、东正教的"人民性"传统、第三罗马帝国情结、生活习性以及由此形成的独特民族性格（豪放、质朴、憨厚、忍耐、集体主义、极端、懒惰等）之外，俄罗斯杰出人物幼时的好奇心、志向、兴趣和爱好，独特的性格（倔强、自信、自负、霸道、叛逆、好思索、聪慧和天赋等）：比如，门捷列夫幼时对玻璃器皿吹塑的好奇心，卡皮查的聪慧和天赋使其在不可能中找到可能、总能用简单的办法解决复杂的问题，神童朗道的天赋才华与自负和霸道的个性加上玻尔的影响使其成为继费米之后的第二个全能物理学家，彼得大帝年轻时的志向以及叶卡捷琳娜年轻时的叛逆和顽强等。良好的家庭教育环境、父母和亲人的教育、引导、鞭策和影响：比如，门捷列夫的母亲对其无条件地支持和帮助以及悉心引导，朗道的父母和姐姐、卡皮查祖辈和父母辈对他们的影响等。教师和朋友的指导和影响，切比雪夫的表姐、家庭教师和学校教师对其所作的引导和产生的影响，卡皮查成才路上的恩师约飞和卢瑟福对其产生的影响等。巴甫洛夫和门捷列夫就是自身的刻苦好学、勤奋努力、甘于忍受寂寞和贫困的典型代表，这也是使俄罗斯科学家、作家和经济学家获得诺贝尔奖的关键。

第六章　日本杰出人物成才环境与规律研究

概　述

日本是位于亚洲东部、太平洋西北部的岛国。古代日本是一个经济文化落后的小邦，当代日本是一个新崛起的工业现代化的经济强国。公元 3 世纪中叶境内出现较大的国家"大和国"。公元 645 年，日本向中国唐朝学习，进行大化改新。12 世纪后期以后进入幕府时代。1868 年，日本向欧美列强学习，进行明治维新，跻身资本主义列强，对外逐步走上侵略扩张的军国主义道路。日本经济自 20 世纪 60 年代开始了持续长达 30 年的高度增长，被誉为"日本战后经济奇迹"。日本是八国集团、二十国集团、世界贸易组织、亚太经合组织等成员国，是世界第三大经济体。自 20 世纪 60 年代末期起至今一直是公认的资本主义世界经济强国，同时也是世界进出口大国。日本作为发达国家，在军事、经济、科技、工业、服务业等方面对世界都有重要的影响。

随着日本经济实力的迅速增强，日本军队建设得到长足发展，在军事实力上位居世界前列，日本生产的武器品质上乘而且科技先进。日本外交政策的基本取向是坚持以日美同盟为基轴，以亚洲为战略依托，重视发展大国关系。重视加强日美安全合作，同时致力于稳定对韩关系，深化与东盟关系，加强对欧关系，改善日俄和日朝关系。积极参与地区和国际政治、经济和安全事务，力争成为联合国安理会常任理事国。

日本的服务业，特别是银行业、金融业、航运业、保险业以及商业服务业占 GDP 最大比重，而且处于世界领导地位，首都东京不仅是全国第一大城市和经济中心，更是世界数一数二的金融、航运和服务中心。自第二次世界大战后，日本的制造业得到迅速发展，尤其是电子产业和汽车制造业，日本三菱是世界上仅次于美国通用的超级企业财阀。日本是全球最大的汽车生产国，其中丰田、马自达、本田和日产等制造商，均有出产汽车行销全球。

日本的科学研发能力位居世界第二，应用科学、机械及医学等领域尤为突出，每年的科研经费达 1300 亿美元，高居全球第二。日本在电子、手机通信、低耗能环保车、机械、工业机器人、光学、化学、半导体和金属等多项领域具世界领先技术且屡获殊荣。在 1999 年以前的大约 100 年间，全世界共有 460 名学者获得了物理学、化学、生理学或医学奖，其中，日本学者仅有 5 位。2012 年，日本的诺贝尔奖获得者已经增加到 19 位。日本从民族文化、经济、政治、科技、教育等方面孕育的有利条件，为创新型人才的培养提供了良好的环境，创新型人才的产出及其创造性成果反过来又增强了日本的全球竞争力和影响力。

一　政治环境

第二次世界大战结束，东方国家多走社会主义道路，西方国家多走资本主义道路。然而，地处亚洲的日本，却是一个走资本主义道路的东方国家。现行《日本国宪法》于 1947 年 5 月 3 日颁布实施。根据宪法，日本实行以立法、司法和行政三权鼎立为基础的议会内阁制。天皇为国家象征，无权参与国政。国会是最高权力机构和唯一立法机关，分众议院和参议院。众议院有 480 个议席，议员任期 4 年，首相有权提前解散众议院举行大选。参议院有 242 个议席，议员任期 6 年，每 3 年改选一半，不能中途解散。在首相选举和预算等重要议案表决上，众议院优于参议院。国会议员是由全民在各党派推举的候选人以及无党派候选人中投票选举产生的。

　　根据日本宪法，内阁为最高行政机关，对国会负责。日本首相正式名称为内阁总理大臣，是日本最高行政首脑。日本首相不是由全民直接选举产生，而是由政党提名、国会众参两院议员投票选举产生。一般而言，国会中多数党领袖担任首相一职。日本宪法规定，当众参两院全体会议在首相指名选举中出现不同结果时，由众参两院议员组成的两院协议会进行协商。如两院协议会协商不能取得一致意见，则将众议院的选举结果作为国会的表决结果。

　　司法权属于最高法院及下属各级法院。采用"四级三审制"。最高法院为终审法院，审理违宪和其他重大案件。高等法院负责二审，全国共设八所。各都、道、府、县均设地方法院一所（北海道设四所），负责一审。全国各地还设有简易法院和家庭法院，负责民事及不超过罚款刑罚的刑事诉讼。最高法院长官（院长）由内阁提名，天皇任命，14 名判事（法官）由内阁任命，需接受国民投票审查。其他各级法院法官由最高法院提名，内阁任命，任期 10 年，可连任。各级法官非经正式弹劾，不得罢免。

　　第二次世界大战后日本实行"政党政治"，代表不同阶级、阶层的各种政党相继恢复或建立。目前，参加国会活动的主要政党有自民党、民主党、公明党、日本共产党、社民党、保守党等。

二　经济环境

　　自 1868 年明治维新起，日本的经济发展史，是一部以发达国家为目标的追赶史。日本建立了强有力的中央集权国家，开始将赶超西方强国、推进经济增长作为国家目标。但是，可称为"近代经济增长"的过程实际开始于 19 世纪 80 年代后期，其标志是：民间企业开始迅速发展；制造业的产值开始迅速增加；近代的财政、金融体制开始形成；1968 年，日本的国民生产总值（GNP）跃居世界第二位。到 20 世纪 80 年代前后，日本不仅在经济规模上仅次于美国，而且在工业技术装备水平、高精尖加工能力、产业结构等方面，均已位居世界前列。

日本的经济在第二次世界大战中受到了毁灭性打击，但在战后快速复兴，自 20 世纪 50 年代开始了持续长达 30 年的高速增长，被誉为"日本战后经济奇迹"。20 世纪 60 年代池田勇人内阁提出"所得倍增计划"，经济达到平均 10% 的增长，目前日本拥有的绝大多数世界知名跨国企业都诞生于这一时期；70 年代初期虽然遇到石油危机，平均仍有 8% 的增长；80 年代则为平均 6% 的增长；90 年代，日本泡沫经济破灭，银行坏账高企（居高不下），经济一蹶不振，被称作"失去的十年"；2000 年后，日本经济持续低迷，在 2008 年世界金融危机中遭到沉重打击，继"失去的十年"后迎来"失去的二十年"；2010 年后，日本经济更不乐观，特别是经过 2011 年的日本大地震、海啸、福岛核泄漏、2012 年的欧债危机、日本政府购买钓鱼岛事件以致与邻国关系不睦，以及日元高企等因素，日本经济再次陷入衰退困境，但安倍晋三上台以来实施的扩张性货币政策使日本经济逐渐摆脱低迷。

日本是一个自由市场经济体，日本的产业结构是资本主义发达国家标准的产业结构，其中，第一产业占 1.4%，第二产业占 27.6%，第三产业占到了 74.7%（2001 年），而现在第三产业基本占到了 80%，且高度发达。因为日本国内内需市场较大，第三产业较发达，使加工贸易与制造业也较兴盛，特别是工业技术在世界上属于顶尖水平，在众多领域之中，是其他发达国家和发展中国家的典范。尤其是汽车、电子、造船以及钢铁等产业在战后有很大的成长，许多日本企业在世界名列前茅。

"二重结构"是日本经济的重要特征之一。所谓"二重结构"，就是在日本经济中，既存在少数技术现代化、管理科学化、规模巨大的企业；又存在大量分散、技术较陈旧、管理相对落后的中小企业。日本经济二重结构是在其资本主义经济和中小企业发展的历史过程中逐渐形成的，它是日本资本主义落后性的一种反映。日本逐步建立了一整套专门为中小企业服务的中小金融机构，构建了较完善的中小企业融资体系，中小企业融资体系对解决日本中小企业的融资问题、促进中小企业的现代化、消除经济二重结构发挥着重要的作用。

三　文化环境

　　日本是一个岛国，文明起步比较晚，日本文化在尚未发育成型的时候，就遭遇中国强大的先进文化的全面覆盖，固有的原始性、土著性与外来的先进性、文明性结合。岛国文化由于不具备原创的内涵，根基浅薄，灵活多变，不受传统文化及道德操守的束缚，可以根据自己的需要，随心所欲地吸收一切外来文化，将性质不同乃至对立的东西混合在一起。因此，日本文化具有多样性、适应性和独自性的特点，而且，这些特点归结起来又表现为日本人行为方式、思维方法和价值判断等方面的"内聚和排外"的总特点。

　　日本人将中国的"道"降为"技"，是对"技"的提升，同时日本人对"技"有一种图腾式的崇拜。资源与人口的不平衡，迫使日本人在技术上狠下功夫，通过提高技术来降低成本，减少损耗，节省资源。日本人普遍地具有一种匠人气质，做事兢兢业业，一丝不苟，精益求精，这是一笔巨大的无形资产，也是日本民族最大的财富。

　　日本经济的成功与其独特的企业文化是紧密相连的，而日本独特的企业文化又与其传统文化不可分割。渴望成为强者的民族心理、务实心理和"忠"的心理是支撑日本传统文化的三大民族心理。上述三大民族心理还衍生出重智意识、节俭观念和实用思想等。另外，日本企业文化的主要精神是集体主义精神与创新精神。集体主义精神所凝聚的日本民族精神包括团结、合作、同舟共济的精神，又包括个人甘愿为集体、民族、国家不计个人得失，勇于献身、勇于牺牲的精神。以此为基础形成了以日本民族精神为主导的日本企业精神，日本人善于创新的精神也得益于这种民族精神。

　　宗教是界定文明的一个主要特征。正如克里斯托弗道森所说："伟大的宗教是伟大的文明赖以建立的基础。"宗教不仅影响一国的文化，而且对塑造一国的国民性也有着极其重要的作用。日本是多宗教国家，神道教和佛教是并立的两大宗教，为大多数日本人所信奉，其次是基督教新教和天主教的信徒也较多。日本人普遍信仰宗教，而且多数人兼信两种以上宗教，各种宗教和信仰互不冲突，这是日本人宗教信仰的突出特点。

居住在日本列岛的人们在特定的自然地理条件下产生了民族宗教——神道，它与佛教、基督教不同，没有开祖和确定的教义和戒律，只是尊崇天地自然，追随神的生活方式，而自身比较混乱，至少不能说它是一个宗派，只是浸透于日本意识构造中的，用来约束日本人思维和行动的信仰而已。明治维新后，在建立近代天皇制政治体制的过程中，神道教逐步确立起日本国教的地位，国家神道体制得以形成并成为日本对外推行军事扩张政策的精神武器。在众多的文化中，对日本人的精神形成有着巨大影响的是佛教与儒家思想。佛教是产生于印度的宗教，它通过丝绸之路传入中国后，又从中国传到了朝鲜半岛和日本。1549 年，耶稣会西班牙传教士来到鹿儿岛，揭开了基督教传入日本的序幕。此后，天主教士不断涌入，他们在传教的同时从事社会事业和医疗活动，还带来了西方的音乐、绘画、医学、建筑等，对基督教的传播起了很大作用。第二次世界大战后，美国占领军总部为打击国家神道，采取大力扶持基督教的政策，使基督教有了迅速的发展，信徒人数很快上升到 100 万人。现在，与其他宗教教派的活动一样，基督教各派的活动都受日本战后宪法和《宗教法人法》的保护，各派都创立了自己的大学，还联合建立了超越宗派的国际基督教大学。但是，由于基督教的教义、理念与日本的文化传统和宗教意识有很大差异，日本国民信仰基督教的人数一直不是很多，信徒也以知识分子和青年为多。

四　教育环境

教育是最廉价的国防，从小抓好教育，就等于抓住了强国之本。

在日本的社会中，教育是一个重要的课题。日本是世界上高度现代化的经济强国，国民受教育的程度很高，全国几乎没有文盲。

明治天皇于 1890 年 10 月 30 日颁布教育文件，其内容因过度侧重国家主义曾遭到批评，但在昭和年间，教育已经绝对化和神圣化，并且强制学生背诵。第二次世界大战以后 1947 年颁布《教育基本法》，中央行政机构是文部省，为内阁的组成部分，其最高领导是文部大臣。日本效仿美国教育制度，实行六三三四制，义务教育为小学 6 年和初中 3 年。学前教育分为幼儿园和保育所两种机构，小学的教育课程是由各学科、道德和特别活动组成，在学前教育阶段更加注重学生的实践和操作能力，培养学生的礼仪文化修养。日本的高等教育分为国立、公立、私立三类，从学术水平上主要有三级结构：一是短期大学和高等专门学校，以开展高等职业教育和培养实际生活能力为目的。二是四年制大学，包括综合大学、多科和单科大学。三是研究生院，包括设置在学部的研究科和研究生院大学，旨在教授和研究学术理论和应用，深究其奥义和促进文化发展。东京大学、京都大学、东北大学、名古屋大学等是培养优秀创新型人才的重要国立大学。

日本现代化过程的一个特点是，其义务教育的发展要先于现代经济的发展，而美、英、法各国的义务教育的发展要晚于现代经济的发展。因此，日本之所以能实现较快的经济增长，除去依靠明治维新的政治变革与明治政府强有力的经济政策以外，也是与其重视教育的发展分不开的。

20 世纪二三十年代是日本科教事业大发展的时期，日本政府大力推动教育事业发展，适龄儿童几乎全部入学，一大批综合性研究大学得以改造和新建。因此，这个时期前后出生的日本人，能够在重视教育、崇尚科学的良好社会环境中成长，较早地培养了从事基础研究的兴趣爱好，有机会系统地学习现代自然科学文化知识，奠定了开展自然科学研究的社会基础。第二次世界大战中，日本受到原子弹攻击，战争结束后，国际上相继发生卫星上天和登月工程等事件，带给日本国内民众极大的思想冲击，一大批有识之士认识到科学技术对于国家富强、民族兴旺的重要性，在深刻的忧患意识和责任意识驱使下，投入科学研究中，形成了开展科学研究广泛的社会驱动力。20世纪五六十年代，日本政府从战前为实现"富国强兵"目的而实施的军国主义教育转变为实施尊重个性、发挥个人能力的教育，理工科教育强调"科学思维方法"的训练，并有意识地将有待攻克的前沿科学问题成体系地展示给学生，在保护研究者蓬勃的求知探索热情的同时，提升了研究者的能力素质。20世纪七八十年代，日本社会和科研行业的竞争尚未白热化，科学研究的功利心态尚没有广泛的市场，研究机构的管理也较为宽松，各种"业绩主义"的评价标准未完全确立，研究人员可以长期坚持不懈地坚持基础研究而无须顾及论文、专利的短期效益。与此同时，当时日本的大学实行"公平分享"的经费配置方式，在大学任职的全体教师都能够平等地分配到一定的科研经费，而且可以相对自由地对这些经费进行支配，提供了研究者在研究出现重大"意外发现"时适时开展深入、专题研究的可能。近年来，日本更加重视科学技术在国力提升和国民素质提高中的重大作用，重视诺贝尔奖在高水平科研成果孕育和顶尖科研人才培养中的引领、带动作用，树立科学研究在国家建设发展中的地位，确保对基础科研的持续投入。1995年，日本政府颁发了《科学技术基本法》，以国家立法的形式确立了"科学技术创造立国"的方针政策，1996年、2001年、2006年和2011年，日本内阁相继制定了四期《科学技术基本计划》，围绕"鼓励创造、发展科学"主题，设立了各项科学发展具体目标，其中在第二期《科学技术基本计划》中，明确要在未来50年内，使本国诺贝尔奖获奖人数达到30人以上。

日本明治维新以后，高等教育主要照搬德国模式，重视科学研究。日本政府和企业非常重视对科学研究的经费投入，其科研经费占GDP的3.67%（2007年），是世界上最高的。大学的研究经费虽然在整个科研经费中只占18.3%（2006年），但是，大学的研究经费的结构与企业和其他科研机构完全相反，基础研究经费占主要部分（约占55%），而基础研究正是无限接近诺贝尔奖的温床。日本的研究型大学始终是把目光投向世界前沿，并把它与教学紧密地结合起来。日本高校教授在从事科研过程中，自由度也相当高。在日本，高校老师不会因为在一段时间内没有出科研成果而担心受到冷落或失去饭碗；在研究过程中，也很少受政府和社会的诸如考核、评价等干扰，可以长期潜心于研究。[①]

日本在培养有独立意志、冒险精神、创新精神的人才方面，尤其是具有日本特点的教育体制、模式和方法、法律、方针和政策是很独到的。

翻开日本的教育史，你会发现，日本的极端主义思想表现在早期的普及义务教育上，曾提出"邑无不学之户，户无不学之人"的方针，强迫每个家庭都必须送孩子上学，否则家长有牢狱之灾。极端主义的言行到了癫狂的地步。在中央电视台拍摄的大国崛起电视片中也有日本人自上而下地表现出对外来优秀文化的"始惊、次醉、终狂"的民族性格的点评。

五　民族性格

日本民族构成比较简单，大和民族占全国总人口的98%，除此之外还有少量琉球人和阿伊努族人。由于日本政府长期实行同化政策，现在的琉球人和阿伊努族人与大和族人已没有太大区别，因此在一定程度上可以说日本是一个单一民族国家。民族的单一性决定了日本国民在生活习惯和思维方式等方面具有相似性，最终造就日本统一、稳定的民族性格。

从地理上看，日本是一个典型的岛国。它的国土主要由本州、北海道、九州和四国4个岛屿及其他数千个小岛屿组成，东西短窄，南北狭长，总面积37万平方千米，是美国国土面积的4%、中国国土面积的1/27。狭小而封闭的地理环境养成日本民族的"岛国根性"，其

---

① 章咪佳：《17年17人获诺贝尔奖　日本科学如何一路飞奔》，《钱江晚报国际时事》2016年10月13日。

特点是封闭排外，狭隘固执，狂傲自大，不甘于生存在狭小的空间里，要冲出小岛开拓疆域，表现出四种心态：一是自我封闭的心态，正是在这种封闭孤立的环境中，日本形成了封闭保守、自卑小气但又盲目自信、妄自尊大的国民性格。二是浓厚的排他意识，日本至今既没有接受难民的政策，也没有移民的法律。在日本生活多年的外国人要想加入日本国籍，其审查之严格、手续之烦琐，超过西方任何一个国家。三是强烈的危机感，悬殊的文明落差会使争强好胜的日本人产生强烈的好奇心和危机意识，激发起不甘落后的民族自尊心。四是狂傲顽执又不安于现状的性格，催生了日本极端民族主义。

日本善于学习、吸收优秀文化。在世界范围内，最善于学习、最懂得如何学习的民族是大和民族。日本的历史学家认为："日本民族不同于其他民族的一个突出特点，就是对外国的文化和思想，非但没有异端感、抵触感和偏见，相反能以外国先进文化和思想为师，优先全力移植和吸收，这是日本人民的传统素质。"因此，善于学习、吸收优秀的文化成果是日本民族最典型的性格特征。

日本民族性格的核心是集体主义。这样的传统文化延续至今，日本的集团意识还很强大，日式集团的核心文化仍然是"和"，这里的和指和衷共济，注重成员对集团的忠心。集团意识影响下的日本民族性格也是双方面的，一方面表现出义理人情、群体行为、勤勉精神；另一方面，过分的人情使人际关系变得虚伪、造作；在群体意识下，群体做坏事、疲劳症、过劳死、引咎自杀等现象也表现出来。

日本民族性格的特色是自卑感与优越感的共生。日本人天生就有着优越感与自卑感的矛盾心理，自卑感让他们充满了民族进取精神，而优越感让他们养成了内外有别的民族特性。日本民族的优越感来自大和民族的神道教，这种意识渗透到教育、军队的训练中，造就了他们能胜不能败、能赢不能输的民族心态。与此同时，日本民族的内心也始终怀有深深的自卑，激起了他们强大的民族生存意识，面对生存危机他们转而依赖自身的努力，使以开拓进取为内核的日本民族精神变得持久而强烈。

日本民族性格的核心体现是武士道精神。武士道的起源是为了用家法管教武士让他们效忠主人。幕府时代，武士道与禅宗思想、儒家思想相结合形成了忠信相依、生死与共的道德标准。这种道德思想后来与神道教宣扬的天皇崇拜思想相结合，形成了忠君、信义、尚武、牺牲的道德信条，在漫长的武人时期，沉淀为日本民族精神的核心，贯穿始终的就是一个"忠"字。

六　杰出人物个案

日本近代史上，尤其是明治维新前后涌现出众多各类杰出人物，为日本成为世界强国做出了卓越的贡献。著名政治家：丰臣秀吉、德川家康、吉田松阴、高杉晋作、睦仁天皇、大久保利通、木户孝允、西乡隆盛、伊藤博文等。教育家、科学家、艺术家和企业家：森有礼、山尾庸三、川崎正藏、涩泽荣一、孙正义、夏目漱石、紫式部、三岛由纪夫、村上春树、汤川秀树、福井谦一、白川英树、利根川进、山中伸弥、大村智、大隅良典等。限于篇幅，只能挑选部分杰出人物做一介绍和分析。

1. 大久保利通——铁腕政治家

大久保利通（Ookubo Toshimichi，1830—1878）生于日本萨摩藩，

原为武士，是日本明治维新的第一政治家，号称"东洋俾斯麦"。为了改革，翻云覆雨，铁血无情，不论敌友，挡在他前进道路上的只能是灰飞烟灭，最后被民权志士刺杀身亡，但也促进了明治维新的成功。明治维新从 1868 年明治政权建立开始，至 1889 年《大日本帝国宪法》颁布结束，前后不过 20 余年的时间，就成功地使落后的日本基本实现了近代化，这是世界史上的奇迹。大久保利通是推翻幕府统治的功臣，也是明治政府在殖产兴业时期的主要领导人和决策者。

大久保利通是萨摩藩士大久保利世的长子，天保元年（1830）出生在萨摩藩鹿儿岛下家治屋町的一个城下武士家庭，尽管在士农工商四民中属于统治阶级——士的一员，但城下武士在武士中却属最下层。大久保出生的年代正值日本最后一个武士政权——德川幕府的末期，当时日本的实际统治权掌握在德川氏出身的将军手中，其幕府设在江户（今东京）；天皇的朝廷设在京都，对政治并无实际发言权，有时连生活也成问题。除幕府直辖的土地外，日本全国还分布着对自己的领地有自治权的 260 多个藩国，其中大久保所在的萨摩藩和毛利氏统治的长州藩尤为强大，且与幕府貌合神离，常使幕府感到如芒在背。幕府自 1639 年完成锁国体制后 200 余年太平无事，但经过资产阶级革命的欧美各国为把贸易扩展到全球而频频出现在日本周边，向日本施加要其开国的压力。

大久保利通的父亲曾任琉球馆副役，是个开明藩士，他擅长阳明学、禅学、通晓历史，闲暇时常常给儿子讲历史故事。他的外祖父皆吉凤德是个医生，精通洋学，精通海外情况。自幼受到这位开明的外祖父的熏陶，对他后来成人具有很大的影响。从少年时代起，他就文武超群，接受正统的武士教育并且是个顽皮的儿童。大久保利通从仕较早，17 岁时，被任命为藩记录所的书记，他被视为天才而获得很高的评价，但他看起来似乎很顺利的一生，不久却陷入了苦难之中。嘉永二年，发生了所谓"搞垮高崎派"的藩内骚乱，开明派齐彬的积极政策与想要消极地维持齐兴时代好不容易重建起来的财政的保守派之间的矛盾冲突。其父利世属于高崎派，所以被流放到鬼界岛，青年的他也被免职，那时年仅二十岁。一家的生活立即拮据，有三个年幼的妹妹，他虽身不自由，但仍奋力抚养其母妹。在这困苦时期，他每早天不亮就起床，到神社去祈祷。后来成为革命家、政治家的坚强毅力和坚忍不拔的素质，是在这"青苗"时期培养起来的。虽然处于逆境，但他并未将心完全放在家庭和生活中。到深夜，以西乡为首的吉井友实、税所笃、伊地知正治等同志聚集到大久保家中谈论藩内外的形势。不知从何时起，这个集团取名为"精忠组"，成为后来维新的原动力。通过这些交往，在年轻的大久保利通心中，强烈地燃烧起对权力的奢望，然而，当时他们活动的领域很窄，只限于萨摩藩内。

明治政府在彻底消灭幕府势力后，此时日本已成为一个中央集权的统一国家，但对以后如何行事，新政府却感到迷茫，于是决定以岩仓具视为特命全权大使，以大久保利通为副使巡访欧美，在巡访中，普鲁士的"铁血宰相"俾斯麦给大久保以最深印象，他认为日本想富强只有如此行事。大久保利通以英国为目标，着手创建资本主义。在政治方面，他把英国的立宪政治当作理想，也觉得仍需学习后进国的普鲁士。这决定了大久保政权政治上的保守，但在其他方面，大久保利通却努力推行"殖产兴业""文明开化""富国强兵"三大政策。因为他发现日本与英国地理条件颇为相似，都属于面积小、资源少的岛国，所以认为日本应像英国那样大抓海运和工业。他同时还非常重视矿山开发和铁路建设，强调煤和铁是制造业兴盛的动力。

大久保利通自幼习文擅武，勤奋刻苦，学业超群，良好的家庭教育是他未来发展的基础，同时年轻时期的家庭遭遇让他具备坚韧的品质。虽然他在政治上相当保守，但是在国家的富强过程中，积极地向发达国家学习，大力实行文明开化，学习优秀的管理和发展方式。在大久保利通的生涯中，一直都非常注重与他人的合作，努力地协助当时的明治政府，推进了明治维新的步伐，改善了日本的经济局势，在日本的历史长河中是一位杰出的政治家。①

---

① 杨孝臣：《大久保利通与明治维新》，《东北师大学报》1983 年第 5 期。

2. 涩泽荣一——日本现代企业之父

晚年时的涩泽荣一　　　1867年参观巴黎世博会时的涩泽荣一

涩泽荣一（Shibusawa Eiichi，1840—1931），日本现代企业之父，
"一手拿算盘、一手拿论语"义利合一的儒魂商才，出身琦玉县的豪
农家庭。早年曾参加尊王攘夷活动，由于精明能干，被德川庆喜重
用，1867年随庆喜之弟访问欧洲，回国时幕府已经倒台，1868年创
立日本第一家银行和贸易公司，1869年到大藏省任职，积极参与货币
和税收改革，1873年因政见不合辞职，任日本第一国立银行总裁。
10年后创办大阪纺织公司，确立他在日本实业界的霸主地位，此后，
他的资本渗入铁路、轮船、渔业、印刷、钢铁、煤气、电气、炼油和
采矿等重要经济部门，一步一步建立起日本的近代经济；以及参与教
育、外交以及各项社会福利事业，直到91岁去世以自己的实际行动
实践《论语》道德和义利合一论。

涩泽荣一自幼便修汉学与习剑，但明治维新改变了他的命运。
1867年，他作为日本使节团成员出席了在法国巴黎举办的万国博览
会，后又在欧洲游历将近二年。当时欧洲的产业发展和经济制度给他
留下了深刻的印象，这为他以后的活动奠定了基础。回国后，他受明治
新政府之聘在大藏省任职，曾升任大藏大臣。他直接参与了新政府的货
币制度改革、废藩置县、发行公债等几乎所有重大政策的酝酿和制定。

　　长时间赴欧游历考察（1867 年 1 月至 1868 年 11 月），对涩泽荣一产生了重大影响。19 世纪 60 年代的欧洲，正是资本主义工业化高歌猛进的时代，法国的万国博览会自然成为展示西方经济繁荣的大橱窗。在这里陈列的是当时世界上最先进的工业产品，从蒸汽机车、工业用车床、纺织机到教学医疗设备，无一不让涩泽感到万分新奇，眼界大开。

　　为了更多地了解西方工业世界，涩泽请了法语老师并刻苦学习，没多久就可以用法语进行日常交流了。语言障碍的排除使他有了更多考察学习欧洲社会细节的机会。涩泽荣一特意拜访了银行家弗罗里赫拉尔特等人，认真听他们讲解有关银行、铁路、股份公司企业及公债等知识，参观了有价证券交易所，从而对股份公司制度在近代经济生活和工业化过程中发挥的巨大作用有了较为深刻的理解，为后来从事工商企业活动和推广普及股份公司企业制度打下了基础。在法国，涩泽处处都能感到西方列强与日本之间的强烈反差。例如，在与法国政府官员以及商人的交往中，政府官员和商人之间毫无高低之分，两者的关系完全是平等的；而在当时的日本，幕府官僚、武士和商人之间的社会地位犹如天壤之别，毫无"平等"二字可言，商人见到幕府官僚、武士无不点头哈腰，卑躬屈膝。涩泽痛切地认识到，要使日本兴盛，就必须打破官贵民贱的旧习，排除轻商贱商的思想，向西方学习，把工商看成是强国的大业。

　　在法国学习和考察了一段时间之后，涩泽荣一又随昭武到欧洲各国进行了旅行访问，先后去了瑞士、荷兰、比利时、意大利、英国。在这些国家，涩泽荣一参观了大量的工厂，包括针织厂、钟表厂、各类军工兵器厂、钢铁厂、机车制造厂、玻璃厂、造币厂等，看到了日本所没有的社会设施，包括近代军营、报社、物馆、银行等。所到之处，使他大开眼界，深受工业文明的震撼。他参观了当时正在开凿施工中的苏伊士运河，其气势之宏伟使他从中看到了一股强大的精神力量，而拜见比利时国王时，国王说："今后的世界是钢铁之世界，日本将来可能成为多用钢铁之国，而我国的钢铁生产发达，钢材质量良好，到那时请你们使用我国的钢材。"涩泽再次受到思想上的启迪，他不能不感到，就连一国之君都直言不讳谈贸易买卖，可见工商业对这些国家是多么重要。通过访问考察，涩泽荣一看到了一个与日本完全不同的新世界。

1873 年，33 岁的涩泽荣一已经成为主管国家预算的大藏少辅。但是，涩泽荣一递交了辞呈，弃官从商。辞官后组织创办了日本第一家股份制银行，并由此开始了自己的企业家生涯。业务遍及金融、铁道、海运、矿山、纺织、钢铁、造船、机电、保险、建筑等众多领域，一生创办了 500 多家企业，堪称日本近代"实业之父"。

到 19 世纪中叶，股份公司企业制度经过二百多年的演变，在西方国家已经开始进入成熟阶段。与其他类型的企业相比较，股份制企业的优越性在于它用社会资本的集中使用代替了分散的资本积聚，使企业规模难以适应工业革命要求的状况得到了改变，也使企业的社会功能和各种经营资源的运用效率随之得到了飞跃性的提高。明治政府成立之后，意识到引进西方股份公司企业制度的必要性，并参照股份制的形式组织各地富豪成立半官半商性质的通商会社和汇兑会社。然而新政府所做出的这一尝试，没过多久就归于失败，由于经营不善，这两个会社先后倒闭破产。

这种情况引起了涩泽荣一的关注和思考。当时他以大藏省官僚的身份，从国家经济制度的高度，来审视和研究引进并普及股份公司制度的意义及其存在的问题。他认真总结相关教训，认为通商会社和汇兑会社的失败，虽然是官商作风横行企业、经营者不思进取的结果，但最基本的问题在于政府本身缺乏民营经济思想，民间工商业者对股份公司的本质也缺乏必要的认识和理解。两相交错，导致股份公司在日本的变味。于是，涩泽从普及股份公司的 ABC 做起，以保证这种新型治理结构在日本的实施推广。涩泽在 1871 年撰写了一份《立会略则》，后来又著述《论语与算盘》。

《立会略则》内容朴实易懂，明确了股份制企业的基本宗旨和原则以及设立股份制企业的具体方法。该书规定，公司制企业为众人所共同创办，故聚资结社应以国家公益为重，但公司和政府二者应各行其是，界限分明。在一般情况下，政府不干涉公司企业的经营，从而明确了股份制企业的民营性质和自主权。尤其强调"财产私有权归个人所有，乃是天下通行的公理，他人不得侵犯"，"国家之富强，在于工商业的发展"等信条。

设立股份制企业的具体办法是：①不论是哪种形式的公司企业，都应首先确定资本金的数额，然后确定股份的金额和数量，按股出资；②公司代表人以及其他管理者应由出资者选举产生，出资者按出资数量拥有不同数量的选举权；③会社的代表人拥有处理会社日常事务的权力，重要大事的处理需要召开会社大会决定；④会社代表人或者经管者如有损害会社或违反法律行为，应交付赔偿金或接受相应的惩罚；⑤会社经营所得利润，应按出资额多少进行分配，由于天地灾害等非常事情而发生损失，也应按出资额多少承担；⑥利润的分配应按当初的约定留有部分为会社的储备，其多少由各会社自定。

涩泽荣一将《论语》作为第一经营哲学，他的著作《论语与算盘》总结自己的成功经验就是：既讲精打细算赚钱之术，也讲儒家的忠恕之道。

涩泽荣一认为，传统观念总把"义"与"利"对立起来，这从中国古代到西方古代都有种种说法，如中国儒生有"为富不仁"之说，古希腊的亚里士多德也有"所有的商业皆是罪恶"的论述。这些观念的形成当然是与一些不法商人的种种不当牟利有关，以致形成"无商不奸"的看法。但是，当把这种观念绝对化之后，对国家和社会的发展却产生了极大的害处。因此，他认为自己的工作就是要通过《论语》来提高商人的道德，使商人明晓"取之有道"的道理；同时又要让其他人知道"求利"其实并不违背"至圣先师"的古训，尽可以放手追求"阳光下的利益"，而不必以为于道德有亏。他说："算盘要靠《论语》来拨动；同时《论语》也要靠算盘才能从事真正的致富活动。"不追求物质的进步和利益，人民、国家和社会都不会富庶，这无疑是种灾难；而致富的根源就是要依据"仁义道德"和"正确的道理"，这样也才能确保其富持续下去。为此，他提出了"士魂商才"的概念。也就是说，一个人既要有"士"的操守、道德和理想，又要有"商"的才干与务实。"如果偏于士魂而没有商才，经济上也就会招致自灭。因此，有士魂，还须有商才。"但"只有《论语》才是培养士魂的根基"，因为"所谓商才，本来也是要以道德为根基的。离开道德的商才，即不道德、欺瞒、浮华、轻佻的商才，所谓小聪明，决不是真正的商才"。

他认为，人们对孔子"义利观"最严重的误解是把"利"与"义"完全对立起来，结果是"把被统治阶级的农工商阶层人置于道德的规范之外，同时农工商阶级也觉得自己没有去受道义约束的必要"，"使得从事生产事业的实业家们的精神，几乎都变成了利己主义。在他们的心目中，既没有仁义，也没有道德，甚至想尽可能钻法律的空子去达到赚钱的目的"。但这种利己主义会把国家送上不归路，正如《大学》所说："一人贪戾，一国作乱。"他主张，"谋利和重视仁义道德只有并行不悖，才能使国家健全发展，个人也才能各行其所，发财致富。"他还以自己的经验来说明《论语》与"算盘"可以一致，并行不悖，并明确表示一定要把《论语》作为商业上的"经典"。他的工作"就是极力采取依靠仁义道德来推进生产，务必确立义利合一的信念"。①

3. 汤川秀树——预言中子的存在

汤川秀树（Hideki Yukawa，1907—1981），日本物理学家，毕业于京都大学和大阪大学，历任京都帝国大学、东京帝国大学教授。

---

① ［日］鹿岛茂：《日本商业之父涩泽荣一传》，浙江大学出版社 2014 年版。

1948 年赴美国任哥伦比亚大学教授，1949 年诺贝尔物理学奖授予年仅 42 岁的汤川秀树，以表彰他在核力的理论基础上预言了介子的存在，1955 年回国。他从电磁理论得到启发，于 1935 年提出了关于核子力的"介子理论"，是第一个获得诺贝尔奖的日本人。

（1）父亲的影响、母亲的坚持和耐心、校长的保证、老师们的引导、内向的性格和独特的生活习惯。

1907 年 1 月 23 日出生在东京的一个知识分子家庭。父亲小川琢治是京都大学地学教授，是一位著名的地质学家和地理学家，兴趣十分广泛，爱好考古、书画、刀剑、围棋和中国文化，家有丰富藏书。生活在书香之家，汤川秀树从小就喜爱图书，养成了爱读、多想、勤写的好习惯。他的父亲是个开明的人，不像其他日本家庭那样硬要孩子遵命选择职业，而是谆谆诱导汤川秀树自己去抉择未来。勤奋向上的汤川秀树在他迈进大学的门槛时，决定专心致志地攻读物理学，还特地选定了当时新兴的量子物理学当作自己的目标。那个时候，日本的科学还是很落后的，量子物理学更是一片空白。汤川秀树的决定是十分大胆的，也是带有风险的，但是他毫不畏惧，充满信心地开始了对微观世界的探索。他千方百计地收集和购买各种关于量子物理的书刊，广泛阅读欧洲、美国的科学家们最新发表的论文，虚心拜一位有名的物理学教授为师。因此，汤川秀树在大学里打下了坚实的知识基础。

1932 年因入赘汤川家改姓汤川，并来到大阪担任帝国大学讲师，同时，继续从事原子核结构的研究。他废寝忘食地思索，患了轻微的失眠症，白天头脑总是模模糊糊的，一到晚上又难以入眠，而且头脑越来越清醒。他躺在床上看着天花板，对原子核结构的五花八门的想法便都浮现在脑海里。可是第二天，脑子昏昏沉沉，又什么都忘得一干二净了。怎么办呢？汤川秀树索性在枕头旁边准备好笔和本子，待思想的火花一出现，马上抓住记下来。说也奇怪，他晚上以为想得很妙、很有价值，第二天一看笔记，却毫无价值。经过无数次的失败、艰辛的探求，他终于在 1934 年 10 月，发现了基本粒子的一个崭新的天地——介子家庭，为量子物理学的发展作出了卓越的贡献。

汤川秀树是一位没有到过欧美留学，而是在日本土生土长的理论物理学家。汤川秀树自谦地说："我不是非凡的人，而是在深山丛林中寻找道路的人。"但是，他的成功告诉人们：在落后的条件下，勤奋探求，勇往直前，同样可以到达光辉的顶点。他的成功，他的荣誉，成为激励日本人民在战后废墟上进行建设的精神力量。

汤川秀树兄弟五人，都是学者（年长他三岁的二哥茂树是著名的中国文学学者）。这不能不归功于他们的家庭教育。

外祖父驹橘在明治之前是每日守备和歌山城的武士，汉学涵养丰富；明治以后学习西学，一直到晚年都在购读英文的《伦敦时报》。

汤川家的孩子从五六岁起就随祖父读汉书。每晚读《论语》《孟子》《大学》《中庸》等四书五经，这对儿童确是件苦差，但当他精通汉字后，读起大人的书就毫不费力了。

汤川秀树的父亲琢治，是地质地理方面的专家，多次访问欧洲，兴趣广泛，也喜好书画，几次到中国研究古书、古董与石佛。琢治的特点是，一旦对什么热衷着迷，就要收集其所有的文献，否则绝不罢休。迷上围棋，就买尽围棋方面的书。汤川家中随处可见各学科的书籍。"家里泛滥的书抓住了我，给了我想象的翅膀。"汤川秀树在自传中这样写道。泛读了许多文学书使汤川秀树成了一位文学少年。琢治从未强迫孩子学习，并认为为名次学习最为愚劣。他尊重孩子们的独立人格，希望孩子们可以深入研究适合自己素质与爱好的学问。

汤川秀树母亲的教育原则是对孩子们公平，并希望让每个孩子都成为学者。父亲一度对内向性格的汤川秀树是否上大学表示怀疑，很少反驳丈夫的母亲开口说："这样做不公平。我要公平对待每个孩子。"

母亲的话不多，不爱对幼年的孩子说教，但无论她手里做着什么，只要孩子一问："这是什么？为什么会是这样？"她一定会停下手里的活，耐心地回答孩子。汤川秀树评价说，他的母亲是女性中少有的思考力丰富的人。母亲就学于东洋英和女校，是当时为数不多的学过英文的女性。在东京时，她每周一次外出参加烹调学习班，并喜爱文学。到京都后，随着孩子的增多，她也和京都的主妇们一样，不多抛头露面；但她仍长期购读《妇女之友》等代表先进思想的杂志。专心家务的母亲生前在遗言中写道：愿意提供自己的大脑做科学解剖。

汤川秀树在中学读书时，校长的独特入学祝词是："今天开始我将视诸君为绅士。"

在父亲琢治犹豫着是否送汤川秀树入学时，森外三郎校长作了这样令琢治下决心的保证："汤川秀树的头脑是属于在飞跃中转动的类型，他的构思敏锐，数学上有天才之处，这一点，我可以向您保证。"

中学时幽默的数学老师竹中马吉使汤川秀树着迷于数学；高中时物理老师森总之助，更使汤川秀树成为"书虫"。他几乎隔几天就要去一次专卖欧美版书籍的刃善京都书店，他买得最多的是数学书和物理书。

（2）对日本物理学的影响和贡献。

"我是在思考的飞跃中发现喜悦的人。"汤川秀树在摘取诺贝尔桂冠时，确认了老师过去的评价。

1935年，汤川秀树提出"介子论"，对质子和中子的结合做了很圆满的解释。汤川秀树假设质子和质子间、质子和中子间、中子和中子间，都另有一种交互吸引的作用力，在近距离时，远比电荷间的库仑作用力为强，但在稍大距离时即减弱为零，这种新作用称为核子作用或强作用。它是由于交换一种粒子称为介子而生的交互作用。他说，质子（为费米子）和中子会扭曲周围的空间（核力场），为了抵消此一扭曲，遂产生了虚介子（介子为玻色子），借着介子的交换，质子和中子才能结合在一起。结合相对论和量子理论以质子和中子间新粒子的交换（介子叫"π介子"）描述原子核的交互作用，汤川秀树推测粒子的质量（介子）大约是电子质量的200倍，这是原子核力介子理论的开端。质量为电子200倍的粒子在宇宙射线中被发现，那时物理学家最先想到的是，它就是汤川秀树的π介子，后来才发现它是μ介子。

汤川喜欢沉思，不好交际，但思想上勇于探索，敢于提出创见。他的预言，正如狄拉克正电子预言一样，显示了理论的巨大威力。汤川理论推动了介子物理学的发展。他的成就促成了日本物理学的发展。例如，他1942年"论场论的基础"一文启发了朝永振一郎提出重正化理论。他领导的研究所成了生物物理学和宇宙学等新学科的中心。他还积极参加了反对核武器的世界和平运动。①

5. 大村智——在治疗象皮病与河盲症上的贡献获得诺贝尔奖

大村智（Satoshi ōmura，おおむら さとし、1935—　），日本有机化学家。1975 年到 2007 年，他任教于日本北里大学，现已从北里大学荣誉退休。大村智教授长期从事微生物活性物质研究，是该领域的世界级学科带头人，研究发现的 avermectin（阿维菌素）被誉为 20 世纪自青霉素发现以来对人类贡献的最重大发明之一。

2015 年 10 月，大村智与威廉·坎贝尔一同获得诺贝尔医学及生理学奖，获奖的原因是在治疗盘尾丝虫症和淋巴丝虫病（象皮病）方面作出的贡献。

长期以来，在非洲与南美洲流行着一种可怕的疾病。20 世纪 70 年代，世界卫生组织的工作人员在非洲统计流行病的时候，发现一个骇人的现象。在西非一些地域，有 10% 的人口，以及接近半数的 40 岁以上的成年男人是盲人。另外 30% 的总人口都有不同程度的视力问题，大多数年幼的孩子都有剧烈的皮肤瘙痒，皮肤结节、脱色等症

---

① 曾广彦：《日本第一位获得诺贝尔奖的物理学家——汤川秀树的个性及成就》，《云南师范大学学报》（自然科学版）1992 年第 4 期。

状。受影响的国家大约有 36 个，近两亿人口生活在此病流行地区。由于这种疾病多发在沿河两岸地域，当地的人们为了逃避"瘟疫"，只好离开沿河肥沃的土地，迁到远离河流的贫瘠的山区地域居住，导致的直接和间接经济损失难以估量。

追根溯源，科学家们发现引起这种可怕"瘟疫"的是一种叫作蟠尾丝虫的寄生虫。这种寄生虫通过生活在非洲热带的吸血的黑蝇叮咬皮肤而传染，成虫可以在人体内存活 15 年之久，而成虫产出的幼虫，称为微丝虫，在人体内可以转移到角膜，导致失明。因为通常需要数次叮咬才能致病，短期旅游的外国人感染很少，而本地人就很多。这种黑蝇的卵在流动的河水中繁殖发育，因此蟠尾丝虫所致的蟠尾丝虫病主要发生在河流两岸，最终结果又多是导致失明，所以这个病也被称为河盲症。据 1995 年世界卫生组织的统计，即便是在 20 世纪 80 年代大规模推广用药杀灭蟠尾丝虫之后，全球仍大约有 1.2 亿人生活在流行地域，2700 万人感染有蟠尾丝虫，其中有近 30 万人因此失明，80 万人患视觉障碍，是仅次于沙眼的第二致盲原因。

对于这种可怕的疾病，医生们的治疗手段极端匮乏，治愈率很低，可以说是束手无策。直到 1981 年大村智和威廉·坎贝尔的共同研究发现了改变历史的药物：伊维菌素。

为了提取不同的微生物，大村博士走到哪里都随身带着很多的小塑料袋，以方便收集土壤做研究。1975 年的一天，大村从静冈县伊东市川奈的一个高尔夫球场收集了一袋土壤，回到实验室进行微生物培育。幸运的是，从这袋土壤中，成功地培养出新型的放线菌，又从这些放线菌培育出几百种新的菌株。经过实验筛选后，留下大约 50 种最有可能有药效的菌株，寄送给了在美国默克研究所的合作者威廉·坎贝尔。坎贝尔博士拿到了大村寄送来的样本，开始了培养和提取测试。很快，其中一个放线菌产生的成分被发现即便只用少量，在动物实验中对多种寄生虫也有强烈的杀灭作用。他们将这个药物命名为阿维菌素。之后很快又开发出在减低毒副作用的同时提高药效的改良版药物，定名为伊维菌素。1981 年伊维菌素作为动物用杀虫药投入市场，很快席卷全球，从 1983 年开始成为世界动物用药冠军，持续了二十多年。之后临床试验发现该药对于人体感染的蟠尾丝虫有惊人的效果。此药能杀死寄生在人体内的蟠尾丝虫幼虫，也能抑制成虫的生长，且药效强，副作用极小，用药量也很少，一年只需要服用一到两次就能有效阻止寄生虫的增生繁殖。药物不需要冷藏保存，室温下就可以长期保存。此药服用简单，甚至可以不需要专业医生，这对于缺医少药条件艰苦的非洲地区无异于神药。

除此之外，后续实验又发现伊维菌素对淋巴丝虫病，即俗称的象皮病，也有良好的效果。淋巴丝虫病因丝虫感染所致，严重的病人出现下肢、生殖器严重的水肿，且皮肤出现增厚，最后形成像大象腿一样的可怕外观，所以称为象皮病。据世界卫生组织 2012 年的统计，全球丝虫病主要集中在非洲和南美，影响 1.2 亿人口，10 亿人有感染的风险，覆盖范围超过 73 个国家。

因伊维菌素的专利收益，大村智为北里研究所带来了共 250 亿日元的研究经费。此纪录至今无人能破，为后续的研究提供了有力的保证。1987 年，大村智和威廉·坎贝尔主动放弃了药物的专利权，将伊维菌素无偿提供给患者。同年，默克公司通过世界卫生组织无偿提供给非洲疫区。1988 年世界卫生组织将伊维菌素纳入蟠尾丝虫全球扑灭计划中，自此共无偿提供给超过 10 亿人使用。粗略统计，该药的无偿发放，每年拯救了非洲和南美洲超过 7000 万的生命，使得 60 万人免予失明。仅 2012 年一年，就有大约 2.5 亿人服用此药。河盲症的有效抑制，也使非洲居民又可以回到沿河居住，荒地得以重新耕种，农业恢复，据估计增产了近 1700 万人的口粮。直到今天，世界卫生组织将伊维菌素列入人类最基本、最关键的药物清单，建议疫区各国政府储备。阿维菌素和伊维菌素的发现和推广使用极大地改变了世界畜牧业和农业，以及非洲、南美洲居民的生活质量，挽救了无数人的视力和生命。

大村智 1935 年出生在山梨县北巨摩郡神山村一农家，在家中 5 名兄弟姊妹排老大。按日本传统，长子本该继承家业，但初中毕业后，父亲对他说"如果你想念大学，就去念吧"。大村智父亲，是一位上过函授教育的农民，在当地享有威望，他坚持让大村智学习英语，这为之后大村智撰写英文论文进行国际交流打下良好的基础。作为长子，大村幼时在家里帮忙务农的经历是一段体验和观察自然的经历。其中，农家肥的制作和之后大村的研究密切相连。大村智曾说："若无幼时与故乡自然环境的亲密接触，就无我之后的研究生涯。"从小生长在农民家庭，天亮前就出门务农是家里的作息习惯，受此影响，他从事研究工作后依旧不改旧习，每天早晨6点到办公室。同事上班时间，他已经完成了一天的准备工作，人们诧异，他说：对于农民来说，这才是正常作息。

大村1958年山梨大学毕业后，到东京墨田工业高校（高中）夜校教书并半工半读；1960年4月，大村考研成功，进入东京理科大学理学研究院，开始在职研究生学习生涯。他晚上去教课，白天在研究生院听讲座、阅读文献资料、写试验计划等，埋头于自己感兴趣的研究方向。1963年毕业后考上文部省教官（日本教师资格证书），回山梨大学任工学部发酵生产学科助理；1965年转任北里研究所技术助理，开始研究抗生物质。奥地利动物学家洛伦兹说过："少年时不吃苦，是一种不幸。"这句话大村深有体会，常常讲给后辈听。正是大村的勤奋和努力使得他成为秦藤树所长的助手，这使大村受益匪浅。大村与秦藤树虽有师徒关系，但在学术上意见分歧时，也是各持己见，互不相让。在秦藤树的指导下，大村和研究生中川彰等人一起研究结构鉴定。大村相继对白霉菌、浅蓝菌素的分离和结晶进行研究。他的研究进展得很顺利，发表了一系列论文。这为他成为核磁共振研究天然物结构解析领域的开拓者奠定了基础。同时小仓治夫教授推荐他去考东京大学药学院教授冈本敏彦的博士，他就向冈本提交了关于白霉素的研究论文。1968年，他取得东京大学药学博士，1970年取得东京理科大学理学博士。之后逐渐在国内外研究有机化合物方面受瞩目并辗转各研究机构任要职。迄今为止他发现超过450种新型有机化合物，其中25种成为世界医药、动物药、农药等，获得国内外多个重要奖项。[①]

---

① 陈镱文、白欣：《伊维菌素的发现者大村智》，《西北大学学报》（自然科学版）2016年第4期。

30 岁开始研究抗生物质后，因为固执地追求成果，他曾需要接受精神科治疗。那段期间，他认识了后来的妻子文子，婚后生活一直拮据。他曾问妻子："我又穷、又有病，你怎么会跟我结婚？"妻子答："救济咯，救济！"但事实上，妻子始终如一地支持他，包括打工帮补家用、鼓励他："你将来一定能得诺贝尔奖。"甚至在后来患乳癌至死，她也从没向他诉过苦。妻子去世后，大村开始成名并富裕，为纪念亡妻，他出版怀念册、用专利费创设"大村文子基金"，支援美术学生留学和美术奖等，并独身至今。获诺贝尔奖后他接受各种采访时，总是感谢妻子，声称"人生最大遗憾是妻子没看到这一天"。

获奖后，大村在官方电视台日本放送协会（NHK）的直播节目上，当主持人问："你现在是不是觉得当年幸好没做农民，否则这次就没机会获奖？"大村随即回答说："那倒不是，假如我做农民的话，我要改良农产品，我一直也很想做这些的。"

对今后日本如何继续发展科技，继续取得诺贝尔科学奖，大村说："现在我忧虑的是，年轻人容易气馁，一失败就消极了。失败是成功之母，我的成功秘诀就是比别人失败多。"①

6. 江崎玲于奈——隧道效应的提出者

---

① http://blog. sciencenet. cn/blog-99360-927919. html, 2018-01-01。

江崎玲于奈（Reona Esaki，1925— ），1925 年 3 月 12 日出生于日本大阪，毕业于东京大学。后进入川西机械制作所工作，进行由真空管的阴极放出热电子的研究工作。1956 年，转入东京通信工业株式会社（现索尼）。1973 年因在半导体中发现电子的量子穿隧效应获得诺贝尔物理学奖。江崎玲于奈 1940 年就读于京都第三高等学校，1944 年进入东京帝国大学，是日本近代著名固体物理学家。江崎玲于奈是建筑学家江崎壮一郎的长子。

所谓"隧道现象"是指电子偶然地穿过其运动方向上的从经典理论观点看来是不可超越的能量势垒时，会在势垒的另一边发现电子运动的一种波动性的奇怪现象，这在 20 世纪 20 年代就已经发现了。到了 30 年代量子力学发展的初期，人们一直试图用隧道效应来分整流现象及接触电阻等问题，然而理论的预见和实验观测结果却屡次出现矛盾。50 年代随着半导体 PN 结的出现，又一次唤起人们重视隧道过程的研究。根据理论分析，在 PN 结反击穿的过程中，应当能够观测到隧道效应。但实验却一直无法证实。1957 年，江崎在研制型高频晶体管时；意外地发现高掺杂窄 PN 结的正向伏安特性中，存在"异常的"负阻现象，而且只要一增加含有大量杂质的锗为原料的二极管的电压时，就马上可以看到，电流随着电压的升高而减小。他通过分析认为，这种负阻特性是由于电子空穴直接穿透结区而形成的，而为隧道效应提供了有力的实验证明。他还发现，把具有这种性的半导体（具有负电阻的二管）作为新的电子元件，可以应用于开关电路和振荡电路，以及高速电路（如电子计算机等装置），这在当时是轰动世界的发明。

1958 年，江崎发表了关于"隧道二极管"的论文，这是他获得诺贝尔物理学奖金的开端。后来人们以他的名字把"隧道二极管"命名为"江崎二极管"。第二年，他又发表了有关管的发明及其机理方面的文章，因而获得了作为日本物学会最高荣誉的仁科芳雄纪念奖。接着，1960 年又获得出版社的奖励，1961 年获得 M. N. 利布曼纪念奖金及富兰克林研究所授予的巴兰坦奖章。1965 年日本科学院也给予他奖励。由于在半导体和超导体方面的"隧道效应"的贡献，江崎分享了 1973 年度诺贝尔物理学奖金。1974 年日本政府授予文化勋章。

江崎博士于 1975 年被选为日本科学院院士，1976 年被选为美国国立科学院院士，1977 年又成为美国国立工程科学院院士。

1973 年江崎玲于奈和加埃沃（Ivar Giaever，1929—　）因分别发现半导体和超导体中的隧道贯穿、约瑟夫森（Brian David Josephson，1940—　）因从理论上预言了通过隧道阻挡层的超电流的性质，特别是被称为"约瑟夫森效应"的实验现象，共同分享了 1973 年度诺贝尔物理学奖。[①]

7. 福井谦一——量子化学家

福井谦一（Fukui Kenichi，1918—1998），1918 年出生于日本，日本量子化学家。毕业于京都大学，日本理论化学家，美国科学院外籍院士，欧洲艺术科学文学院院士、日本政府文化勋章获得者。福井由于在 1951 年提出直观化的前线轨道理论而获得 1981 年诺贝尔化学奖，他是第一位获得诺贝尔化学奖的日籍科学家，也是亚洲第一位诺贝尔化学奖得主。

（1）受家人影响选择最不喜欢的化学作为终身的专业。

1918 年 10 月 4 日，福井出生于日本奈良县井户野町的一个职员家庭，他的父亲毕业于东京商科大学，供职于一家英国公司。家境富

---

① 江崎玲于奈：《挑战极限：诺贝尔物理学奖获得者的传奇人生》，中信出版社 2012 年版。

裕的福井自幼便受到良好的教育，不仅学习过《论语》等传统典籍，同时也受到欧美文化和先进科学技术的熏陶。中学时代的福井谦一先后就读于大阪府立今宫初级中学和旧制大阪高中，他的数学与德语成绩优异，但是这位日后的理论化学家却对中学化学非常不感兴趣。在进入大学的升学考试中，福井受到家族亲戚，京都帝国大学工业化学系教授喜多源逸的影响，选择了自己最不喜欢的化学作为终身的专业。

　　1938年福井考入京都大学工业化学系，进入大学的福井没有放弃自己对数学的兴趣，选修了大量数学和理论物理方面的课程，在这一时期打下了坚实的数理基础。1941年福井大学毕业，进入京都大学燃料化学系儿玉信次郎教授的实验室攻读硕士学位。儿玉信次郎早年留学德国，返回日本时带回了大量欧洲的书籍资料，当时的欧洲量子理论正处于空前的发展之中，福井谦一通过这些珍贵的书籍，接触到了当时理论科学研究前沿。1943年任京都大学讲师，1948年福井获得了他的博士学位。毕业后的福井留在京都大学燃料化学系，在一间条件简陋的研究室中从事理论研究。1951年起任京都大学物理化学教授。同年，福井谦一发表了前线轨道理论的第一篇论文《芳香碳氢化合物中反应性的分子轨道研究》奠定了福井理论的基础。福井初期的工作并不为人们所认可，他的同事和上司认为福井不专心从事应用化学的研究，而是希望提出全新的化学基础理论，并且希望将当时还不为化学界所接受的量子力学引入化学领域中，是不切实际和狂妄的；日本学术界对福井的理论也并不重视，直到20世纪60年代，欧美学术界开始大量引用福井的论文之后，日本人才开始重新审视福井理论的价值。由于福井在前线轨道理论方面开创性的工作，京都大学逐渐形成了一个以他为核心的理论化学研究团队，福井学派也成为量子化学领域一个重要的学派。

　　福井谦一在长期从事量子化学理论并对有机化合物的研究中，总结出著名的前线轨道理论。他指出化合物分子的许多性质主要由最高占据分子轨道和最低未占据分子轨道所决定的。凡是处于前线轨道的电子，可优先配对。这对选择有机合成反应路线起决定性作用。1951

年福井谦一提出这一理论时，并未引起人们的注意。1959 年伍德沃德和雷夫曼首先肯定这一理论的价值，并用它来研究周环反应的立体化学选择定则，进一步把它发展成为分子轨道对称守恒原理。这些发现不仅解释了以前化学反应中的一些不能解释的现象，而且能预测许多化学反应是否能进行。维生素 B12 的合成就是在前线轨道理论和分子轨道对称守恒原理指导下极成功的例子。

（2）前线轨道理论。

前线轨道理论是福井谦一赖以成名的理论，这一理论将分子周围分布的电子云根据能量细分为不同能级的分子轨道，福井认为有电子排布的，能量最高的分子轨道（即最高占据轨道 HOMO）和没有被电子占据的，能量最低的分子轨道（即最低未占轨道 LUMO）是决定一个体系发生化学反应的关键，其他能量的分子轨道对于化学反应虽然有影响但是影响很小，可以暂时忽略。HOMO 和 LUMO 便是所谓前线轨道。

福井提出，通过计算参与反应的各粒子的分子轨道，获得前线轨道的能量、波函数相位、重叠程度等信息，便可以相当满意地解释各种化学反应行为，对于一些经典理论无法解释的行为，应用前线轨道理论也可以给出令人满意的解释。前线轨道理论简单、直观、有效，因而在化学反应、生物大分子反应过程、催化机理等理论研究方面有着广泛的应用。

1981 年福井谦一与提出分子轨道对称性守恒原理的美国科学家罗阿尔德·霍夫曼分享了诺贝尔化学奖。同年，他又获得了美国科学院外籍院士、欧洲艺术科学文学院院士、日本政府文化勋章、英国皇家学会会员等一系列荣誉。1982 年福井从京都大学退休，被京都工艺纤维大学（京都技术学院）聘为校长，同时担任福井基础化学研究所所长、京都基础化学研究院理事等职。①

---

① 刘绩生：《第一位荣获诺贝尔奖的日本化学家——福中谦一》，《世界科学》1982 年第 10 期。

8. 利根川进——有助于破解血癌病因的抗体遗传学研究者

利根川进（Tonegawa，Susumu，1939—　　），日本生物学家，因其在免疫系统遗传学上的研究成果获得了 1987 年的诺贝尔生理学和医学奖。他发现了身体免疫细胞组是如何利用数量有限的细胞生成特定的抗体以抵抗成千上万种不同的病毒和细菌。

（1）父亲的影响。

利根川进在家中排行第二，上有一个哥哥，下有一个弟弟与妹妹。父亲是乡下纺织厂的工程师，因为工作的关系必须要在各个工厂之间轮调，利根川进的童年也就这样在乡下度过，充分享受到乡间的旷野与自由。由于利根川进的父母认为教育是父母能给孩子最大的资产的缘故，利根川进进入东京极有名望的日比谷高校就读，在高中时对化学产生了兴趣，在重考一年后进入京都大学化学系。

（2）恩师的指点。

利根川进 1939 年出生于日本的名古屋（Nagoya），后就读于东京的日比谷高中（Hibiya High School）。1963 年获得京都大学（University of Kyoto）化学学士学位，同年前往加州大学圣迭戈分校攻读分子生物学研究生。其间他研究了噬菌体的遗传转录，并于 1968 年获得博士学位。1971 年，他成为瑞士巴塞尔市免疫学研究所（Institute of Immunology in Basel）的分子生物学家。

在大学时期，教生物化学的山田广美教授向他推荐了由法国巴斯德研究所科学家方斯华·贾克伯与贾克·莫诺撰写的一篇论文，其中提到操纵子的理论而令他对分子生物学产生了浓厚的兴趣。1963年大学毕业后进入京都大学病毒研究所，跟随渡边格从事分子生物学的研究。渡边格是当时在日本少数自美国归国，具有完整分子生物学训练的科学家。但在利根川进做了两个月的研究之后，渡边格与他说若想要学好分子生物，日本的环境还不够好，建议他可以去美国完成学业。当时日本的潮流是，在日本博士班毕业后，到美国做几年博士后，再回到日本来。利根川进本来也打算走这种模式，但经过考虑之后，还是决定去美国读博士班。

（3）对寻找血癌病因的贡献。

利根川进加入该研究所之时，免疫学家们正在为抗体的起源而争论不休。生物体受到感染后会产生某些特殊的蛋白质进行抵御，这种特殊的蛋白质就称为抗体（antibodies）。种系（germ line）理论认为制造抗体的基因来自遗传密码的一部分，而体细胞突变（somatic mutation）理论认为抗体基因自身重新组合编码而衍生出新的抗体，因此一小部分基因能够产生众多变体。利根川进通过演示一个DNA分子的突变和重组或重新排列，证明了"体细胞突变"理论。此过程可制造出多达100亿种抗体，利根川进发现突变的基因片段是由一条条貌似非活跃或未编码的DNA带隔开的，这些DNA带被称为基因内区。他还发现这些基因内区中包含着一种基因控制成分，名为"强化因子"。利根川进在抗体遗传学上的研究对寻找癌症——尤其是白血病、淋巴瘤等血癌疾病——的病因起到了重要促进作用。[①]

1968年以研究嗜菌体转录调控而自加州大学圣地亚哥分校（师从Masaki Hayashi）毕业。留在实验室做了一年博士后之后，1969年进入沙克研究院Renato Dulbecco的实验室研究SV40的转录调控。1970年秋，一方面因为留美的签证到期，另一方面由于Dulbecco的

---

① 邹元植：《利川根进简介——1987年诺贝尔医学生理学获奖者》，《日本医学介绍》1958年第6期。

引介而进入瑞士巴塞尔免疫研究所（当时所长是 Niels Kaj Jerne）。

（4）名言。

不敢冒险的人，或者只会考试得分的人，是不适合科学研究的。

科学家最重要的才能是要有怀疑的能力，还要有丰富的想象力。

9. 白川英树——塑料电子学的开创者

白川英树（Hideki Shirakawa，1936—　），日本著名化学家，因成功开发了导电性高分子材料而成为 2000 年诺贝尔化学奖三名得主之一（另两位是：美国加利福尼亚大学圣巴巴拉分校教授艾伦·黑格和美国宾夕法尼亚大学教授艾伦·马克迪尔米德）。1936 年 8 月 20 日生于日本东京，他是作医生的父亲的第三子。1955 年从岐阜县立高山高中毕业，1961 年自东京工业大学理工系化工专业毕业后又在该大学研究生院攻读化工专业博士课程，1966 年读完博士课程后便在东京工业大学资源科学研究所当了助教。1976 年他应艾伦·黑格教授之邀赴美，在宾夕法尼亚大学担任博士研究员。1979 年他回到筑波大学任物质工程学系副教授，从 1982 年 10 月起一直担任筑波大学教授，现为筑波大学的名誉教授。学生时代在山里长大的白川英树十分喜欢登山、玩单杠，他不喝酒不吸烟，在学习上从不服输。白川英树与家人居住在横滨市青叶区。

研究方向：共轭聚合体（聚乙炔、燕麦灵等）的合成及特征描述、电动聚合物、液晶传导聚合体。

1977 年，在纽约科学院国际学术会议上，时为东京工业大学助教的白川英树把一个小灯泡连接在一张聚乙炔薄膜上，灯泡马上被点亮了。"绝缘的塑料也能导电！"此举让四座皆惊。塑料向来被认为是绝缘体，因此电线用塑料管当外皮，塑料渗透在我们生活的各个角落……塑料比金属轻得多，能做得很薄。

不能把塑料做成导体吗？白川英树自 20 世纪 70 年代开始就搞起了这个课题。这一想法是在一次偶然的无意的失败中提出的，却得到了巨大的成功。白川在东工大研究有机半导体时使用了聚乙炔黑粉，一次，研究生错把比正常浓度高出上千倍的催化剂加了进去，结果聚乙炔结成了银色的薄膜。白川想，这薄膜是什么，其有金属之光泽，是否可导电呢？测定结果这薄膜不是导体。但正是这个偶然给了白川极大的启发，在后来的研究中，他发现在聚乙炔薄膜内加入碘、溴，其电子状态就会发生变化。正在这时（1976 年）艾伦·马克迪尔米德教授说，"很想看看那薄膜"，邀白川到美国开展共同研究，于是就有了 3 人的合作。合作研究 2 个月后，薄膜的电导率提高了 7 位数，测定的指针摆动起来了，于是才有了学术会议上的一幕。"能搞哪些应用呢？"以 IBM 为首的世界产业界也一下子骚动起来了。日本通产省及旭化成、东丽、帝人等公司也开始了新材料研究会战。其中钟纺公司开发成功了聚乙炔塑料电池，以其轻而大受到消费者的欢迎，随着手机和 BP 机的日益普及，这种电池的需求量在不断扩大。但白川的研究并没有得到彻底转化，其到筑波大学后仍然专于基础研究，白川依然是一位研究者。白川英树等发现的导电性高分子材料必将推动世界 IT 产业的发展，它为薄型轻质电池和手机显示屏的发展开辟了更广阔的前景，未来高分子聚合体电池可应用于电动汽车，高分子电线可深入各个家庭，高分子 IC 芯片问世将成为可能，其势必成为一个掀起 21 世纪材料革命的主力。因此，日本首相森喜朗、文相大岛理森都对白川获奖给予了高度评价。

据 SCI 统计，白川英树独立或与他人合作在 1971—1987 年发表的关于导电聚合物研究方面的论文，仅 1987 年就被人引用达 130 多人次，另外 1987 年发表的论文有 25 篇被当年的 SCI 收录。特别值得一提的是白川英树与导师 S. Ikeda 1971 年在 Polymers J. 第 2 卷第 231 页上发表的论文，仅 1987 年就被他人引用 40 余人次，而 1977 年白川英树与黑格、马克迪尔米德等人合作在英国 J. Chem. Soc. Chem. Comm. 上发表的题为"导电有机聚合物的合成：聚乙炔的卤素衍生物"的论文，在 10 年后的 1987 年仍被引用达 34 人次。据不完全统计，白川英树独著或合作发表的论文，1993—2000 年被英国 Science Abstracts（SA）A 辑 Physical Abstracts（PA）收录达 60 余篇；1985—2000 年被美国 Chemical Abstracts（CA）收录 150 余篇。这些无不与白川英树治学严谨，热爱实验科学密切相关。白川英树从美国回到日本后，继续从事聚乙炔的合成、结构与性能关系方面的研究，不断冲击导电有机聚合物电导率的新高度。由于白川英树以及其他一些实验室的共同努力，使掺杂聚乙炔的电导率已超过 106 s/m。

白川英树等还发现，顺式聚乙炔掺杂后，电导率增加更为明显，碘可以先使聚合物完全异构化为反式，更加有利于有效地掺杂，掺杂聚乙炔的取向性更好，用 AsF5 掺杂的顺式聚乙炔的电导率可以提高 1011 倍，这项工作开创了塑料电子学的新领域。

2000 年 10 月 10 日，瑞典皇家科学院宣布了 2000 年诺贝尔化学奖获得者，他们是美国加利福尼亚大学的物理学家艾伦·J. 黑格教授、美国宾夕法尼亚大学的化学家艾伦·G. 马克迪亚米德教授和日本筑波大学的化学家白川英树教授，他们的重要贡献是发现了导电塑料。白川英树的科研成果对计算机和信息技术的发展有突出贡献。计算机和信息科学的主要硬件是无机半导体的超大规模集成芯片。电路的线宽已窄至 0.1 微米，接近极限。进一步提高集成度要向分子器件发展，使单个分子具有器件功能。由于有机分子结构具有多样性，而且易于改变，便于制备分子器件。可以推测，伴随分子器件的出现，计算机的速度和存储将增大 108 倍，这相当于现在计算机工业 40 年的发展。半导体塑料将在更多方面得到广泛的应用，如手机显示、大型平板显示、可折叠电脑屏幕和太阳能电池等。

随着实验方法的不断改进和实验手段的不断提高，现在已经可以制作出非常完美的有机聚合物。其性能也大大改善，电子迁移率提高了五六个数量级，并已在有机聚合物中实现了有机电致激光。

由于导电塑料首先是塑料，所以它具有塑料的拉伸性、弹性和柔韧性等，而且可以做得很细，所以在微电子领域具有重大的用途。目前，计算机一类的自动化设备的集成电路越来越密集，而且不断微型化，这就要求导线也微型化，导电塑料的出现满足了这一要求。目前，导电塑料已经批量生产，在微电子工业中广泛应用。据专家预测，未来机器人的内部线路将完全由导电塑料做成。①

这一系列重大进展表明，又一个科技新时代——塑料电子学时代即将到来。

10. 野依良治——著名有机化学家

野依良治（Ryoji Noyori, 1938— ），1938 年 9 月 3 日出生于日本兵库县芦屋市，是日本著名的有机化学家，毕业于京都大学，现任名古屋大学教授、名古屋大学理学研究科主任，并入选为中国科学院外籍院士。2001 年，因对不对称合成的贡献，时任名古屋大学教授的野依良治，获得了当年的诺贝尔化学奖和沃尔夫化学奖。

野依在国立神户大学附属小学、私立滩中学（包括 3 年初中和 3

① 诺贝尔奖官方网站，2000 年诺贝尔化学奖（英文），https://www.nobelprize.org/nobel_ prizes/chemistry/laureates/2000/2017 - 12 - 11。

年高中）接受了教育。他虽然不厌学，但在小学时代，他整天在野地里玩耍；在初高中时代，他热衷于柔道；即使在大学时代，在最后一个学年，直到开始从事毕业研究为止，相对学习而言，他更爱打棒球和麻将。野依的父亲当时是民营化工企业的技术专家，并担任企业研究所所长。野依在小学即将毕业之前，就在跟随父亲参加的讲演会上，听到了"尼龙可由煤、水和空气制造而成"这句话，并受到了较大影响，决心将来沿着化学的道路发展自己。

高中毕业后，野依立即考入京都大学工学部，学习工业化学专业，并在大学毕业后，考入研究生院继续学习深造。在研究生院修完课程以后，他打算去民营企业工作。但是，在他修完硕士课程的时候，他的指导老师野崎先生晋升为教授并聘请他为助教。野依的研究领域很广泛，发表的文章也很多；在学习硕士课程的两年间，他发表了3篇论文；在担任助教的五年间，他发表了30篇论文。

野依的恩师野崎一教授说，野依太热衷化学实验了，有一次实验中发生了爆炸，野依负了重伤，脖子缝了好多针，但不久他又出现在实验室里。人们都说野依是一只"不死鸟"。从师野崎教授读研究生时，野依是出名的拼命三郎。那时平均每周要熬两个通宵，但从来看不到他有些许疲倦。野依良治是继福井谦一和白川英树之后，第三位在化学领域获得诺贝尔奖的日本科学家。他在威廉·诺尔斯的基础上进行了深入而广泛的研究，并开发出了性能更为优异的手性催化剂。这些催化剂用于氢化反应，能使反应过程更经济，同时大大减少产生的有害废弃物，有利于环境保护。这些工作对手性氢化催化剂在工业上的应用起到极大的推动作用。目前，很多化学制品、药物和新材料的制造，都得益于野依良治的研究。

野依频繁地参加各种研究活动，他的才能很快就引起了同行的关注。1968年，野依晋升为名古屋大学副教授。不久，他就去美国哈佛大学留学。一年的留学经验特别是他听过Osborn副教授的无机化学课程，对于他以后的研究起到了很大帮助。回国工作了三年以后，他就晋升为教授。这样快的职称晋升速度在日本是一个特例。

野依以其从事的"不对称合成反应的研究"荣获了诺贝尔奖。在此之前，他先后获得了日本化学会奖、日本学士院奖、文化勋章、美国化学会 Cope 奖等许多项大奖。这一点也与在荣获诺贝尔奖之前只获得过高分子学会奖的白川形成了对比。

（1）镜像异构体与不对称合成。

在有机化合物中，我们把组成分子的要素虽然完全相同但其结构不同的两种化合物称为"异构体"。其中，我们又把组成分子的要素的位置呈左右分布的两种化合物称为"镜像异构体"，并把其中的一方称为"D 型"，把另一方称为"L 型"。这两种物质的化学性质虽然相同，但是，它们的生理作用却不同。例如，在谷氨酸中，L 型谷氨酸有很好的味道，在日本，它被称为"味素"并受到消费者们的喜爱；D 型谷氨酸却完全没有味道。在酞胺哌啶酮中，D 型酞胺哌啶酮是一种高效催眠剂；而 L 型酞胺哌啶酮却具有一种可怕的催畸性，当妊娠妇女服用它的时候，它就会使胎儿的手脚变成畸形。

在一般情况下，如果通过化学途径合成镜像异构体，就会以 50：50 的比例同时产生 D 型和 L 型两种化合物，很难只合成其中的一种化合物（我们把这种合成反应过程称为"不对称合成"）。在合成酞胺哌啶酮的时候，由于人们不知道 L 型酞胺哌啶酮具有催畸性，因此，人们把合成出来的两种酞胺哌啶酮的混合物作为睡眠药拿到市场上去销售。结果，服用它的大多数妊娠妇女生出了畸形儿。如果人们掌握了这种不对称合成反应技术，那么，就应该不会发生上述悲惨的事件。

然而，在自然界中，几乎所有的镜像异构体却不是成对存在的。例如，在谷氨酸中，只存在 L 型谷氨酸而不存在 D 型谷氨酸；在葡萄糖中，只存在 D 型葡萄糖。其原因是，在生物体内，存在"酶"这种催化剂——即所说的一种"铸模"，各个物质都按照这种"铸模"的要求被合成出来。例如，就谷氨酸而言，在生物体内，只存在 L 型的铸模。

这样，当在生物体内合成谷氨酸分子的时候，构成这种分子的各个要素，就会在与 L 型的铸模相符合的位置上形成谷氨酸分子。其结果，必然只生成 L 型谷氨酸分子，而不会生成 D 型谷氨酸分子。这样，生物体借助于酶的帮助，常常只发生不对称合成反应。因此，如果我们能够创造出具有与酶相同机能的铸模，那么，不管是在实验室还是在工厂，就能够进行不对称合成反应了。之所以授予野依诺贝尔化学奖，就是因为他研制出了具有这种机能的铸模——即用于不对称合成反应的催化剂。

（2）研究方法及其背景。

野依最初从事的是"不对称 Carbene 反应研究"，其研究成果以论文的形式于 1966 年发表了。这项研究虽然不是以不对称合成本身为目的的研究，但是，野依在这项研究中发现，某种镜像异构体的 D 型和 L 型是以 45∶55 的比率生成出来的。也就是说，尽管不完全但它们确实发生了不对称合成反应。但是，野依在当时并没有立即开展这项研究。他在从美国留学回国以后，于 1974 年再次开展了这方面的研究。这项研究主要是由高谷秀正副教授在野依指导下完成的。他们在经过 6 年反复进行试错实验以后，最后成功地合成出了纯度大约为 100% 的 L 型薄荷醇（薄荷香气的组成成分）。这种合成技术在日本国内被工业化，其产品也被出口到海外。

野依在研究中选择 BINAP 作为催化剂，其理由是他"被这种物质分子的美丽的结构形状所吸引"。这种解释对于有机化学家以外的人来说，是很难理解的。总之，他想说的是，他不是仅仅根据理论思考来选择 BINAP 的，而是让感觉在其中发挥作用。这就是说，他所具有的优秀的"意外发现"能力在他发现的深处发挥了作用。野依之所以能够把这种设想用于他的划时代的发现中，是因为他们能够坚持长达 6 年没有成果的研究。野依所具有的这种持之以恒的研究态度是值得赞赏的，但同时不能忽视的是，作为研究室的负责人，他能够拥有允许进行 6 年的试错研究的地位。野依主张，不要只要求研究者在短时间内取得成果，而要为他们提供能够长期埋头开展科学研究的场所。①

---

① 岛原健三、张明国：《日本化学家获诺贝尔奖的社会背景》，《东北大学学报》（社会科学版）2007 年第 9 卷第 3 期。

11. 小柴昌俊——天体物理学家

小柴昌俊（Masatoshi Koshiba，1926—　），1926 年生于日本本州岛港口城市丰桥，毕业于东京大学，1955 年获得美国纽约罗切斯特大学博士学位，是东京大学国际基本粒子物理中心高级顾问和东京大学荣誉教授、神冈实验室资深学术顾问。2002 年因其"在天体物理学领域做出的先驱性贡献，其中包括在探测宇宙中微子和发现宇宙 X 射线源方面的成就"而获得诺贝尔物理学奖。并相继获得了德国总统奖、欧洲物理学会特奖、日本仁科纪念奖、朝日奖、日本学士院奖、文化勋章、以色列沃尔夫奖等一系列殊荣。

小柴昌俊的父亲小柴俊男是旧日本帝国陆军大佐。小柴昌俊当年读大学时曾是名"差生"，在校时的物理课理论考试成绩并不佳。一个被认为差生的人获得了诺贝尔物理奖，在于他对科学持之以恒的探索精神，以及很强的实验动手能力，最终获得了成功。

小柴昌俊的"失去"和"获得"如何转化：他小时的梦想是当军人或音乐家，但上高中时忽然得了小儿麻痹症，其后遗症造成右臂残疾，致使梦想破灭。然而，就在他住院期间，班主任送了他一本爱因斯坦的书，却使他从此走上了物理研究的道路。严重的挫折使他失去很多，然而同时又促使他在困境中开辟出创新的道路。

小柴昌俊教授对中微子物理实验研究和天体物理做出了杰出贡献。他所领导的日本神冈实验室的研究工作独立地证实了由 Ray Davis

Jr首先发现的太阳电子中微子与理论预言的差值，并在 1987 年第一次截获由超新星（SN1987A）爆炸所释放的中微子，打开了天体物理中极为重要的中微子窗口。①

12. 田中耕一——与学术界不沾边的诺贝尔奖获得者

田中耕一（Koichi Tanaka，1959—　），1959 年出生于日本富山县首府富山市，1983 年获日本东北大学学士学位，现任职于京都市岛津制作所，为该公司研发工程师，分析测量事业部生命科学商务中心、生命科学研究所主任。他与美国科学家约翰·芬恩一同发明了"对生物大分子进行确认和结构分析的方法"和发明了"对生物大分子的质谱分析法"，另一获奖者瑞士科学家库尔特·维特里希发明了"利用核磁共振技术测定溶液中生物大分子三维结构的方法"，三人一同获得了 2002 年的诺贝尔化学奖。田中耕一是日本第 12 位获诺贝尔奖的人。田中耕一的得奖是一个传奇，与以往的诺贝尔获奖者相比，因为从不和学术界沾边，他既非教授，亦非博士，连硕士学位也没有。

田中毕业于东北大学工学部电气工学专业，与化学、生化等领域完全无缘。田中的母亲在生下他后一个月后便因病去世，自幼过继给叔父叔母。当他念大学时才被告知这一事实，他感到非常震惊。从此

_____

①　杨艳艳：《2002 年诺贝尔物理学奖得主小柴昌俊》，《日本学刊》，2003 年第 1 期。

立志研究医用测试仪器。

进公司以后他怀着极大的热情埋头于实验室的研究工作，把自己的终身大事和名誉升迁统统置之度外。从报纸上透露的只言片语来看，田中几年前才通过相亲娶了一个媳妇。另外，他的头衔也只是个主任。不过这与中国的主任头衔完全不同。日本企业内的职务分管理职、专门职或事务职两大系列。具有大学毕业学历的人一般归于管理职系列。进公司首先做 1—2 年的职员，然后升任主任。以后还有系长、课长代理、课长、次长、部长等。每一种职务又往往分 2—3 个等级，而且还有最低任职年限的规定。据报道，田中为了能在实验室第一线从事研究工作，自己拒绝了所有升职考试。与中国企业一样，日本企业的工资也是与职务挂钩的。每年工资普调的额度很小，大致为月工资的 2%—3%。可以想见，他在经济上不会有多少余裕。因此也可以说，田中几乎处于日本企业社会的最底层。这可能就是他在公司内部被称为"怪人"的原因。

田中根据自己的想法设计了分析仪器，连同分析方法一起申请了专利，并获得批准。这些产品已为公司创造了相当于超过 1 亿元人民币的利润。田中的这一项获得诺贝尔化学奖的方法和他的相关专利发明，当时仅获得公司 11000 日元的奖励。11000 日元 2002 年合人民币 700 元左右。

田中几乎没有发表过什么论文。仅有的几篇也只是发表在不是很重要的会议和杂志上。他与日本学术界几乎没有任何交往。以致头一天晚上获奖的消息传来时，日本学术界措手不及。在电视台采访 2001 年的诺贝尔化学奖获奖者名古屋大学野依良治教授时，该教授透露他刚与 2000 年的获奖者白川英树教授联系过，都不知道田中耕一何许人也。最后，该教授只能结结巴巴地说：这说明只要自己努力，不在学术界活跃也能得到诺贝尔奖。与田中有一面之交的另一位教授也找不到话来称赞他，只是笼统地说：人很老实，工作热心。再问如何相识时，原来教授也只是因为买了岛津制作所的分析仪器，听过一次田中作的产品介绍。

日本教育部总是认为诺贝尔奖得主都是在他们掌管的学界范围

内。他们年年都会列出一大串可能榜上提名的科学家。但是，像这次田中耕一这么一个属于学界局外人的得主，可以说是意外中的一大意外。小柴昌俊教授的获奖是几年前开始预报，因此，对小柴的获奖日本学术界虽然表示喜悦，但并不惊奇。而田中耕一的获奖却像令人喜悦的晴天霹雳一般。据说，在获悉田中获奖消息的那一天，日本教育部内是一片混乱。因为在他们的日本研究生命科学学术界的资料名单中，根本找不到田中耕一的名字。到了最后，他们还是通过互联网消息才获得田中耕一的履历。

在这景气低迷、前途黯淡的日子里，诺贝尔物理、化学奖的双双获奖给日本社会带来了一阵短暂的欣喜。不过，田中的上司和同事却有了新的困惑：难道以后要叫他（田中）先生了吗？（注：先生这个汉字词组在日本只用于从事特定的令人尊敬的职业的人，如教师、医生。后也用于当选了国会议员的政治家）日本在对学界人士的评价上，有着极其封建的意识和人为标准。田中耕一和日本社会权威科学家有着两个极大的不同点。第一，他不是象牙塔里的学者。第二，他年轻，才40多出头，不如一般权威日本科学家，都是年迈资深。获诺贝尔奖后的田中耕一，在一夜间从一个默默无闻的小职业研究员跃登成为日本全国争宠的人物。他就职的公司岛津制作所老板特地从出差地赶回国赠送给他数百万日元的奖励金，还宣布要将他从主任职位提升到董事级。

一向和国内奖状无缘的他，得奖后不到一个月内，却一连获得好几个市民荣誉奖。日本政府也在诺贝尔奖之后，颁发的日本最高荣誉日本文化勋章中，急急忙忙补上他的名字。诺贝尔奖主导了田中耕一在日本的一切。日前，当他手中握着出身地大学东北大学献上的荣誉博士学位时，他幽默的一句话却使台下上千个学者惊叹不已。他说："我当初决定不考大学院原因是我讨厌学校要我考德语……如今，不用考外语就能够获得这个博士学位……可是，我想博士名义也只有在我定飞机画位子时才拿出来用。因为这个头衔能够免费使我提升坐商务舱……"

当提到他研究的成果时，他的回答关键词只有一个，就是"兴趣"。他说"我从小就喜欢研究。就职后,多次拒绝升职当管理层,也因为要留在研究部门进行研究。今后,我也将继续研究。我有兴趣也喜欢搞研究。"或许,他正在提醒一个目前已经被日本象牙塔中人士忘记的问题——"学问的源头就是兴趣"。

他的成果是和美国科学家约翰·芬恩一起发明了对生物大分子的"质谱分析法",他们两人将共享 2002 年诺贝尔化学奖一半的奖金;质谱分析法是化学领域中非常重要的一种分析方法。它通过测定分子质量和相应的离子电荷实现对样品中分子的分析。19 世纪末科学家已经奠定了这种方法的基础,1912 年科学家第一次利用它获得对分子的分析结果。在质谱分析领域,已经出现了几项诺贝尔奖成果,其中包括氢同位素氘的发现(1934 年诺贝尔化学奖成果)和碳 60 的发现(1996 年诺贝尔化学奖成果)。不过,最初科学家只能将它用于分析小分子和中型分子,由于生物大分子比水这样的小分子大成千上万倍,因而将这种方法应用于生物大分子难度很大。

尽管相对而言生物大分子很大,但它们在我们看来是非常小的,比如人体内运送氧气的血红蛋白仅有千亿亿分之一克,怎么测定单个生物大分子的质量呢?科学家在传统的质谱分析法基础上发明了一种新方法:首先将成团的生物大分子拆成单个的生物大分子,并将其电离,使之悬浮在真空中,然后让它们在电场的作用下运动。不同质量的分子通过指定距离的时间不同,质量小的分子速度快些,质量大的分子速度慢些,通过测量不同分子通过指定距离的时间,就可计算出分子的质量。

这种方法的难点在于生物大分子比较脆弱,在拆分和电离成团的生物大分子过程中它们的结构和成分很容易被破坏。为了打掉这只"拦路虎",美国科学家约翰·芬恩与日本科学家田中耕一发明了殊途同归的两种方法。约翰·芬恩对成团的生物大分子施加强电场,田中耕一则用激光轰击成团的生物大分子。这两种方法都成功地使生物大分子相互完整地分离,同时也被电离。他们的发明奠定了科学家对生物大分子进行进一步分析的基础。

如果说第一项成果解决了"看清"生物大分子"是谁"的问题,

那么第二项成果则解决了"看清"生物大分子"是什么样子"的问题。

第二项成果涉及核磁共振技术。科学家在 1945 年发现磁场中的原子核会吸收一定频率的电磁波，这就是核磁共振现象。由于不同的原子核吸收不同的电磁波，因而通过测定和分析受测物质对电磁波的吸收情况就可以判定它含有哪种原子，原子之间的距离多大，并据此分析出它的三维结构。这种技术已经广泛地应用到医学诊断领域。

不过，最初科学家只能将这种方法用于分析小分子的结构，因为生物大分子非常复杂，分析起来难度很大。瑞士科学家库尔特·维特里希发明了一种新方法，这种方法的原理可以用测绘房屋的结构来比喻：我们首先选定一座房屋的所有拐角作为测量对象，然后测量所有相邻拐角间的距离和方位，据此就可以推知房屋的结构图，维特里希选择生物大分子中的质子（氢原子核）作为测量对象，连续测定所有相邻的两个质子之间的距离和方位，这些数据经计算机处理后就可形成生物大分子的三维结构图。

这种方法的优点是可对溶液中的蛋白质进行分析，进而可对活细胞中的蛋白质进行分析，能获得"活"蛋白质的结构，其意义非常重大。1985 年，科学家利用这种方法第一次绘制出蛋白质的结构。到 2002 年，科学家已经利用这一方法绘制出 15%—20% 的已知蛋白质的结构。

21 世纪初，人类基因组图谱、水稻基因组草图以及其他一些生物基因组图谱破译成功后，生命科学和生物技术进入后基因组时代。这一时代的重点课题是破译基因的功能，破译蛋白质的结构和功能，破译基因怎样控制合成蛋白质，蛋白质又是怎样发挥生理作用等。在这些课题中，判定生物大分子的身份，"看清"它们的结构非常重要。专家认为，在未来 20 年内，生物技术将蓬勃发展，很可能成为继信息技术之后推动经济发展和社会进步的主要动力，由这 3 位诺贝尔化学奖得主发明的"对生物大分子进行确认和结构分析的方法"将在今后继续发挥重要作用。①

13. 山中伸弥——诱导性多能干细胞创始人之一

　　山中伸弥（Shinya Yamanaka，1962—　　），日本医学家，毕业于大阪市立大学。现任京都大学 IPS 细胞研究所所长，美国加州大学旧金山分校教授及下属的格拉德斯通研究所高级研究员。2012 年，山中伸弥与英国医学教授约翰·格登被授予诺贝尔生理或医学奖。以表彰他们在"体细胞重编程技术"领域做出的革命性贡献。

　　（1）个性、家庭影响、机遇。

　　1962 年 9 月 4 日，山中伸弥出生于日本大阪府。大一之前，山中伸弥都一直居住在奈良市。高中时，山中因阅读医师德田虎雄的著作《只有生命是平等的》而备受鼓舞，决定从医。山中的父亲经营着一个生产裁缝机零配件的小工厂。虽然山中小时候也喜爱分解机械，但常常无法将其恢复原样，受到父母的责备。机械道路上的不顺利，成为山中迈上医学道路的另一个诱因。

　　在父亲的影响下，他立志认真学习终于考入大阪重点中学——大

---

　　① 符祝慧：《既非博士又非硕士——田中耕一获诺贝尔奖震惊日学术界》，北大物理学院［引用日期 2017 - 06 - 25］，https：//baike. baidu. com/item/% E7% 94% B0% E4% B8% AD% E8% 80% 95% E4% B8% 80/585901? fr = aladdin。

阪教育大学附属天王寺高中，考入高中后其他学生都在认真学习，只有山中热衷于柔道（据说他梦想成为日本奥运会代表选手），在高中的 3 年期间他因为练柔道就受了 10 多次伤（骨折），很多人都说这个孩子大概走错了学校，应该去考大阪体育大学附属高中，而不是在这里学习文化知识，3 年时间很快就要过去，这个失败的学生将如何面对人生呢？山中伸弥的父亲告诉他：你多次受伤，看见医生这么为病人减轻痛苦，你将来要成为医生为人类服务。于是山中就接受了父亲的提议，在学校的最后阶段认真学习，终于考入了著名的国立神户大学医学部。

山中伸弥 1987 年 3 月毕业于神户大学医学院后，因为山中伸弥本身多次骨折，所以他学习的是当时热门的整形外科。1993 年在大阪市立大学获得医学博士学位。在实习中山中看见患症的女病人的痛苦姿态，这个患者全身关节变形，让山中伸弥内心受到很大的冲击，从这时开始山中同学立志要发现病理的原理，成为一个解决疑难杂症的研究者。

为了寻求更好的发展，20 世纪 90 年代中期，山中伸弥决定前往美国格拉德斯通心血管疾病研究所做博士后，从事小鼠癌症相关基因的重编码研究。到那里后，山中发现美国简直就是"天堂"，不仅容易接触到胚胎干细胞系，并且经费充足，可以和很多顶尖科学家交流。在留学结束以后他满怀信心地回到了日本，但是日本的现实使山中教授很失望，虽然回到了日本医学界，但是真正能有研究的时间真的不多，资金也不到位，连研究病理的小老鼠也要自己去培养，这种环境中的山中教授感到了绝望，得了忧郁症。山中与家人商量是不是放弃基础研究，去当收入比较高的临床医生，而山中教授的夫人是一位皮肤科医生，她全力支持山中教授在奈良先端科学技术大学院大学遗传因子教育研究中心以及京都大学物质—细胞统合系统据点 iPS 细胞研究中心的研究，如果没有贤内助的支持也就没有今天获奖的山中教授。

在科研道路上的不断前进，经过多年的沉淀，2011 年获得国际最高学术大奖之一的沃尔夫医学奖，与其一起获奖的还有美国怀特黑德研究所的 Rudolf Jaenisch。2012 年，山中伸弥与美国软件工程师利努斯·托瓦兹获得芬兰"千年技术奖"，二人分别获得 60 万欧元的奖金。2012 年 10 月，与英国发育生物学家约翰·格登因在细胞核重新编程研究领域的杰出贡献而获得诺贝尔生理学或医学奖。山中因研发出诱导性多能干细胞 iPS（induced Pluripotent Stem Cells）而为人所知。

山中伸弥是诱导性多能干细胞创始人之一。2007 年，他所在的研究团队通过对小鼠的实验，发现诱导人体表皮细胞使之具有胚胎干细胞活动特征的方法。此方法诱导出的干细胞可转变为心脏和神经细胞，为研究治疗多种心血管绝症提供了巨大助力。这一研究成果在全世界被广泛应用，因为其免除了使用人体胚胎提取干细胞的伦理道德制约。

（2）山中伸弥两个弟子的惊人发现。

实际上，山中伸弥的成功与他的弟子是分不开的。他的弟子德川吉见构建质粒做了基因敲除小鼠，把染色体上的 Fbx15 基因通过同源重组替换成抗 G418 药物的基因 neo。德川吉见用较高浓度的 G418 从干细胞中筛到了纯合的敲除株。抗药基因 neo 在成体的成纤维细胞里不表达，所以细胞对药物 G418 敏感；而敲除鼠里得到的胚胎干细胞却可以在很高浓度的 G418 中生长。如果终末分化的成纤维细胞能诱导成胚胎干细胞，那么它就会产生对 G418 的抗药性。即便成纤维细胞只是获得了部分胚胎干细胞的特性，那么它也应该能抗低浓度的 G418。Fbx15 敲除鼠实际上提供了很好的筛选诱导干细胞的系统！

山中伸弥的另一位学生高桥一俊大胆提出想把 24 个病毒混合起来同时感染细胞。山中伸弥觉得这是很愚蠢的想法：没人这么干过啊！同学，不过死马当作活马医，你不嫌累的话就去试吧。等了几天，奇迹竟然发生了。培养板上稀稀疏疏地竟然出现了十几个抗 G418 的细胞克隆！一个划时代的发现诞生了。

关键实验取得突破以后，其后的事情就按部就班了。高桥一俊每次去掉一个病毒，把剩下的 23 个病毒混合感染成体细胞，看能长多少克隆，以此来鉴别出哪一些因子是诱导干细胞所必需的。最后他鉴定出了四个明星因子：Oct3/4、Sox2、c - Myc 和 Klf4。这四个因子在成纤维细胞中过表达，就足以把它逆转为多能干细胞！

那抗 G418 的细胞克隆就一定是多能干细胞吗？他们通过一系列的指标，比如基因表达谱、分化潜能等，发现这些细胞在相当大的程度上与胚胎干细胞相似。

2006 年山中伸弥报道了小鼠诱导干细胞，引起科学界轰动；2007年，他在人的细胞中同样实现了细胞命运的逆转，科学界沸腾了。

（3）展望。

iPS 的发现有着不同寻常的意义。首先，它更新了人们的观念，从此之后人们不再认为细胞的命运不可逆转，不单可以逆转，细胞其实还可以实现不同组织间的转分化。其次，iPS 细胞绕过了胚胎干细胞的伦理困境，很多实验室都可以重复这个简单的实验得到 iPS，开展多能干细胞的研究。最后，iPS 细胞具有很多胚胎干细胞所没有的优势：来自病人自身的 iPS 细胞体外操作后重新植入病人体内，免疫反应将大大减少；如果将病人的体细胞逆转为 iPS 细胞，在体外分化观察在这个过程中出现的问题，就可以实现在培养皿里某种程度上模拟疾病的发生；疾病特异的 iPS 在体外扩增和分化以后，还可以用于筛选治疗该疾病的药物，或者对药物的毒性进行检测。

但这仅仅是新的开始，生命科学如此复杂和不可预测，要把这些愿景变成现实，让 iPS 真正造福人类，这其中还有重重的困难。山中伸弥，这位科学的宠儿，怀着最初帮助更多病人的理想，无畏地踏上了新的征程。[①]

14. 下村修——照亮了生物学研究未来的发光水母研究者

下村修（Osamu Shimomura, 1928—　），1928 年出生于日本京都府福知山市，毕业于长崎医科大学和名古屋大学，是日本著名的化学家、海洋生物学家。下村修作为绿色荧光蛋白质的发现者及其结构研究的开创者，与查非、钱永健一同荣获 2008 年度诺贝尔化学奖。下村修 2008 年获诺贝尔化学奖前可谓默默无闻：既不曾有过行政职务，也没担任过任何学术团体的负责人，更未入选美国国家科学院院士，

---

① 诺贝尔生理或医学奖得主山中伸弥的成长之路。青年网［引用日期 2017 - 12 - 08］。

其所获得的皮尔斯奖、查莫特奖和朝日奖也都影响不大。

　　曾以第一作者的身份在《科学》《自然》等高影响因子杂志上发表多篇论文并最终获得诺贝尔化学奖的下村修无疑称得上是杰出人才。但是这样一位杰出人才早年所受的教育却非常普通。下村修于1928 年 8 月 28 日出生在日本京都府福知山市的一个军人家庭，小学和中学时代都是在战乱中度过的。他小学阶段在中国东北读了三年，在日本的边远地区——长崎读了三年；初中阶段几乎每周都要接受军事训练，而且中途还转学了一次；上高中后不久就由大阪转学到长崎，之后他没有坐在教室里听过一堂课，每天都要到学校附近的军工厂跟班作业。日本战败投降后，他又在社会上漂泊了两年多。这样一位 20 岁前充其量只读过九年书的年轻人后来尽管得以步入大学殿堂，但所上的大学却是一所被战火摧毁后易地重建的普通高校，而且还是三年制的长崎医科大学药学专科部。虽然 32 岁时在名古屋大学获得理学博士学位，但他从未在名古屋大学取得过研究生学籍，只不过在那里进修了两年。

　　下村修在谈及自己为何走上科学之路时，说："我做研究不是为了应用或其他任何利益，只是想弄明白水母为什么会发光。"应该说，对大自然和周围世界保持一颗好奇心，是他走进科研世界的直接原因。下村修的创造高峰期主要是在名古屋大学和普林斯顿大学度过的。实际上，下村修也是在这两所大学期间做出了主要的科学贡献。早在长崎医科大学药学专科部上学期间，下村修就对化学实验产生了浓厚兴趣。那时，他甚至将一些化学试剂带回家继续做观察实验。在普林斯顿大学接触多管水母之后，他便被多管水母发光现象深深地吸引住了，以致在名古屋大学获得正式教职，担任副教授后，仍迷恋着多管水母。对多管水母发光现象的痴迷使他宁愿依靠申请研究经费过活，也不要名古屋大学提供的优厚待遇，去普林斯顿大学继续从事多管水母发光物质研究。

　　1955 年，下村修被选派到名古屋大学理学院化学系天然有机化学研究室进修。报到当天，其指导教授平田义正就把一个装满干燥海萤的真空防潮容器拿给他，希望能将发光海萤体内的荧光素提取出来并获得结晶，以便为最终确定荧光素的分子结构奠定基础，这个工作难度很大，却因下村修的一次意外（他在寒夜回家前将少量荧光素放入盛有浓盐酸的试管后，竟习惯性地关掉了取暖炉）而被很快破解了。下村修的工作引起了哈维的弟子——普林斯顿大学生物学系教授约翰逊的注意。在约翰逊的盛情邀请下，刚被名古屋大学破格授予理学博士学位的下村修于 1960 年 9 月来到普林斯顿，开始合作开展生物发光研究。下村修等人多年积攒起来的多管水母 GFP 被约翰逊带去参加学术会议时弄丢了。而当时的生物技术还不甚发达，做一次 GFP 结构分析实验需要上百毫克的 GFP。所以，此后数年下村修仍旧带着家人去星期五港湾大量捕捞多管水母。2001 年，下村修退休。退休时，海洋生物学实验室将下村修在职期间所使用的实验仪器设备转让给了他。于是，下村修在自己的住宅中设置了一间实验室，继续从事生物发光研究，尽管年事已高，但他仍不时地参加一些与自己研究主题相近的学术会议，甚至还使用自己的家庭住址发表论文。这样一位和发光生物结下不解之缘，矢志从事生物发光研究达半个多世纪的学者终于在 80 岁高龄时获得了应有的回报。

　　如果只看学历教育背景，下村修可谓毫无过人之处。这类人，不要说在今天，即使是在当时也很难获得一份研究职位。但就是这样一位并未受过良好学校教育的人，最终却取得了重大科学研究突破，所以说学校教育对于人才的培养固然重要，但是还有很多因素会决定人才的培养。像名古屋大学以及普林斯顿大学，正是这样的开放性以及自由和民主的大学科研平台，才给予了下村修无限的机会和包容。而下村修在长期的科学实验的过程中并没有因为阶段性的失败而放弃，而是十年如一日地从事发光生物的研究，不顾生活的贫苦，正因为他这种耐得住寂寞、坐得住冷板凳的精神，才能更好地在某一学科领域有着很深造诣。

宽松的生活环境、对发光水母的痴迷、退休后依然没有放弃研究，完成了心愿。回报不是他所追求的，而是兴趣的满足，最终是其研究成果对人类的意想不到的贡献。[1]

1979 年，下村修阐明绿色荧光蛋白发光部分的化学构造。有趣的是，下村修当时认为这项发现并没多大实际应用价值。他曾在接受日本共同社记者采访时说，作为化学家，1979 年他认为对绿色荧光蛋白的研究已告一段落，觉得这种蛋白能不可思议地释放出美丽绿光，"没啥用处"。

直到 20 世纪 90 年代，美国哥伦比亚大学教授马丁·沙尔菲指出，绿色荧光蛋白的自身发光特性在生物示踪方面有极高价值；加利福尼亚大学学者钱永健通过进一步改造绿色荧光蛋白，使这种自体发光蛋白最终成为"当代生物科学研究中最重要的工具之一"。

之后的十几年中，绿色荧光蛋白又被用到了病毒、酵母、小鼠、植物甚至人类等各种生物身上——它们前所未有地在生活的状态下被涂上了颜色：癌细胞装载了绿色荧光，就与周围细胞区别开来，它们扩张领地的脚步一览无余；小得难以追踪的 HIV 病毒被镶了荧光，它们如何进入细胞、躲在细胞哪个角落、怎样从细胞中冒出去的种种过程就都被暴露在世人眼前……

诺贝尔委员会成员在评论绿色荧光蛋白的功绩时说，它"照亮了生物学研究的未来"，不仅如此，它也扩展了我们视野所及的范围。

---

[1] 周程：《诺贝尔奖级科学成就究竟是怎样取得的？——绿色荧光蛋白的发现、表达与开发》，《安徽大学学报（哲学社会科学版）》2016 年第 4 期。

七　杰出人物成才环境与规律分析

中国有句老话：一方水土养一方人。日本有文字记载的历史并不长。由于生活的小岛自然条件极差，没有多少矿产资源，常年遭受台风的袭击、地震的破坏，火山频发，这种恶劣的生存环境使日本人格外珍惜可怜的土地资源；越来越多的人口要生存，只能养成了精耕细作的耕种文化。日本人精益求精的工作态度可能起源于此。精益求精的精神也形成了循序渐进的工作态度和意识。恶劣的生存环境，如果不抱团、不懂得服从权威，恐怕难以凭借个人的力量有效地抵御自然灾害的侵袭。精耕细作的耕种文化养成了日本人善于钻研、勤于钻研、长于改良的精神和意识；要想生活下去、活得更好，只有不断地学习、善于学习，提高自身的生存能力。狭小的生存空间使日本人必须服从和抱团，形成了相互依存和关心的传统；他们对内把事情做到精益求精，做到极致；对外，则不择手段地努力拓展生存空间。幕府时期的内斗养成了集团之间的好战精神和传统，集团内形成了服从和忠诚意识。幕府时期形成的武士道精神本身就体现了一种忠诚与好战。今日之日本民族特性就孕育于这方岛国水土。

从人性角度来看，任何一个民族都会有利人利己者、损人利己者、自私自利者、明哲保身者。利人利己者越多，这个民族就越有希望；损人利己者和明哲保身者越多，这个民族要想走得更远、走得更好，就很艰难。日本这方水土形成了日本人抱团取暖、相互依存、互相关心的传统。每个时期总会有一些利人利己者站出来为大家服务，为民族做贡献！日本明治维新时期出现了大久保利通、伊藤博文、涩泽荣一等一大批利人利己的杰出人物。他们为日本走向富强制定了规矩，诸如"富国强兵、殖产兴业和文明开化"三大政策等一系列规矩和措施，而且是一种自上而下的政策和措施！为学习西方的先进文化、制度和技术，政府倾起国力派遣规模庞大的高官考察团，到欧美国家进行长时间的考察学习和交流，形成了上百卷考察报告。为普及义务教育，提高民族文化素养，不惜采取极端的做法等。从中央电视台拍摄的《大国崛起》中，我们发现日本为了发展缲丝工业，高官们让自己的子女率先在隆隆作响的机器旁劳作，给处于蒙昧状态的国人做示范；为了学习西方的先进技术，高薪聘请国外的技术人员；高校也是高薪聘请国外的教授任教；政府为了扶持民营企业挤走英美在东京至上海的航船，出钱购买船只送给三菱公司经营。可以这样说，没有政府的大力扶持，就不会有今日之日本的跨国企业。

日本在明治维新之后奠定的科技、工业和教育基础，第二次世界大战后很快在美国的帮助下重新走进世界先进行业，在科学技术、制造业、文化、教育、创新人才培养方面处于世界领先地位。

到 2016 年为止，已有 25 名日本人获得了诺贝尔奖（包括 2 名美籍日裔诺贝尔奖获得者），成为亚洲诺贝尔奖头号强国，这充分体现了日本的科技实力。日本在 2001 年出台的第二个《科学技术基本计划》中明确提出，要在今后 50 年内获得 30 个诺贝尔奖，即"诺贝尔奖计划"。"诺贝尔奖计划"归根结底就是大力鼓励创新，特别是呼唤原始性创新的人才及成果的涌现。可见，日本已经把培养科技创新型人才放在科技立国的重要战略地位。日本政府在 2004 年 7 月提出的《关于科学技术相关人才培养与使用的意见》中强调，科技创新人才的培养必须从基础教育阶段抓起。同时日本通过"三识"，就是危机意识、竞争意识、成功意识教育为培养创新型人才注入精神动力。高度重视高校和企业之间的科技合作，日本的高等教育非常重视科研训练，很早就引入市场机制、竞争机制，通过高校与企业签订培养合同等方式与生产科研单位取得直接联系。经过几十年的不懈努力，建立了联合研究制度、合作研究制度、合同研究制度等多种形式的横向联合机制。21 世纪初期，日本的高等教育理念和具体措施体现了灵活性和柔性化的特点，而且越来越重视人才培养的个性化需求。与此相适应，日本政府赋予大学较强的自主性，培养方案比较灵活。主要有弹性人才培养模式、合作人才培养模式、国际化的人才培养模式。此外，日本注重对知识产权的认可和保护。

在当今日本，杰出人才的成长离不开好的科研平台的支撑。科研平台的优劣不仅取决于实验仪器设备的先进与否，而且还取决于学术积淀的深浅与学术风气的好坏。实验室更加要注重学术传统的形成、研究方向的凝练、实验经验的积累、人才梯队的优化。高校和社会为学者们创造了一个宽松的环境，没有急功近利和浮躁，学者们能够静下心来搞研究，能够坚守十年磨一剑的耕耘。

综观日本杰出人物的成长，我们发现，除了时代背景和民族特性的推力之外，他们成长的家庭环境，无论贫富，都很重视对子女的引导、支持和鞭策。比如，出身书香门第的汤川秀树自幼喜爱读书，尤其爱思考而导致神经衰弱，在当时日本物理学薄弱的情况下，自己选择了物理学作为自己终身研究的方向，成为日本第一个诺贝尔奖获得者；出身农民家庭的大村智由于父亲的开明、自己幼时与乡村自然环境的水乳交融的关系和早起劳作的生活习惯，使其整天拿着塑料袋行走在山野田间收集土壤培养微生物，发现了治疗河盲症和象皮病的伊维菌素等。家庭成员、学校教师的影响也很重要。比如，山中伸弥的妻子、导师和同事的帮助和开明；大村智妻子无私的奉献；汤川秀树所在学校校长对其聪明才智的断言；利根川进大学恩师的帮助和影响使其在血癌病因和治疗上做出了贡献等。杰出人物独特的个性更是关键，他们大都性格倔强甚至叛逆，爱思考，好奇心强，认准的事情能够持之以恒：比如，青少年时期担负起养家糊口重担的大久保利通得到精通历史和精通洋学的外祖父的指点，使其成为明治时期的东洋俾斯麦；幼时叛逆精神强的福泽谕吉得到塾师父亲般的言传身教和朋友的帮助，使其成为日本近代教育之父；不服输的韧性使白川英树开创了塑料电子学等。为了兴趣爱好而不顾贫困与寂寞，以及幼时因种种原因立下的志向成为他们日后成功的动力。比如，不在学术圈而获得诺贝尔奖的默默无闻的，有点含羞内向的田中耕一；只为搞清发光水母为何会发光而痴迷的下村修；青少年时期经常受伤的经历使得山中伸弥立志成为医生的选择成就了他的重大发现等！

参考文献

［1］［美］托马斯·A. 麦格劳：《现代资本主义——三次工业革命中的成功者》，江苏人民出版社 2000 年版。

［2］B. M. 茹拉科夫斯基、诸惠芬：《俄罗斯高等教育的现代化：问题和解决办法》，《大学》（研究与评价）2008 年第 4 期。

［3］Harry RLewis. What is Harvard's mission statement？［EB/OL］ht-tp：//www. harvard. edu/siteguite/faqs/faq110. html，2003 - 12 - 6.

［4］《世界科技创新的十大趋势》，《领导决策信息》1999 年第 37 期。

［5］阿·托尔斯泰：《彼得大帝》，朱雯译，外国文学出版社 1992 年版。

［6］安宏林：《杰出人才成就轨迹——比尔·盖茨对我们的启示》，《人才开发》2007 年第 6 期。

［7］安岩：《普京时期俄罗斯科技政策的战略特点研究》，东北师范大学，2006 年。

［8］伯顿·克拉克：《探究的场所——现代大学的科研和研究生教育》，王承绪译，浙江教育出版社 2001 年版。

［9］柴丽平：《俄罗斯科技人才队伍现状及政策研究》，《全球科技经济瞭望》2014 年第 4 期。

［10］陈洁华：《试论日本民族的忠诚意识》，《现代日本经济》1988 年第 5 期。

［11］陈强：《法国文化软实力的衰落及法国总统、学者的反思》，《经济与社会发展》2009 年第 12 期。

[12] 陈永明：《日本教育》，高等教育出版社 2003 年版。

[13] 程良道：《论创造性人格的实质》，《科技创业月刊》2002 年第 10 期。

[14] 程亦军：《俄罗斯科技现状与创新经济前景分析》，《俄罗斯中亚东欧市场》2005 年第 11 期。

[15] 戴维凌：《洛克菲勒：世界上第一个亿万富翁是这样炼成的》，《管理与财富》2007 年第 9 期。

[16] 戴云阳、陆迪民：《从德国人的性格看二战的爆发》，《新学术》2009 年第 1 期。

[17] 丁建洋：《日本大学创新能力的历史建构研究：以"诺贝尔奖井喷现象"为切入点》，南京大学，2013 年。

[18] 丁溪：《日本经济》，中国商务出版社 2010 年版。

[19] 杜鹃：《罗斯福总统所受教育之探析》，《今日南国》（理论创新版）2009 年第 12 期。

[20] 杜岩岩：《创新经济背景下的俄罗斯高等教育转型策略》，《现代教育管理》2011 年第 6 期。

[21] 范良藻：《从英国工业革命看"自主创新"的社会条件》，《教书育人》2006 年第 3 期。

[22] 方江海、陈朋：《英国政治制度的特点及其政治文化渊源》，《重庆工学院学报》2006 年第 9 期。

[23] 方彤：《略论 19 世纪德国研究生教育的诞生、发展、影响》，《河北师范大学学报》（教育科学版）2003 年第 11 期。

[24] 冯斌：《到德国大学看高考》，《中国消费者报》2001 年第 9 期。

[25] 高富：《危机意识与日本的文化特性》，《日本学论坛》2003 年第 1 期。

[26] 高曼丽：《俄罗斯创新政策的方向和措施》，《全球科技经济瞭望》1999 年第 1 期。

[27] 高晓清：《体制、创造性与高等教育——从苏联经验看中央集权体制下如何实现创造》，《湖南师范大学教育科学学报》2012 年

第 11 期。

[28] 高迎爽：《法国基础教育：从平等、自由达至和谐》，《基础教育》2010 年第 1 期。

[29] 关雪凌：《俄罗斯经济的现状、问题与发展趋势》，《俄罗斯中亚东欧研究》2008 年第 4 期。

[30] 关颖婧、袁军堂：《法国大学校的精英教育及其启示》，《江西教育》2006 年版。

[31] 郭玉山：《现代法国宗教多元化初探》，东北师范大学，2007 年。

[32] 何志平：《俄罗斯历史文化解读》，《社会科学家》1999 年第 S1 期。

[33] 贺国庆等：《外国高等教育史》，人民教育出版社 2006 年版。

[34] 户可英、胡万钦：《德国和日本大学生意识形态教育探析》，《黑龙江高教研究》2013 年第 12 期。

[35] 黄德群、毛发生：《德国教育技术发展研究》，《外国教育研究》2004 年第 3 期。

[36] 黄全愈：《素质教育在美国》，广东教育出版社 1999 年版。

[37] 黄雨恒、李森：《从高中 AP 课程看美国的创造性人才培养》，《当代教育科学》2012 年第 2 期。

[38] 贾文宇：《浅论海明威的硬汉形象》，《东北农业大学学报》（社会科学版）2005 年第 2 期。

[39] 姜锋：《德国高等教育改革现状——访德国大学校长会议主席埃里克森教授》，《德语研究》1995 年第 2 期。

[40] 姜丽丽：《19 世纪德国教育在工业化中的作用》，《安徽文学》2007 年第 7 期。

[41] 金朝亮：《爵士音乐大师——丹尼尔·路易斯·阿姆斯特朗的艺术生涯》，《音乐爱好者》1981 年第 6 期。

[42] 柯金：《德国科研和科学基金管理的启示》，《管理咨询》2003 年第 7 期。

[43] 劳灵珊：《俄罗斯民族精神的东正教本源》，《黑河学院学报》

2012 年第 3 期。

[44] 李伯杰：《德国文化史》，经济贸易大学出版社 2003 年版。

[45] 李帆、张志军：《德国工科类大学教学模式与启示》，《郑州铁路职业技术学院学报》2013 年第 4 期。

[46] 李梅焕：《从德国历史的发展看德意志民族的特征》，《河南电大》2000 年第 1 期。

[47] 李帅军：《法国教育行政管理体制的考察与启示》，《外国中小学教育》2003 年第 1 期。

[48] 李宜强：《法国高等教育的历史、现状与未来》，《广西财经学院学报》2006 年第 S1 期。

[49] 李政涛、巫锐：《德国教育学传统与教育学的自身逻辑——访谈德国教育学家本纳教授》，《教育研究》2013 年第 10 期。

[50] 李忠东：《从实例看德国人的安全质量观和美国人的环境观》，《企业经营管理》2007 年第 6 期。

[51] 梁洪力、王海燕：《关于德国创新系统的若干思考》，《科学学与科学技术管理》2013 年第 6 期。

[52] 梁云祥：《后冷战时代的日本政治、经济与外交》，北京大学出版社 2000 年版。

[53] 林崇德：《培养和造就高素质的创造性人才》，《北京师范大学学报》（社会科学版）1999 年第 1 期。

[54] 林仲海：《日本提出 50 年内获得 30 个诺贝尔奖的目标》，《全球科技经济瞭望》2002 年第 7 期。

[55] 刘国莉：《德国文化价值观念对教育的影响》，《德国研究》1995 年第 2 期。

[56] 刘清才、乔蕊：《俄罗斯政治制度的建立及其改革》，《俄罗斯中亚东欧研究》2012 年第 6 期。

[57] 刘淑华：《世纪初俄罗斯高等教育现代化的新进展》，《比较教育研究》2005 年第 6 期。

[58] 刘忠、张维明、张勇：《英国高等教育创造性人才培养模式的特点研究》，《高等教育研究学报》2007 年第 4 期。

［59］卢绍君：《民族心理、社会现代化与俄罗斯的政治转型——兼论俄罗斯政治发展的未来方向》，《俄罗斯中亚东欧研究》2012 年第 3 期。

［60］鲁思·本尼迪克特：《菊与刀》，何晴译，浙江文艺出版社 2016 年版。

［61］陆世澄：《德国文化与现代化》，辽海出版社 1999 年版。

［62］陆洋：《探析民族文化教育在高等教育中的作用》，《北京教育》（高教版）2010 年第 2 期。

［63］吕超：《试论日本民族性格形成的始原文化基因》，《辽东学院学报》（社会科学版）2008 年第 1 期。

［64］罗伯特·卢格顿：《不朽的爵士乐大师——路易斯·阿姆斯特朗》，《文化译丛》1985 年第 6 期。

［65］罗松山、赵荣祥：《工业革命的制度基础、法制环境与启示》，《山东师范大学学报》（人文社科版）2002 年第 1 期。

［66］《美国为何"盛产"诺贝尔奖得主》，http：//www. vnet. com。

［67］孟秀坤：《不败的人生——析〈老人与海〉中的海明威》，《安阳工学院学报》2007 年第 2 期。

［68］潘黎、刘元芳：《德国建设"高等教育强国"之启示——德国高等教育机构的分层与分类》，《清华大学教育研究》2008 年第 4 期。

［69］彭丽华：《浅谈大学生非智力因素的培养》，《教育研究》2006 年第 10 期。

［70］平森：《德国近现代史》，范德一译，商务印书馆 1987 年版。

［71］戚文海：《俄罗斯创新型人才培养的策略》，《中国社会科学报》2011 年第 7 期。

［72］戚文海：《基于转轨视角的俄罗斯国家创新战略的演进与趋势》，《俄罗斯研究》2007 年第 5 期。

［73］齐管社、杨建文：《非智力因素的成分、结构与培养策略》，《陕西教育学院学报》2007 年第 3 期。

［74］钱乘旦：《20 世纪英国政治制度的继承与变异》，《历史研究》

1995 年第 2 期。

[75] 钱乘旦、许洁明：《英国通史》，上海社会科学出版社 2002 年版。

[76] 钱建平：《爱因斯坦给我们的启示——兼谈创造性人才的培养》，《南京理工大学学报》2001 年第 2 期。

[77] 邱登科：《陆晓宝"法国人最大的贡献是创造力"》，《民营经济报》2012 年 7 月 5 日。

[78] 全守杰、王运来：《从大学符号到乐队指挥——德国大学校长与大学内外部的关系及其演变》，《高等教育研究》2003 年第 1 期。

[79] 任俊：《积极心理学》，上海教育出版社 2006 年版。

[80] 任晓：《基金会与美国精神》，《美国问题研究》2005 年第 12 期。

[81] 桑多加：《英国贵族文化在英国近代小说中的体现》，《文苑经纬》2013 年第 26 期。

[82] 邵心诚：《现象学在家庭教育中的应用——爱迪生的家庭教育案例透视》，《赤峰学院学报》2013 年第 6 期。

[83] 沈孝泉：《法国外交战略调整的意义及影响》，《当代世界》2007 年第 8 期。

[84] 沈玉芳、张之超：《德国创新中心建设的发展概况和有关政策》，《上海综合经济》2002 年第 10 期。

[85] 施建农：《人类创造力的本质是什么》，《心理科学进展》2005 年第 6 期。

[86] 宋瑞芝、宋佳红：《论地理环境对俄罗斯民族性格的影响》，《湖北大学学报》（哲学社会科学版）2001 年第 1 期。

[87] 苏小松：《历史和文化的编织——评〈在传统与变革之间——英国文化模式溯源〉》，《世界历史》1993 年第 1 期。

[88] 眭平：《关于基础科学与基础科学人才培养的思考》，《中国科技论坛》2001 年第 3 期。

[89] 眭依凡：《大学：如何培养创新型人才》，《中国高教研究》

2006 年第 12 期。

［90］瓦列里·亚历山大洛维奇·季什科夫、臧颖：《俄罗斯文化的多样性》，《西北民族研究》2012 年第 2 期。

［91］万文涛、余可锋：《从美国诺贝尔奖得主的成长曲线看其创新教育》，《比较教育研究》2008 年第 7 期。

［92］汪公纪：《日本史话》，中国书籍出版社 2011 年版。

［93］王国春：《洛克菲勒家族信条对大学生成长成才的启示》，《长春理工大学学报》2013 年第 4 期。

［94］王海东：《法国的文化政策及对中国的历史启示》，《上海财经大学学报》2011 年第 5 期。

［95］王豪杰：《美国诺贝尔科学奖现象的社会环境成因及启示》，硕士学位论文，郑州大学，2007 年。

［96］王建梁：《大学自治与政府干预：英国大学—政府关系的变迁历程》，《清华大学教育研究》2005 年第 6 期。

［97］王厥轩：《法国中小学教育考察概述》，《上海教育科研》1998 年第 7 期。

［98］王铭、王薇：《英国工业革命的前提条件》，《辽宁大学学报》（哲学社会科学版）2004 年第 1 期。

［99］王佩：《浅析稻耕文化对日本民族性格的影响》，《青春岁月》2013 年第 8 期。

［100］王荣德：《从诺贝尔科学奖看创造性人才的培养与管理》，《科研管理》2007 年第 1 期。

［101］王卫：《英国政治制度的特点及其文化分析》，《理论导报》2007 年第 11 期。

［102］王喜军：《洛克菲勒的双面人生》，《当代经理人》2009 年第 8 期。

［103］王晓辉：《20 世纪法国高等教育发展回眸》，《高等教育研究》2000 年第 2 期。

［104］王岩：《从美国精神到实用主义，兼论当代美国人的价值观》，《南京大学学报》（哲学·人文科学·社会科学版）1998 年第

4 期。

[105] 王英：《从集团意识管窥日本民族性格》，《大家》2010 年第
14 期。

[106] 王羽青：《富兰克林和美国精神——〈富兰克林自传〉的现实
意义》，《长春师范学院学报》2012 年第 2 期。

[107] 王章辉、吴必康：《英国文化与工业精神的衰落》，北京大学
出版社 2013 年版。

[108] 魏华：《洛克菲勒成功——在于创造力》，《企业家天地》2006
年第 2 期。

[109] 吴承越、张澄道：《德国教育与学生创造潜能的开发》，《云南
师范大学学报》（教育科学版）2001 年第 6 期。

[110] 武洁：《雨果文艺思想研究》，山东师范大学，2013 年。

[111] 肖瑞宁、雷东：《德国法的民族精神简析》，《法制博览》2012
年第 7 期。

[112] 肖洋：《德国崛起的社会文化解读》，《月读》2013 年第 3 期。

[113] 肖云上：《法国的文化政策》，《国际观察》1999 年第 6 期。

[114] 徐翼：《本杰明·富兰克林与创新精神》，《人民公安》2013
年第 10 期。

[115] 许爱军：《五月花号公约和美国精神》，《国际关系学院学报》
2012 年第 1 期。

[116] 许永璋：《从英国近代工业的兴衰看科学技术的应用》，《洛阳
师专学报》1997 年第 6 期。

[117] 阎照祥：《英国政治制度史》，人民出版社 1999 年版。

[118] 杨波：《德、法两国教育体制及就业机制考察与分析——赴德
国、法国考察报告》，《华北工学院学报》2011 年第 2 期。

[119] 杨解朴：《从文化共同体到后古典民族国家：德国民族国家演
进浅析》，《欧洲研究》2012 年第 2 期。

[120] 杨兰英：《德国教育改革与早期现代化进程的良性互动》，《湖
南师范大学教育科学学报》2004 年第 7 期。

[121] 杨维东：《大学社会责任的反思——魏玛时期的德国大学与纳

粹上台》,《教育求索》2012 年第 3 期。

[122] 叶炳昌:《世界首富比尔·盖茨的成功秘诀故事》,《创业者》
2003 年第 5 期。

[123] 易红郡:《公学:英国社会精英的摇篮》,《中国地质大学学
报》(社会科学版) 2008 年第 6 期。

[124] 于欣、苗月霞:《英国"创新国家战略"中的创新人才培养与
开发与规划》,《第一资源》2009 年第 4 期。

[125] 袁雪生:《永远的神话——评〈富兰克林自传〉》,《荆门职业
技术学院学报》2009 年第 1 期。

[126] 约翰·D. 洛克菲勒:《洛克菲勒给子女的一生忠告》,马剑
涛、肖文键编译,中国华侨出版社 2010 年版。

[127] 张帆、王红梅:《德国大学博士培养模式的主要问题及变革尝
试》,《比较教育研究》2008 年第 12 期。

[128] 张宏艳:《法国政党政治研究》,《黑龙江省社会主义学院学
报》2008 年第 2 期。

[129] 张继平、董泽芳:《德国研究生教育发展探析》,《学位与研究
生教育》2009 年第 3 期。

[130] 张玲:《对洪堡教育理念中自由理想的思考》,《长沙铁道学院
学报》(社会科学版) 2005 年第 12 期。

[131] 张明龙:《德国创新政策体系的特点》,《中国信息报》2010
年 6 月 23 日第 008 版。

[132] 张淑娟:《德国文化民族主义者的社会角色分析》,《世界民
族》2008 年第 5 期。

[133] 张婷、周谊:《论英国公学对学生非智力因素的培养》,《世界
教育信息》2006 年版。

[134] 张银霞、谷贤林:《德国大学创新力的两项制度保障》,《学习
时报》2010 年第 12 期。

[135] 张银霞、谷贤林:《影响德国大学创新力的制度与观念解析》,
《比较教育研究》2011 年第 1 期。

[136] 张幼东:《大学生非智力因素的开发与培养探究》,《中国成人

教育》2010 年第 10 期。

［137］赵白生：《身份的寓言——〈富兰克林自传〉的结构分析》，《外国文学》2004 年第 1 期。

［138］赵方捷：《从英国专利保护制度的历史变迁看其对英国增长的持续作用》，《理论月刊》2013 年第 5 期。

［139］赵明刚：《德国大学的实习制度探析》，《教育评论》2010 年第 6 期。

［140］赵淑玲：《日本人的内外意识与集团意识》，《日语学习与研究》2004 年第 4 期。

［141］郑园园：《展示富有创造力的法国》，《人民日报》2004 年 10 月 9 日。

［142］周晓杰：《日本人的"忠义"观与武士道精神》，《苏州科技学院学报》（社会科学版）2008 年第 2 期。

［143］朱定秀：《日本文化的特征与日本民族活力》，《安庆师范学院学报》（社会科学版）1999 年第 5 期。

［144］朱小琳：《富兰克林的实用精神》，《湛江师范学院学报》2001 年第 1 期。

［145］朱晓斌：《德国文化与教育科学化进程》，《华东师范大学学报》（教育科学版）1997 年第 4 期。

后　记

　　笔者修习比较教育三十余年，曾在学校开设了《国际高等教育——共性与个性》公选课，后来课程名称改成《中外大学发展比较》，前后共开设十年，二十个学期，选修这门课程的学生有 4000 人左右。在教学过程中，我们发现，无论是讨论高等教育的共性还是个性，抑或是讨论大学之间的差异，都离不开因素分析。究竟是什么导致了各国高等教育的差异以及大学之间的差异？

　　在全球化的今天，在互联网十分发达的今天，各国高等教育的趋同性、大学之间的趋同性越来越明显，这种趋同性在研究取向、人才培养取向、教学管理、教学模式、课程设置、教学内容与方法、教育评价等方面表现得尤为明显。这一切可以说是相互之间频繁的借鉴与学习促成的。

　　差异是存在的，也是很明显的！决定差异的因素很多，如各国的历史文化沉淀、民族性格、政治制度、经济制度等。

　　这门公选课起初简单地罗列各国的高等教育历史沿革、教育制度、大学的内部管理、招生制度、培养制度、职称制度、学科专业、课程设置、教学内容与方法、教学模式、教育评价等，发现很难讲清楚为什么会出现这些差异。而且最为重要的是决定一国教育水平高低、一所大学地位高低应取决于他们培养了多少杰出人才、产生了多少有影响的成果！

　　大学的人才培养、科学研究以及社会服务功能决定了大学在国家的重要地位。是什么因素决定了大批影响世界的杰出人物或者说创造性人才的产生？

　　碰巧，中央电视台拍摄的两部系列片《世界著名大学》和《大国崛起》，引起了我的注意，我把这些视频内容作为课程的重要参考内容，受到了学生的欢迎！钱学森之问、国家创新创业战略、日本的诺贝尔奖战略，以及各国对发明创造的重视，使我的课程转向创造性人才成才环境和规律的探讨上来！也就是想解读他国能培养出众多创造性人才，而我们为何不能如火山爆发般地培养众多杰出人才？如何才能营造杰出人物成才的环境，形成可行的成才路径和规律？

我国现代高等教育的历史比较短，虽说有一百多年的历史，但是处于战乱和断乱的时间长达半个世纪以上！大陆高等教育处于稳定发展的时间断断续续五十年左右。与那些高等教育发展了几百年的国家相比，差距不小。

但这并不意味着，我们只能亦步亦趋地跟在他国后面望其项背。我们的 GDP 总量能够走在世界前列，高等教育为何不能？基础教育为何不能？

因此，笔者选取了当今世界上六个重要的国家——英、法、德、美、日、俄作为研究对象（这也是很多学科开展比较研究经常选取的研究对象），努力探索他们杰出人物或创造性人才的成才环境与规律！

政治制度和经济制度是大家比较熟悉的影响杰出人物产生的重要因素，笔者所关注的重心是在历史文化沉淀与民族性格上！

由于政治制度和经济制度都是由人决定的，那么是什么原因使他们制定了这些制度？

民族文化沉淀决定了民族性格，民族性格决定了一个民族的命运！

美国没有历史包袱，这决定了美国人形成了拿来主义、实用主义的态度！专利保护，华盛顿、杰弗逊、富兰克林等人的高尚人格以及他们对美国未来发展的无私设计，开拓西部的意义，冒险精神的形成，个人英雄主义孕育，这些因素对教育的影响；家庭环境与教育的意义；十三个殖民地与十三种主张，由此形成的分权传统，联邦政府与政府的关系，政府与大学的关系，大学的贡献等，这些因素共同形成了美国人才辈出的环境。

英国的遗产是什么？罗马人、德国人、法国人、丹麦人的影响，征服与反征服，贸易竞争与皇室暗中支持的海上霸权争夺；皇室与贵族之间的利益争夺导致君主立宪制度的诞生；文艺复兴的影响，圈地运动与工业革命，走向日不落帝国；牛津与剑桥以及牛顿、瓦特、亚当·斯密等杰出人物的贡献，国家对知识和人才的尊重等，这一切是英国至今依然强大的原因。

德国马丁·路德的宗教改革与语言优化活动对日耳曼民族的影响与贡献，强制服兵役和受教育的纲领为德意志后来的发展奠定了基础；日耳曼人甘为上帝的子民，虔诚为上帝工作所体现的宗教影响；日耳曼早先的野蛮、盲从与好斗传统、对为德国做出巨大贡献的犹太人的排斥所体现的日耳曼劣根性与盲从性；城市行会与容克地主传统对日耳曼人服从与互相依赖特性的形成；邦国林立的局面使思想家们对呼吁和鼓动德意志一体化、李斯特的经济一体化思想、俾斯麦的外交与铁血统一意志；皇室对教育的一贯重视等，这一切构成了德国今日强盛繁荣基础。

法国孕育出了像拿破仑、伏尔泰、卢梭、孟德斯鸠这样的军事巨人和思想巨人，也涌现出居里夫人、巴斯德这样的科学巨匠，为什么会这样？我们不得不提问！法国人的自由、散漫、自尊自傲、个人崇拜、标新立异使法国人在追求自由当中，又选择了拿破仑这个极端分子，从君主制走向帝制，更加集权和独裁？教育的中央集权是否与此有关？拿破仑为军事目的创办的大学校系统为法国人才培养的贡献，比如，巴黎高师；巴黎大学的自由散漫学风，自由散漫也许就是法国人出产创造性人才的根源！拒绝诺贝尔奖的哲学家萨特可能就是法国人自尊自傲的典型代表！

日本岛国困境形成的民族性格：多灾多难而抱团、服从权威、相互关照；土地少而精耕细作而形成的精益求精意识，没有资源，不学习不借鉴就难以生存；幕府时期为争夺利益而形成的武士道精神，为后来的军事扩张做了精神准备。

俄罗斯的蒙古遗产或者说鞑靼遗产，斯拉夫习俗，东正教信仰，第三罗马帝国情结，与德国千丝万缕的关系，彼得大帝、叶卡捷琳娜大帝的全盘西化，以及斯大林的继承和发展为苏俄奠定了发展基础；

国际政治竞争也使苏俄诞生若干的诺贝尔奖获得者等。

本书第一章"英国杰出人物成才环境与规律研究"的主要编写人为敬芳、杨洪、陈雪薇；第二章"美国杰出人物成才环境与规律研究"的主要编写人为唐玮琳、杨洪、王英杰；第三章"法国杰出人物成才环境与规律研究"的主要编写人为边玖玖、姚江帆、杨洪；第四章"德国杰出人物成才环境与规律研究"的主要编写人为毛静、杨洪、颉琛；第五章"俄罗斯杰出人物成才环境与规律研究"的主要编写人为杨洪、莫磊、常黎明；第六章"日本杰出人物成才环境与规律研究"的主要编写人为杨洪、陈娜、陈康迪。

通过十年的教学与研究，笔者提出了以下观点供大家斧正：

（1）民族文化沉淀决定了民族性格，民族性格决定了一个民族的命运！

（2）国际间的政治竞争也会促进杰出人物（诺贝尔奖获得者）的诞生！

（3）从人性角度来看，任何一个民族都会有利人利己者、损人利己者、自私自利者、明哲保身者。利人利己者越多，这个民族就越有希望；损人利己者和明哲保身者越多，这个民族要想走得更远、走得更好，就很艰难。

本书是笔者带领众多研究生历时四年之久共同完成的。不妥之处、粗糙之处在所难免，敬请读者斧正！本书参考了很多学者的文献，在此一并向他们表示感谢。

杨洪

2018 年 2 月 1 日于枫林小区